U0135721

周慶華 著

佛教與文學的系譜

里仁書局 印行

序

　　向來感興趣的是文學，不論是創作還是實際批評或是理論建構，都投入不少的心力，卻没有想到宗教也悄悄的在我逐漸步入中年時進駐了我的心靈，成爲我朝夕懷想借鏡的對象。而在已經出版的著作中，《佛學新視野》和《新時代的宗教》二書，可以聊表我一點對宗教的特殊的感情，它讓我更懂得如何接近生命中不可測的領域。現在這本《佛教與文學的系譜》，是另一個層面的開拓，將佛教和文學爲我所熟悉的部分聯結起來，進行一種新類型的考察和建構，可説是再度藉著「第三類」接觸來試驗自己的能耐。

　　在我的見聞中，宗教始終没有脱離過「美學化」的傾向，它的教義、儀式、典禮等等，都帶有相當多「煽動式」的語言；而傳教士或宗教徒在進行禮贊或呼求時，也充滿著曼妙的肢體動作；甚至宗教本身所擁有的器物、音樂、繪畫、建築等必須品或輔助品，更是直接呈顯出宗教的藝術性格。而在這種美學化的過程中，它跟文學的聯繫最爲可觀；這不只徵候了宗教也懂得運用文學的修辭技巧來傳達教義，還暗示著宗教在自我表露時所想達到的極致就是文學的境界。倘若要説文學是宗教中的宗教，也未嘗不可。這一點，可以透過本書的揭露略窺端倪。只是宗教在美學化（文學化）後，是否有利於教義的傳達，以及能否對美學的「深化」或「廣化」提供助益，卻很少有人會去留意；以至宗教

的美學化傾向就有相當的不確定性，值得後人再重新予以評估考究。

　　這本書，無非是要展現這樣的企圖心。以佛教文學化和文學佛教化二組概念作爲對照系，深入探討文學化傾向對佛教來說並未帶來什麼「增價」的效果，反而有可能在文學化的過程中鬆動了教義傳達的「力度」。但文學的佛教化就不同了，它不僅可以爲文學多開啓一種類型，還可以利用它複製事件或經營情境的優勢「代替」佛教尋找發展的契機或新的進境。這也等於給宗教的美學化傾向提供一條可能的出路；其他教派有類似的情況，論者都可以「比照辦理」，而爲相關的理論建構作出實質的貢獻。

　　撰寫本書期間，我也正在講授「佛教與文學」的課程。將教學和研究結合起來，是我一向的習慣，並沒有什麼特別；但這次卻有點不一樣的感受，它不斷地促使我思考一個「臨界點」是否到來的問題。畢竟文學和佛教都已經發展到了「顛峰」，再往前走會是怎樣的路況，並沒有人有把握發出預期。雖然我知道大家必須越過某些關卡才能繼續向前展望，但我卻不知道實際越過該關卡後會是什麼樣子。面對自己這種「能力的極限」，不免有些感傷！幸好有里仁書局徐秀榮先生的幫助，慨允出版這本書，讓個人的一點小遺憾，可以連書一起邀得大家的檢驗，看看是否憂慮的有道理，以及一起來思考我們將要前進的道路究竟在那裏。

周　慶　華

目　次

第一章　佛教與文學的關係議題

第一節　兩個範疇相結合的起因

佛教和文學是兩個不同的範疇。前者屬於宗教的一支，有跟其他宗教體系一樣包含神話、教義、儀式、典禮等成分可觀察和可討論〔參見涂爾幹(E. Durkheim)，1992：23～49；宋光宇編譯，1990：361～370〕；後者屬於藝術的門類，有審美經驗、本體、現象、創作、批評等課題可分辨和可構設〔參見亞德烈(V. C. Aldrich)，1987；彭吉象，1994；郭育新等，1991；周慶華，1996a〕。這兩個範疇如果可以結合，就一定不是彼此的重疊，而是某些層面的相類或相應。在這種情況下，就似乎不宜籠統的把佛教和文學混在一起談論。

現在有一種說法，試圖找出佛教和文學的共通點，而賦予「佛教文學化」的法定地位，甚至進一步區分真／假佛教文學：「佛教與文學間必然有共通點，這情況不僅佛教與文學如此，就是佛教與美術也是同樣的道理。從佛教美術的情形來看，佛教教理不也可視為真善美合一的境界嗎？藝術家把崇高的佛境界表象化之後，不就將崇拜精神與美的意識融合為一了嗎？或者是把藝術家的心境轉化成佛心，這不也就是形相上的具體化嗎？總之，不管以什麼樣的意義來看，它們之間必然有共通的地方。就像佛教美術將佛教與美術兩個

要素融合爲一時，必然會遭遇的問題，佛教文學也一樣……
如果是作如此解釋，則上述經典中的譬喻、說話之類，只是
說明教理的手段方法，很難稱之爲佛教文學……真正的佛教
文學作品，應該在中國文學作品中尋求而非經典本身吧！像
唐宋詩人、文士、僧侶、居士們的作品中，有許多是佛教精
神和文學融爲一體的；他們藉著詩、偈、銘、贊、賦、頌
等，把自己體驗的佛教表現在文學作品裏。尤其是禪門的詩
偈，是以詩偈呈現自己佛法體驗的境界……透過禪門詩偈，
可以把佛教和文學緊密結合，而完成所謂真正的『佛教文
學』」（加地哲定，1993：序 5～11）。這只從佛教和文學
有相通處，就逕稱爲佛教文學，殊不知它不過是以文學形式
來演述佛事或隱喻佛理而已。

　　倘若上述這種稱呼可以成立，依此類推，也應該有儒家
文學、道教（或道家）文學、基督教文學、回教文學，甚至
道德文學（文學中蘊涵有道德思想）、科學文學（文學中蘊涵
有科學思想）、邏輯文學（文學中蘊涵有邏輯規律）等等。這
樣「文學」就可以取消，而直接稱「某某文學」（只要文學
中含有「某某」，就能稱作「某某文學」）。這時所謂「某某
文學」中的「文學」，只是一個虛提（因爲沒有不蘊涵什麼
的文學），這豈不成了本末倒置？換句話說，稱佛教文學或
其他文學，是先肯定了文學的存在，現在卻變成以「佛教」
或其他來限定文學的存在，整個思考方式完全顛倒了過來。
再說有些佛教經典的形式也被既有文學「借鏡」或「吸收」
了，這時也不宜稱爲「佛教文學」。理由是文學形式的複雜

度遠甚於佛教經典，如果拈著片斷就說那是「佛教文學」的明證，勢必很難令人信服！

　　既然「佛教文學」的稱呼不妥當，那我們就得改口別為稱呼。根據現有的文獻來看，佛教在傳播義理的過程中，經常運用到一般的文學手法（如敘事技巧、譬喻手段、偈語的格律化、表義的寓言式等等）；而文學在遭遇佛教的衝擊後，也難免要採及變化佛教的題材和汲引箋括佛教的義理，造成佛教中有文學成分而文學中也有佛教成分的事實。在沒有更好或更適當的名稱來指涉這種現象前，不妨暫且將前者稱作「佛教文學化」而將後者稱作「文學佛教化」。但這二者所以能夠成立，還得植基在一個前提上，就是佛教和文學這兩個範疇有相融的可能性（能夠檢證或可被檢證）。倘若沒有相融的可能性，就無法或不可能有佛教文學化或文學佛教化的「演出」（如稱《般若波羅密多心經》為文學作品而稱樂府詩〈陌上桑〉中有佛教影子，並沒有什麼意義──它們不但難以獲得多數人的認同，同時也不會因此而添增價值）。

　　此外，看準佛教文學化或文學佛教化的演出，也只是知道有這麼一個對象而已，並不能顯示什麼，以至需要再從佛教文學化或文學佛教化中施加評價或批判，俾便後來者思考佛教和文學兩個範疇結合的可能方向或發展遠景。似乎只有預懸這樣的目標，探討佛教和文學的關係課題才有意義。而這直接的起因，就是來自個人考察目前相關的著作並未十足掌握其中的分寸而可由這次的討論來彌補。換句話說，把佛教和文學合在一起談論，是為了解決一些需要解決卻延宕許

久的問題。假使不是基於這個理由（也就是別人已經處理得很好），個人再重覆或撿拾別人的話題，就白費力氣了。相信這種「超越」既有相關的研究成果的企圖，也是其他領域的研究者所會經歷的，個人不需在這裏諱言什麼。

第二節　佛教文學化與文學佛教化

探討佛教和文學關係的課題，從某個角度上看，是屬於比較文學的範圍；而所謂比較文學，據一般學者所說是指「研究文學與其他知識和信仰的領域之間的關係，包括藝術（專指繪畫、雕刻、建築、音樂等）、哲學、歷史、社會科學（如政治學、經濟學、社會學等）、自然科學、宗教學之間的關係。簡言之，是一種文學和另一種或多種文學的比較，同時也是文學與其他人類各種思想感情表達方式的比較」（樂黛雲，1987：40引）。但在本書中，基於所設定的特殊的目的，不能這麼單純的只從比較文學的立場來處理。雖然比較文學的研究方法也可以「五花八門」（參見李達三，1986；謝天振，1994；劉介民，1990），但以佛教文學化和文學佛教化這兩種現象為探討對象，它就逸離了一般可作為對比的兩個（或多個）範疇的情境，而只侷限於同一個範疇的兩種表述間的「自我競爭」。也就是說，依不同觀點來看，有所謂佛教文學化和文學佛教化的現象，但經過一番權衡後，勢必要專取其中較為有利的一樣來期待它的發展，這才符合整體研究（要有所超越舊有研究）的要求。

至於佛教文學化和文學佛教化的取名，以及彼此進一步

的區別，大致可以這樣說：不論是佛教文學化還是文學佛教
化，都是後驗的、規範的說法，而不是什麼先驗的、客觀的
律則，它只因爲了方便對應某些情況而構設的。其中佛教文
學化是從已經對文學有所預設（認知）的立場來説的，佛教
中人在口述或撰寫相關作品時未必有這樣的自覺；而文學佛
教化是肯定文學的先在而後以佛教爲差異性變數界定的。事
實上，它們是二而一的。所謂所以要加以區分，完全是變換
角度在看的關係。也就是説，把文學觀念帶進佛教，會發現
佛教有文學化的現象；而把佛教的觀念帶進文學，也會發現
文學有佛教化的現象，其實那只是同一樣東西的不同解讀。
如果有人想將二者所指涉的對象統稱或逕稱爲文學作品（倘
若順著當代結構主義、解構主義的說法，還可以稱它爲「文
本」），也未嘗不可，只是這時就無法再談論下去，而本論
題也得取消了。還有佛教文學化和文學佛教化都有「化」字
這個動詞性詞尾，表示它們是「現在進行式」的，顯然這跟
「歷史事實」並不相符（歷史上只可能有佛教文學化的成果或
文學佛教化的成果，而不可能有現存的佛教文學化的動作或現存
的文學佛教化的動作）。因此，這兩個概念在運用上，就必
須另外賦予一個「現擬」的特性：也就是在我們考得佛教
（典籍）中有文學的成分時，姑且當它是在進行文學化的動
作；而在我們考得文學（作品）中有佛教的成分時，也姑且
當它是在進行佛教化的動作。

　　以上的分辨，是爲了交代所設概念的因由，以及顯示後
面的論述方向。此外，它還可以藉來檢驗同類型的論述。如

有位論者説：「初期原始佛教結集的三藏用巴利文記載，流傳於南方錫蘭，稱南典。後來的發展佛教流傳於北印度一帶，稱北典，都用梵文書寫。南典經、律、論三藏中以經藏裏的四阿含最重要。四阿含就是㈠長阿含㈡中阿含㈢雜阿含㈣增壹阿含，所記都是佛陀的教訓。北典大多是大乘佛教的典籍，我國所譯佛經，大多是北典。其中最有文學意味的是本生經文學、紀傳文學、譬喻經與因緣經文學。最有名的作家是公元二世紀的馬鳴」（糜文開編著，1975：2）。這逕以「本生經文學」、「紀傳文學」等等標目，就跟上述有人以「佛教文學」標目一樣，犯了語病。但這還不是最重要的，最重要的是它所説的「文學」應該是界定式用法，而它卻沒有別作説明，不免會讓人誤以爲佛教「本來就有文學」的。

又如有位論者説：「在佛典的著述和吟誦中發展了聲明即語言聲韻之學，僅拿它對中國的影響來説，便直接促進了古代漢語反切規律的總結，豐富了中國的音韻學；又間接影響到中國詩歌對聲律的運用，促進了近體詩的形成。佛教與文學的關係則更爲密切。許多佛典很富於文學色彩，其中有些本身就是文學創作。佛教的思想、觀念和它的取材、表現方法、語言等，都對文學産生了重大影響。學術界有『佛典文學』的概念，在中國也叫『佛典翻譯文學』；還有更廣義的佛教文學，一般是指那些佛教徒創作、宣揚佛教思想的文學作品」（孫昌武，1995：3～4）。這涉及了「文學」「佛教文學」（佛典文學、佛典翻譯文學）、「佛教文學化」和「文學佛教化」等層面的問題，但它都未經界定、辨析，就

「含混」的説了出來，以至令人無法理解當中的分際以及是否藏有疑問。

由此可見，以「佛教文學化」和「文學佛教化」一組概念及其相關的宣稱，作爲論述的基本架構，的確有它的方便處。本書正要依這樣的架構，來展開佛教和文學的系譜的探索。

第三節　走向佛教化的文學遠景

從論題來看，大概也可以感受到作爲後項的「文學」是重點所在；如果最後不是要導到「讓文學怎麼樣」的結論上去，一定會讓人覺得奇怪，並且也顯不出本論述有什麼必要性或重要性。因此，不妨在開頭先預估一下，假使真有必要使文學佛教化，那它究竟有什麼遠景可以期待。

這得先聲明兩點：第一，當今所流傳的佛教典籍，有梵文、巴利文、藏文、漢文、日文、英文等多種版本，基於個人的理解程度，只能以漢文部分作爲考察依據。這一部分，被統稱爲「漢譯佛典」，它是由佛教梵語（一種夾染著方言成分的非規範梵語）和中亞語文翻譯過來的，以大乘佛典爲主，也包括部派佛典和佛教發展到後期的密教經典，是現存數量較多、質量特精的佛教典籍（從數量上看，巴利文佛典較少，約當漢文的十分之一；而梵文、日文、英文等佛典更少；藏譯和漢譯不相上下。但從内容的豐富、譯文的質量以及學術價值等方面看，漢譯佛典水準最高）（參見孫昌武，1995：4）。因此，這裏所説的佛教文學化中的「佛教」，就特指漢譯的

佛教典籍；而文學佛教化的情況，也以漢譯的佛教典籍爲
「對勘」（以便了解該佛教化的內容）。

　　第二，文學佛教化的情況，理當不限於以漢文來表現
的，它也可以運用別的語文（如日文、英文、德文、法文之
類）予以呈現，如有位論者所提及的「像日本近代文學家
裏，芥川龍之介的短篇小説（如《地獄變》），以及三島由
紀夫的長篇小説（如《金閣寺》），都成功地採用了佛教題
材，並賦予現代文學形式和深刻心理的內涵，而享譽日本文
壇，歷久不衰。而德國小説家赫塞，更以佛陀的事跡爲題
材，創作出不朽的佛教小説《流浪者之歌》（近年日本學者
金岡秀友也撰有《釋迦牟尼的生與死》傳記）。可見佛教文學
的創作，在近代並不乏成功的例子，以提供我們的參考」
（江燦騰，1992：129），這也得列入考察的範圍。但同樣
的，由於個人不諳外文（雖然已有部分的中譯本），難以理
解外人對佛教義理的詮釋和運用，只好將那些作品擱置不
談。

　　在這個前提下，所考慮的文學佛教化遠景，就只對漢文
（語）世界有意義，非漢文世界未必有需要（國情不同、文
化背景不同，很難相互「期勉」）。那麼這到底要怎麼看待？
個人的想法是這樣的：佛教以一個實相世界（或稱「涅槃境
界」或「佛國淨土」）爲最高蘄嚮，其中雖然有中觀學派倡
議繼續「超越」這實相世界，但無疑它已成爲佛教特有的標
誌；而心向佛教的人（包括文學家在內），也紛紛以趨入該
實相世界爲最大願望。問題是從來就沒有人能把該實相世界

說清楚（好讓別人有所遵循），有的只是類似「文殊師利法
王子菩薩白佛言：『世尊，若有言語則有滯礙，若有滯礙則
是魔界。若法不爲一切言說所表者，乃無滯礙。何謂法不可
言說？』『所謂第一義（指實相世界）。其第一義中亦無文
字及義。若菩薩能行第一義諦，於一切法盡無所行，是爲菩
薩能過魔界，無所過故』」（《大方等大集經》卷18，《大
正藏》卷13：123中）、「若如來於一切法不可言說，無名
無相，無色無聲，無行無作，無文字，無戲論，無表示，離
心意識，一切言語道斷寂靜照明，而以文字語言分別顯示，
一切世間所不能解」（《大寶積經》卷86，《大正藏》卷
11：493上）、「過一切語言道，心行處滅，遍無所依，不
示諸法，諸法實相無初無中無後，不盡不壞，是名第一義悉
檀。如《摩訶衍義》偈中說：語言盡竟，心行亦訖，不生不
滅，法如涅槃。說諸行處，名世界法；說不行處，名第一
義。一切實，一切非實，及一切實亦非實，一切非實非不
實，是名諸法之實相」（《大智度論》卷1，《大正藏》卷
25：61中）、「所以一切聲色，是佛之慧目。法不孤起，仗
境方生。爲物之故，有其多智。終日說，何曾說；終日聞，
何曾聞。所以釋迦四十九年說，未嘗說著一字」（《宛陵
錄》，《大正藏》卷48：385下）、「此靈覺性，無始以來，
與空虛同壽。未曾生，未曾滅，未曾有，未曾無，未曾穢，
未曾淨，未曾喧，未曾寂，未曾少，未曾老，無方所，無內
外，無數量，無形相，無色像，無音聲，不可覓，不可求，
不可以智慧識，不可以言語取，不可以境物會，不可以功用

到。諸佛菩薩與一切蠢動含靈同此大涅槃性。性即是心，心即是佛，佛即是法」（《傳心法要》，《大正藏》卷48：381上）這一大概只會攪亂初學者思緒的話語。到頭來初學者不是摸不清該實相世界的「真實面貌」，就是困惑於該實相世界的「遙相作弄」，更別說能順利的趨向前去。

其實，佛教所說的實相世界，只是一個提領，它含括了一個人所能摒除世俗一切事物的干擾而後出現的心境或意態。那麼該心境或意態就不可能每一次性都相同，它多少都會有「異時空」的差別，以至就沒有一種心境或意態可以作爲「標準」（說它就是大家所應追求的目標），它隨時處在被「貞定」或被「開發」中。換句話說，沒有一種客觀存在的實相世界等著大家去認取或去追隨，前人所留下的（如果有的話）趨入實相世界的經驗只有個別性，別人恐怕都無從將它矯說成具有普遍性。因此，我們大略只能勇於貞定或開發實相世界，而難以停滯在對某一現存實相世界的反應上（而能感到滿足）。前者，可以暫且留下個別的「標月之指」，供人參考（性向相合的人，就會有感受——進而加以迎取）。而討論文學佛教化到最後，就是要藉文學的形式來貞定或開發個別的實相世界，供人習取，以解決人生中的某些困擾或挽救人生已經呈現的陷落。文學佛教化的遠景，就在這一「無限可能」的實相世界的貞定或開發上。

第四節　研究目的與研究方法

個人選擇佛教和文學關係的課題作爲研究對象，了解該

對象有被研究的必要和價值外，個人期盼研究結果能發揮某種作用，也是重要的因素。所謂研究目的，理當包含這些。如純就理論來說，研究目的可分爲研究本身的目的和研究者的目的。二者的區別，是受到形上學著作對「目的因」區分的啓發：「若從行動者的觀點看，有行爲本身的目的及行爲者的目的。例如張三送一件衣料給李四，衣料是給李四做衣服用，此乃行爲本身的目的，因爲衣料本身是爲做衣服用，不管張三或王五送的。但張三本人可能另有用意，他的用意是李四替他介紹工作，那麼介紹工作就是行爲者的目的。但有時行爲者的目的與行爲本身的目的相同，例如張三送衣料就是爲叫李四做一件新衣穿，別無其他用意」（曾仰如，1987：264）。而有關研究本身的目的，在前三節已經「變換方式」點出，但研究者（也就是本人）的目的卻還沒有作較詳細的交代。因此，本節特別要就這一部分予以說明。

　　當代的一些言說理論家，曾經指出一切言說都是意識形態的實踐。而這種實踐的方式，會隨著言說在它裏頭成形的各種制度設施和社會實踐的不同而有所不同，也會隨著那些言說者的立場和那些接受者的立場的不同而有所不同。因此，大家可以透過跟言說相關的制度設施、透過言說所出發的立場和爲言說者選定的立場來確認言說的「意義」〔參見麥克唐納(D. Macdonell)，1990：11～13〕。更深入或更貼切的說，一切言說無不是爲了遂行言說者的權力意志（很少或根本不可能只是爲言說而言說）。依照這個「理路」，可以把上面的話倒過來說，像傅柯（M. Foucault）所組合的那樣：

權力和知識是共生體，權力可以產生知識，權力不僅在言說內創造知識對象，而且創造作為實在客體的知識對象（參見徐崇溫，1988：253）。也因為這種言說背後有一套固定的思想觀念在支持著，使得該言說本身形同意識形態的實踐〔按：意識形態是社會哲學或政治哲學的一種形式，屬於一種觀念體系，用意在解釋世界並改造世界。參見賽爾維爾(J. Servier)，1989：1~7〕。不過，按照傅柯的講法，「權力並不是某人、某團體或某制度控制他人，一方發號施令，一方接受命令。相對地，權力『從無數的點上運作……』。權力是所有關係的特性，同時也建構這些關係，包括經濟的、社會的、專業的、家庭的關係，主導的形式被嵌入日常活動的理解，或某一關係實質的形式。因此，醫生與病人的關係由一預設的共同目標來界定，由醫生願意協助與病人願意尋求協助而共同建構。這樣的共同目標與權力關係是不可分的，在此一權力關係中，預設一方具有知識，而另一方願意接受具知識者的建議。所有的人都會使用權力，所有的人也都會臣屬於權力：『權力的使用與運作透過一個像網一般的組織，每個人穿梭於網中的線；人總是處於同時進行與運作權力的位置』」〔佛思(S. K. Foss)等，1996：239〕。

個人所以要有這一番言說（論述），自然也受到同樣的權力關係（論者和讀者所構成）的制約。只是在沒有實際產生影響讀者前，所存的只有權力欲求（意志）而已。至於個人所具體希望影響讀者的，無非就是在文學佛教化的過程中貞定或開發新實相世界，是急切要樹立起來的典範，繼起的

創作者或研究者都得有這樣的意識並勉爲實踐，才能顯出文學佛教化的特有意義。因此，過去凡是涉及佛教化的文學創作或文學研究不在這個環節下工夫的，都需要重新調整過來。而個人的「首發之功」，但願也能有所留存於對方的記憶之中（好聊爲過一種抽象的權力癮）。相反的，如果讀者不願領這份情，那麼他可以漠視這套說法或另立一套說法。這時所損失的是當下的「不得支配」，但無妨它可以在異情境下繼續尋得所要的權力關係。

原則上，研究目的只要自我宣說就可以了，它不必涉入整個研究的實際運作中；會涉入整個研究的實際運作中的是研究方法。個人在考慮本研究的性質和目的後，認爲可以依描述、分析和評價這一「既分立又聯合」的方法架構來處理佛教和文學關係的種種問題。其中評價部分，牽涉個人對所評價對象的期望（也就是以文學佛教化取代佛教文學化和新實相世界的貞定或開發，能形成某種程度的「共識」），但無法必定它能實際發揮作用。個人所能做的，就是儘量提出理據，以證明文學佛教化取代佛教文學化和貞定或開發新實相世界的重要性。而分析部分，形同詮釋學的作法，它帶有個人的「前有」、「前見」、「前設」和歷史視野。前三項是比照哲學詮釋學家海德格（M. Heidegger）的講法：所謂「前有」，是指人絕不會生活在真空中，在他有自我意識或反省意識之前，他已置身於他的世界，因此，他不是從虛無開始了解和詮釋的，他的文化背景、傳統觀念、風俗習慣，他那個時代的知識水準、精神和思想狀況、物質條件，他所

從屬的民族的心理結構等等，都會影響他、形成他的東西；
所謂「前見」，是指在前有這一存在視界中包含了許多的可
能性，究竟先詮釋那些可能性，怎樣去詮釋，必然要有一個
特定的角度和觀點作為入手處；所謂「前設」，是指在詮釋
某事物時，總是對它預先已有一個假設（觀念），然後才能
把它詮釋「作為」某物。詮釋所以可能，就是緣於由前有、
前見和前設一起構成的前結構，而事物的作為結構就出自詮
釋的前結構（參見張汝倫，1988：105～110）。至於後一項
歷史視野，是指前有、前見和前設都帶有歷史性，不純粹是
當下所「呈現」的；而這是根據另一位哲學詮釋學家伽達瑪
（H. G. Gadamer）的說法而補入的（同上，122～130）。雖然
如此，這也只能在往後進行實際案例的分析中「陸續」或
「零碎」展現，而不便在此刻一一自我「暴露」。

　　此外，描述部分，特別是要把佛教和文學這兩個範疇作
一聯結時，它在「本質」上是屬於系譜學的。而所謂系譜
學，指的是「追蹤系譜脈絡，找出前身，並解釋認知本質是
如何出現的一種方法」〔阿特金斯(G. D. Atkins)等主編，
1991：360～361〕。這是傅柯受到尼采《道德系譜學》的啓
發而建構的。傅柯認為，長久以來世人對歷史的研究都強調
在時間的延伸線上，將各種散亂的史實資料重新歸納排比，
以期根據邏輯推衍的順序，重新建立某個事件或時代的意
義。然而，這種治史的方法往往過分重視「體系」、「始
源」、「傳承」等觀念，在研究史實時容易陷入削足適履或
一廂情願的歧途；不但無法重現所謂的「歷史原貌」（事實

上也不可能），反而將史學範圍侷限於少數主題、事件或人物的重複研究中。因此，對於史學過分凸顯某些事件和人物承先啓後的樞紐地位，熱中鑽研某一時期的「時代精神」，強求某些意識理念的來龍去脈，乃至重塑理想主義式的世界史觀等舉動，傅柯都毫不留情的大加撻伐。傅柯強調，我們不是只有「一」個歷史，所以也不應在史學研究中汲汲營營的找尋「一以貫之」的中道。這樣説，無非是要指出人文現象的產生和發展，本來就沒有固定不變的軌跡可以遵循，也沒有終極的意義目標可以迄及；我們的種種思想行爲尺度，都是「知識欲求」和「權力欲求」交鋒下的產物。這也導至系譜學工作者，要以「現在」爲立足點，爲「現在」寫出一部歷史，而不是妄想於重建「過去」。換句話説，系譜學工作者所關心的是人們經過了什麼樣的歷程而有「今天」的局面，或者以前的這段歷程裏有什麼因素的發生轉變可爲「現在」的社會思維形式作借鏡。由於系譜學否定人可以看出歷史的全貌或必然性，於是也不求對某一時代或社會作面面俱到的描述（參見傅柯，1993：導讀二 40～56）。本研究所進行的描述工作，大體上也是秉持系譜學這些原則的。事實，這種描述工作，已隱含有我個人對相關的歷史事件的理解（只是不像在分析步驟時將它「和盤托出」而已），使得所作的描述更具高度的選擇性。這一點，同樣也「無由」在此刻盡作交代。唯一能具體標明的，大概是相應於這套方法架構的，無乃是個人在此一特定時空中暫且所抱定的「文學具有精神療治功效」的觀念（意識形態）。這才能企圖藉佛教化

的途徑，給予人心某種規諫或警惕。

第二章　傳統佛教觀念的衝擊

第一節　概說

佛教於西元前六世紀爲釋迦牟尼所創，在印度本土的流行約有一千八百年的歷史。大略可以分爲三期：前六百年，爲部派佛教形成時期；中六百年，爲顯教大乘發展時期；後六百年，爲密教流行時期。前期佛教以上座、大眾兩部爲主，三四百年中分化爲十餘種部派。其中上座部，分爲南、北二傳。南傳上座部，在阿育王時傳入斯里蘭卡，並傳入緬甸、泰國、柬埔寨等地區；西元七世紀後又從緬甸傳入中國雲南一帶，迄今流行於傣族地區，形成中國的巴利語系佛教。中期的大乘佛教，於西元二世紀傳入中國漢地，西元七世紀起又從漢地和印度傳入西藏，西元十一世紀起，印度後期逐漸盛行的密教，又大量傳入西藏。印度這後二期的佛教，又在中國形成漢語系和藏語系兩大系統的佛教（參見鄭金德，1991；于凌波，1993；淨慧主編，1995）。

最初佛教傳入中國的確切年代，已經無從考定，一般都以漢明帝夜夢金人飛行殿庭而派人去西域求法的故事爲佛教入華的標誌（參見湯用彤，1987；呂澂，1985；吳焯，1994）。早期的二、三百年間，以安世高（安息人）、支婁迦讖（月支人）、支謙（原月支人）、竺法護（祖先爲月支

人，世居敦煌）、佛陀耶舍（罽賓人）、鳩摩羅什（父親爲印度人）、覺賢（印度人）、曇無讖（中印度人）、真諦（西印度人）等爲代表的翻譯家，翻譯了大小乘經律論的大部分作品；而釋道安、佛圖澄（龜茲人）、僧肇、道生等進行了注釋和教理的研究，佛教漸漸被中國人所認知和接受（參見曹仕邦，1990；蔣維喬，1993；周紹賢，1990）。只是佛教在跟中國文化接觸後，開始有了學者所謂「中國化」的現象：

　　　　在印度文化傳入中國之後，有一個階段從現象上看，佛教在社會生活中的影響超過了原有的傳統文化，《隋書・經籍志》中說：由於帝王的提倡，佛教大大發展，「天下之人，竟相景慕，民間佛經，多於六經數十百倍」。因此，在隋唐時期思想文化的發展多與佛教相關聯，許多重要思想家都是和尚，佛教的一些宗派發展著中國哲學。這種情形也許是兩種不同傳統文化在長期接觸後某一階段所必然出現的現象。但是，中國佛教的宗派發展方向不是讓中國社會生活在精神上適應印度文化的要求，相反，佛教朝著中國化的方向發展了。特別是禪宗的出現。它破壞了佛教作爲一種宗教的特性，不僅不必念經拜佛，而且可以呵佛罵祖。禪宗認爲，在日常生活中也可以實現成佛的理想，「挑水砍柴無非妙道」。因此，只要前進一步，「事父事君」就可以成聖成賢，這樣中國傳統文化就可以完全取代佛教了（譚其驤等，1987：232～233）。

這說的有點籠統（而且最後幾句還「不知所云」），比較具體的講法，如「㈠佛學中派別雖多，然其大體之傾向，則在於說明『諸行無常，諸法無我』。所謂外界，乃係吾人之心所現，虛妄不實，所謂空也……（但）中國人對於世界之見解，皆爲實在論。即以爲吾人主觀之外，實有客觀的外界。謂外界必依吾人之心，乃始有存在，在中國人視之，乃非常可怪之論。故中國人之講佛學者多與佛學所謂空者以一種解釋，使外界爲『不真空』（用僧肇語）。㈡『諸行無常，諸法無我，涅槃寂靜』，乃佛教中之三法印。涅槃譯言圓寂。佛之最高境界，乃永寂不動者；但中國人又注重人之活動。儒家所說之最高境界，亦即在活動中。如《易傳》所說『天行健，君子以自强不息』。『自强不息』，即於活動中求最高境界也……故中國人之講佛教者，多以佛之境界並非永寂不動。佛之淨心，亦『繁興大用』，雖『不爲世染』，而亦『不爲寂滯』（《大乘止觀法門》語）。所謂『寂而恒照，照而恒寂』（僧肇語）。㈢印度社會中，階級之分甚嚴。故佛教中有一部分謂有一種人，無有佛性，不能成佛。但中國人以爲『人皆可以爲堯舜』，故中國人之講學者，多以爲人人皆有佛性。即一闡提亦可成佛（道生語）。又佛教中有輪迴之說。一生物此生所有修行之成就，即爲來生繼續修行之根基。如此歷劫修行，積漸始能成佛。如此說，則並世之人，其成佛之可能，均不相同。但中國人所說『人皆可以爲堯舜』之義，乃謂人人皆於此生可爲堯舜。無謂何人，苟『服堯之服，行堯之行，言堯之言』，皆即是堯。而人之可

以爲此，又皆有其自由意志。故中國人之講佛學者，又爲
『頓悟成佛』（道生語）之說。以爲無論何人，『一念相
應，便成正覺』（神會語）」（馮友蘭，1967：661～663）、
「其他，如佛教的無常觀、出家苦行、靈魂不滅等等，這些
觀念對於中國人而言無異於奇談怪論。這些佛教觀念基本屬
於小乘佛教。自從羅什將大小乘加以區別以來，中國的佛教
就以大乘教爲主。這一傾向，從中國人的國民性來分析，是
必然的結果。還有一個問題，即中國傳統思想中的老莊學
說。老莊之學與佛教有近似點，它不僅成爲佛教導入的媒
介，而且也成爲固守各自立場的人們之間關於道佛爭論的基
礎」（加地哲定，1993：20～21）等。

　　當然，也有人留意到佛教的中國化，只是教儀或形式上
的改變，基本的義理仍是印度的：「近人常說中國佛教如何
如何，印度佛教如何如何，好像有兩個佛教似的。其實只是
一個佛教之繼續發展。這一發展是中國和尚解除了印度社會
歷史習氣之制約，全憑經論義理而立言。彼等雖處在中國社
會中，因而有所謂中國化，然而從義理上說，他們仍然是純
粹的佛教，中國的傳統文化生命與智慧之方向對於他們並無
多大的影響，他們亦並不契解，他們亦不想會通，亦不取而
判釋其同異，他們只是站在宗教底立場上，爾爲爾，我爲
我」（牟宗三，1984：序4～5）。

　　事實上，這都不過是觀察角度不同所造成的結果。也就
是從某些基本的義理（如因緣觀、苦業意識、解脫法門等等）
來看，佛教還是佛教，並沒有因爲傳到中國而有所質變；但

如果從中國人在吸收佛教過程中所施加的增刪工作（前者如用易傳老莊義理來衡量佛教義理而使佛教義理多一種解釋，後者如汰除佛教在印度社會中所有的眾多繁瑣的儀式）來看，也無妨說佛教已經中國化了。這並没有太多可爭辯的餘地。雖然如此，佛教傳入中國後能被中國人接受並在中國土地上生根發展（相對的其他只信仰一神的宗教——如明中葉傳來的基督教——至今仍難以融入中國人的生活中），所依賴的主要還是它的因緣觀（緣起法）、苦業意識和解脱法門等等，跟中國傳統所有的氣化宇宙觀（重偶然性和不定性）、憂患意識（或幽暗意識）和復性論等等（參見周慶華，1997a；牟宗三，1987a；張灝，1989），有相當程度的契合（相對的傳入中國的一神教所有的終極關懷和救贖觀念，跟中國人原有的認知大不相應，所以才會始終跟它保持距離）。這點對於有興趣研究兩種文化相涵化或倡導兩種文化相涵化的人來說，特別具有啓發「思路」上的意義，否則難免會流於盡在枝節上處理相涵化與否的課題。

　　以目前所能掌握的文獻來看，佛教所以爲佛教，自有它基本的義理。大體上，原始佛教是以「三法印」（諸行無常、諸法無我、涅槃寂靜）、「四諦」（苦、集、滅、道）及「十二因緣」（無明、行、識、名色、六入、觸、受、愛、取、有、生、老死）爲基調；後來大乘佛教又衍生出「中觀」、「唯識」和「真常」等學說（參見勞思光，1980；蔡仁厚，1988；陳沛然，1993）。這涉及了一個萬有共承的緣起法和由人心識爲主要的中介，以及妄生執著而引致痛苦和

去除痛苦所需憑藉的構想，彼此有如連環，直論迴說都無不暢遂。而它從傳入中國以後，多少對國人的文學（藝術）觀念有些衝擊，導至某些課題不斷地被提出來反省，而深化了既有的文學的思維。在這個層次上，可以考察得到的，不外有心性、形神、真實、言意、境界、妙悟等問題，是直接或間接緣於佛教的刺激而出現的。不過，這種「影響」多半只限於理念上，未必會在實際的創作中體現。這本來沒有多大的意義可談，但基於它可以作為未來文學佛教化在追求進境上的參考或有助於未來文學佛教化取得所須的基本資源，還是把它列為一個探討的對象，而且依便先對它進行一番檢視。

第二節　心性論

心性議題，中國原先就有不少人在討論，他們所要解決的無非是人的道德意識／道德行為根源所在或人在體物／應物上的能動性為何的問題。前者主要是以人具有天生的善性潛能作為人可以實踐道德的最後依據，如「人皆有不忍人之心……今人乍見孺子將入於井，皆有怵惕惻隱之心；非所以內交於孺子之父母也，非所以要譽於鄉黨朋友也，非惡其聲而然也。由是觀之，無惻隱之心，非人也；無羞惡之心，非人也；無辭讓之心，非人也；無是非之心，非人也。惻隱之心，仁之端也；羞惡之心，義之端也；辭讓之心，禮之端也；是非之心，智之端也。人之有是四端也，猶其有四體也」（《孟子·公孫丑》）、「柾眾惡於內，弗使得發於外

者，心也，故心之爲名栝也」（董仲舒《春秋繁露‧深察名號》）等，說的大略就是這個意思。後者主要是以人具有他物所缺乏的靈性或感知力作爲人能夠融攝萬物的優先前提，如「人何以知道？曰：心。心何以知？曰：虛一而靜。心未嘗不臧也，然而有所謂虛。心未嘗不滿也，然而有所謂一。心未嘗不動也，然而有所謂靜……人生而有知，虛一而靜，謂之大淸明。萬物莫形而不見，莫見而不論，莫論而失位……心者，形之君也，而神明之主也」（《荀子‧解蔽》）、「心，纖也，所識纖微，無物不貫也」（劉熙《釋名‧釋形體》）等，說的大略就是這個意思。而在不强爲區分心和性時（心性在中國思想史上或哲學史上，主要被視爲是道德的主體而有「分合」式的討論，參見牟宗三，1987b；唐君毅，1984；徐復觀，1987），心性可以看成是同義複詞或複詞偏義（偏在心義），它跟情性或性靈經常變換爲用（參見周慶華，1996b：93～139）。這點在佛教傳入後，開始有了變化。

　　佛教（典籍）普遍講「世間所見法，但以心爲主」（《大方廣佛華嚴經》卷13，《大正藏》卷10：66下）、「由心生故，種種法生；由法生故，種種心生」（《楞嚴經》卷1，《大正藏》卷39：835上）、「三界虛僞，唯心所作」（《大乘起信論》，《大正藏》卷32：577中），賦予心「創造」萬物、「主宰」萬物的功能。這種情況，《六祖法寶壇經》中有個生動的例子可以藉來會意一二：「（惠能）

遂出至廣州法性寺，值印宗法師講《涅槃經》。時有風吹旛動，一僧曰風動，一僧曰旛動，議論不已。惠能進曰：『不是風動，不是旛動，仁者心動。』一眾駭然！印宗延至上席，徵詰奧義」（《六祖法寶壇經・行由第1》，《大正藏》卷48：349下）。後來禪宗偶有逕稱自己的宗派爲「心宗」：「有檀越問（安國）：『和尚是南宗北宗？』答云：『我非南宗北宗，心爲宗。』又問：『和尚曾看教不？』答云：『我不曾看教。若識心，一切教看竟。』」（《宗鏡錄》卷98，《大正藏》卷48：944中）、「直指人心，見性成佛，至矣哉！斯吾宗觀心之妙旨也，謂之教外別傳者，豈果外此爲教哉？誠由此道，以心爲宗，離言説相，故強爲此方便之談耳」（《佛祖統紀》卷29，《大正藏》卷49：291上），這幾乎把心的變現能力「發揮」到了極至。當然，佛教所説的心頗爲複雜，包括「肉團心」（就是人的心臟，同時也包含「草木之心」）、「集起心」（就是種子心，爲第八阿賴耶識）、「思量心」（思慮心，第七末那識）、「緣慮心」（又稱作了別心）、「堅實心」（就是自性清淨心，也就是佛性）、「積聚精要心」（就是積聚諸經中一切要義者）等等（參見丁福保編纂，1992：350；馬定波，1974：1~48）；而且每一「心」都有「心所」（心所緣外境）相對應（參見熊十力，1987：17；于凌波，1993：399~411）。但對於心能起創造萬物、主宰萬物的作用（上述各種心名，除了肉團心外，可以看作同一心識的不同面相），卻是佛教的獨特見解。這不免衝擊到中國原有的心性觀；而所表現在文學創作

或批評觀念上的，就是心的主動創造或觀照力。有人說：

> 中國人從佛教接受了「心作萬有，諸法本空」觀
> 念，在文學上才講「心生而言立，言立而文明」……
> （其次）是竺道生的涅槃佛性學說主張一切有情都有佛
> 性，頓悟可以成佛，強調自性自度即每個人內心的自我
> 反省。中國早期的禪觀就是把修持集中到主觀省察體悟
> 上。中國傳統的文藝觀建立在樸素的反映論的基礎上，
> 因此主張「感物而動」，要飢者歌食、勞者歌事，忽視
> 主觀的創造作用。另一方面，所講「言志」是指表達群
> 體意識的聖人之志。因為經過「正心誠意」的「無邪」
> 之思是以聖人為標準的，這樣就忽視內心的反省和體
> 驗。而主觀的創造思維，個人感受與體驗的表達，在文
> 學中，特別是在詩歌中又是很重要的。但在佛教傳入以
> 前，人們卻不能充分認識這一點。例如漢代人對《詩
> 經》、《楚辭》的研究，主要是從倫理的、社會的角度
> 出發的。魏晉以後，人們借鑒了佛家理論，涉及到文學
> 創作中的心性問題也提出不少新認識（孫昌武，1995：
> 31）。

這大體上可以信從。此外，還有「先秦兩漢談創作的文藝理
論中也涉及到『心』，如〈樂記〉、《呂氏春秋》等都談到
音樂起於人心之感於物的問題，漢代〈毛詩序〉也說詩是詩
人『情動於中而形於言』的產物。這些理論，一是肯定了藝
術的發生與人的內心衝動相關，二是指出了藝術家內心的衝

動乃是由於物的相感。先秦兩漢的美學家對心與物的關係雖有所接觸，但並未展開充分的論述。從他們的觀點來看，在心與物的關係上，『心』基本上處於一種被動的地位，它的『動』有待於物的感動。而對心的作用（即反過來去主動地治物並與物相融合）卻沒有進行探討。因此，心與物的運動關係基本上是單向的，表現爲一種單純的刺激——►反應的過程。這樣的心物論自然是比較簡單的，它說出了一定的道理，即肯定了物質的客觀存在，肯定了文藝是現實的反映，可以說是具有一定樸素唯物主義意義的。但藝術創作的心理過程是一個豐富、複雜的心理創造過程，如果把藝術僅僅看作物的反映而不顧及藝術家心靈的創造功能的話，那藝術家的『成品』要成爲真正的『藝術品』恐怕是很難的。而真正開始強調藝術家主體心靈的創造功能，比較深入地論述了心與物的雙向運動關係的文藝心理學理論，則產生於魏晉南北朝的時候……魏晉南北朝以後，吸收佛教尤其是禪宗心性論而形成強調心在藝術創作中的主宰作用以及心物交融的美學理論更是很自然的事情了，以『心』爲美與心物相交的理論幾乎成爲中國美學史中的主調」（蔣述卓，1992：8～10），這固然有些可議的地方（如仍「念念不忘」帶有論者所處時代標記的反映論、唯物論等），但基本上也說出了傳統心性論產生轉折的緣由。不過，這只是一種猜測，沒有（更堅強的）直接的證據（如論者在文中自道所受佛教影響之類）可以證明一切都來自佛教的刺激，它也許是偶發的而恰巧相近於佛教的說法（彼此還是有些距離——一爲佛教尋出萬法的依

據，一爲文學建立審美的基礎）。但因爲它還存在受到佛教的啓迪這一種可能性，不妨暫且把『賬』算在佛教頭上，以便爲心性論的轉變提供一個可能的解釋方案。因此，像「文章者，蓋情性之風標，神明之律呂也。蘊思含毫，游心內運……」（蕭子顯《南齊書·文學傳論》）、「詩人感物，聯類不窮。流連萬象之際，沈吟視聽之區。寫氣圖貌，既隨物之宛轉；屬采附聲，亦與心而徘徊。目既往還，心亦吐納」（劉勰《文心雕龍·物色》）、「搜求於象，心入於境，神會於物，因心而得，曰取思」（胡震亨《唐音癸籤》卷 2 引王昌齡說）等等肯定心物相互融合的必要性（在相互融合的過程中，心仍具有相當的主導力），都可以視爲緣於佛教的啓發而出現的新心性觀。

雖然如此，後出的同類的新心性觀，未必盡在呼應這種稍嫌「泛泛」的心物合一論，而是別有考慮或引申。所謂「三代聖賢文章，皆從此心寫出，文便是道」（朱熹《朱子語類》第 139）、「夫童心者，絕假純真，最初一念之本心也……天下之至文，未有不出於童心焉者也。苟童心常存，則道理不行，聞見不立，無時不文，無人不文，無一樣創制體格文字而非文者」（李贄〈童心說〉，《李氏焚書》卷3）、「曰理，曰事，曰情，此三言者，足以窮盡萬有之變態。凡形形色色，音聲狀貌，舉不能越乎此。此舉在物者而爲言，而無一物之或能去此者也。曰才，曰膽，曰識，曰力，此四言者，所以窮盡此心之神明。凡形形色色，音聲狀貌，無不待於此而爲之發宣昭著。此舉在我者而爲言，而無

一不如此心以出之者也。以在我之四，衡在物之三，合而爲
作者之文章，大之經緯天地，細而一動一植，詠歎謳吟，俱
不能離是而爲言者矣」（葉燮《原詩》卷2）等，這都已賦
予心在創造、主宰能力以外的其他功能（如道德、膽識之
類）或進而演繹出一種可能存在的真淳狀態（如童心之
類）。

第三節　形神論

　　佛教除了講心生萬法，還講神不滅或靈魂不滅。根據學
者的考察，作爲報應主體的，在原始佛教中是指十二因緣中
的「識」，「『行緣識』，是表示由業生識，『識緣名
色』，是表示由識而五蘊結合成爲有生命的個體。但是在翻
譯時，作爲報應主體的『識』借用了類似的字眼『神』來表
達。『識』與『神』這兩個概念，不論就內涵或外延方面都
不是完全一致的。在中國運用起來，還將它們同魂、靈、精
神等混同了」（呂澂，1985：161）。這種混同，主要是中
國原沒有「識」的觀念，所以才有意無意的以「神」等觀念
去譯解它（也就是當時所謂的「格義」）。而在當時的佛教
界，「神」被視爲是永恒的存在，所謂「神也者，圓應無
主，妙盡無名，感物而動，假數而行。感物而非物，故物化
而不滅；假數而非數，故數盡而不窮。有情則可以物感，有
識則可以數求。數有精神，故其性各異；智有明暗，故其照
不同。推此而論，則知化以情感，神以化傳。情爲化之母，
神爲情之根。情有會物之道，神有冥移之功。但悟徹者反

本，感理者逐物耳」（慧遠〈沙門不敬王者論〉，《弘明集》卷5，《大正藏》卷53：31下），約略就是這個意思。而該神寄居在人形中，一旦形亡，神就隨業轉生，《法句經・生死品》（支謙翻譯時所加）說：「如人一身居，去其故室中。神以形爲廬，形壞神不亡。精神居形軀，猶雀藏器中。器破雀飛去，身壞神逝生」（《大正藏》卷4：574中）。

這一形神分離的說法，曾受到不少人的批評，其中以撰有〈神滅論〉的范縝最見「功力」，他說「神即形也，形即神也。是以形存則神存，形謝則神滅也。形者神之質，神者形之用。是則形稱其質，神言其用。形之與神，不得相異。神之於質，猶利之於刀。形之於用，猶刀之於利。利之名，非刀也。刀之名，非利也。然而捨利無刀，捨刀無利。未聞刀没而利存，豈容形亡而神在也」（〈神滅論〉撮要，《弘明集》卷9，《大正藏》卷52：55上、中）。「形神分離」原是中國傳統就有的一種主張（《易繫辭傳》、《莊子》、《淮南子》、桓譚《新論》等書中都曾提到。參見呂澂，1985：162；曾祖蔭，1987：82～85），倒是「形神不分」說出現後，成了並世稀音，不時要對佛教構成某種程度的威脅。

現在只就文學觀念來說，佛教（依神不滅說）所闡發衍生的「神化無方」（或神冥移之功）、「神感物而動」、「神以形傳」等等，似乎也給了文論家不少靈感，而開始暢論起「模形融神」或「傳神寫照」的創作規範來。如「雖離方而遯圓，期窮形而盡相」（陸機〈文賦〉，《增補六臣注文選》卷17）、「自近代以來，文貴形似，窺情風景之上，鑽

貌草木之中。吟詠所發，志惟深遠，體物爲妙，功在密附。故巧言切狀，如印之印泥，不加雕削，而曲寫毫芥」（劉勰《文心雕龍・物色》）、「五言居文詞之要，是眾作之有滋味者也，故云會於流俗。豈不以指事造形，窮情寫物，最爲詳切者耶」（鍾嶸《詩品・序》）、「欲爲山水詩，則張泉石雲峰之境，極麗絕秀者，神之於心，處身於境，視境於心，瑩然掌中，然後用思，了然境像，故得形似」（王昌齡《詩格》，顧龍振《詩學指南》卷 3 引）、「形似體者，謂貌其形而得其似，可以妙求，衹以粗測者是」（遍照金剛《文鏡祕府論》地卷）、「詩之極致有一，曰入神。詩而入神，至矣，盡矣，蔑以加矣」（嚴羽《滄浪詩話・詩辨》）、「凡文以意趣神色爲主」（湯顯祖〈答呂姜山〉，《湯顯祖集》卷 47）、「機趣二字，填詞家必不可少。機者，傳奇之精神；趣者，傳奇之風致。少此二物，則如泥人土馬，有生形而無生氣」（李漁《閒情偶寄》卷 1）、「兩間生物之妙，正以神形合一，得神於形，而形無非神者，爲人物而異鬼神，若獨有恍惚，則聰明去其耳目矣。譬口畫者，固以筆鋒墨氣曲盡神理，乃有筆墨而無物體，則更無物矣」（王夫之《唐詩評選》卷 3）等等，這在以前幾乎都不曾見到，而是從佛教傳入後才流行開來。

　　有些學者就逕以這種情況爲得力於佛教的啓發：「佛教的中心思想是強調形神分離，靈魂不滅。當時不少佛教徒精通玄學並以玄理來解釋佛理。關於形神之辨，曾引起了熱烈的討論……這場討論，儘管在哲學領域裡進行，但對人們關

於文藝創作中形神理論的認識，也起了重要作用」（曾祖蔭，1987：86）、「佛教義學中關於形象這兩方面的理論，與文學的形象性原理有原則的不同……但是，佛家在中國第一次充分發揮了一套形象的原理，這個問題恰恰是中國學術較少研究的，因此對文學理論的發展產生一定的影響。這種影響，表現在自兩晉以來，文人們形成重『神』的風氣，在文藝上則重神似。如支遁、孫綽、慧遠等人，都提倡『體道盡神』，不受『言教』、『形器』的束縛。當時論人重神情、神似，藝術上也是如此。六朝的畫論中，神似是個重要主題。像《世說新語》這樣的志人小說，無論是其實踐，還是其中表述的觀念，都是追求『神似』的」（孫昌武，1995：338）。這當然只是一種概括的說法，事實上還有一支「形似」論也很可觀，所謂「晉黃門郎張協詩，其源出於王粲。文體省淨，少病累，又巧構形似之言，雄於潘岳，靡於太沖，風流調達，實曠代之高手」（鍾嶸《詩品》卷上）、「形似之意　蓋出於詩人之賦……古人形似之語，如鏡取形、燈取影也。故老杜所題詩，往往親到其處，益知其工」（范溫《潛溪詩眼》，胡仔《苕溪漁隱叢話》前集卷8引）等等（前面所引陸機、劉勰、鍾嶸、王昌齡、遍照金剛語也是），這也是佛教傳入前所罕見的。

　　雖然後者曾遭到類似這樣的批評：「問：『詩自三百篇後，漢魏遞降，拘限聲病，喜尚形似，以流易爲辭，其喪於雅正者久矣。今天下以夫子爲一代宗匠，幸示我以匡救之道。』阮亭答：『詩、騷以下，風會遞遷，乃自然之理、必

至之勢。齊梁後拘限聲病，喜尚形似，鍾嶸嘗以譏謝玄暉、王元長矣。然二公豈失爲一代文宗耶』」（郎廷槐《師友詩傳錄》），但它仍無礙於「一度」領過風騷，成爲文學創作的一種美學指標（參見王瑤，1986；王國瓔，1988；蔡英俊，1986），而這跟學者所提到的「神似」觀念，都有可能因佛教倡導形神分離的刺激而後發生的。

　　縱然如此，傳統的文論家把「神」引入論説中，未必都取精神或靈魂義，而是另有作用，如「屬文之道，事出神思，感召無象，變化無窮」（蕭子顯《南齊書・文學傳論》）、「古人云『形在江海之上，心存魏闕之下』，神思之謂也。文之思也，其神遠矣。故寂然凝慮，思接千載；悄焉動容，視通萬里；吟詠之間，吐納珠玉之聲；眉睫之前，卷舒風雲之色，其思理之致乎！故思理爲妙，神與物游」（劉勰《文心雕龍・神思》）、「夫神思方運，萬塗競萌，規矩虛位，刻鏤無形。登山則情滿於山，觀海則意溢於海，我才之多少，將與風雲而並驅矣」（同上）等，這就以「神」爲心靈或意志，而所謂「神思」就是指心意活動（參見黃侃，1973：94～95；徐復觀，1980：42；廖蔚卿，1985：63～66）。又如「握牘持筆，思若有神，胸不斯須，風飛雷動」（劉孝綽〈昭太子集序〉，《全梁文》卷60）、「詩必能切己切時切事，一一具有實地，而後漸能幾於化也。未有不有諸己，不充實諸己，而遽議神化者也」（翁方綱〈神韻論〉中，《復初齋文集》卷8）等，這就以「神」爲神靈或神明，是一種超自然的力量（不是人所能掌控）。

這類神的意涵，大略在西漢時代就有了〔所謂「賦家之心，包括宇宙，總覽人物，斯乃得之於內，不可得而傳」（劉歆《西京雜記》卷3）、「揚子雲曰：『長卿賦不似從人間來，其神化所至邪』（同上），前引的「若有神」、「神化」等，跟這裡的「神化」如出一轍；而這裡的「賦心」的心，跟前引的「神思」的神意思相當〕，很難說是受佛教影響才有的。但如果硬要以其中「神思」那部分是從佛教的形神分離論而來的話，那它就是「心性論」的衍變。這樣說來，似乎只有上述的精神或靈魂一義，才跟佛教的形神分離論有直接的關聯。

第四節　眞實論

翻開一部文學理論史或文學批評史，免不了會發現有關真實問題的討論，也佔了不少篇幅（詳見郭紹虞，1982a；羅根澤，1978；王金凌，1987）。只是早期多偏重在揭發真實的必要性和批判虛假的不足取，而不遑論及其他；直到佛教傳入後，才顯著有些轉向。姑且以兩漢的文獻爲例，看看當時人所有的見解：「或曰：『女有色，書亦有色乎？』曰：『有。女惡華丹之亂窈窕也，書惡淫辭之淈法度也』」（揚雄《法言・吾子》）、「世俗之性，好奇怪之語，說虛妄之文。何則？實事不能快意，而華虛驚耳動心也。是故才能之士，好談論者，增益實事，爲美盛之語；用筆墨者，造生空文，爲虛妄之傳。聽者以爲真然，說而不舍；覽者以爲實事，傳而不絕。不絕則文載竹帛之上；不舍則誤入賢者之耳……虛妄顯於真，實誠亂於僞，世人不悟，是非不定，紫朱

雜廁，瓦玉集糅，以情言之，豈吾心所能忍哉」（王充《論衡·對作》），這都重真實而黜虛假（妄），儼然虛假的文章就不能傳達情意。難怪有人對於「實錄」性的作品會大加贊賞（見班固《漢書·司馬相如傳贊》）而對於「過度包裝」的作品（如辭人之賦）則斥為「競為侈麗閎衍之詞，沒其風諭之義」（見班固《漢書·藝文志》）。如果是正面的立論，也一再強調「心志所之」（見《毛詩·序》）或「言為心聲」（見揚雄《法言·問神》）。這一點在佛教義理盛行後，似乎遭遇到了相當程度的衝擊。

佛教也講真實，所謂「於真實性覺如如」「不壞諸法真實性」（《大方廣佛華嚴經》卷 15，《大正藏》卷 9：499 中）、「云何名為如法修行？如法修行即是修行檀波羅蜜乃至般若波羅蜜，知陰入界真實之相」「修有二種：一者真實，二者不實」（《大般涅槃經》卷 23，《大正藏》卷 12：755 中及 756 下），說的正是。但佛教所講的真實，是就諸法實相來說的，而不是一般事物的判斷依據，「佛教追求一種覺悟，就是覺悟到宇宙萬有、一切現象背後的『真實』，也就是《法華經》所說的『諸法實相』。按大乘空宗的觀點，諸法實相就是『空』。《般若經》千言萬語，就是講諸法性空。但般若『空』主張的不是本體之『空』。它是說一切都是無自性的、變動不居的，因為它們是因緣和合而成的，因而也就不承認在現象之外有常駐不變的絕對的本體之『空』」（孫昌武，1995：325）。換句話說，佛教所講的真實，是以虛幻為諸法實相所顯現的「真實」（「諸法虛幻」

是眞的；反過來說，「諸法實在」就是假的）。這到了中觀學派手裡，甚至連那一眞實也要否定掉：「衆因緣生法，我說即是無。亦爲是假名，亦是中道義」（《中論》卷4，《大正藏》卷30：33中）、「大聖說空法，爲離諸見故；若復見有空，諸佛所不化」（《中論》卷2，《大正藏》卷30：18下）。言下之意，是要人不執著於眞實（空）而達到更高的境界（參見楊惠南，1992：67～89；吳汝鈞，1988：63～73；周慶華，1997b：109～110）。

　　雖然佛教偶爾也會混用眞實一詞，如「一切法無相，一切法無體，一切法不可修，一切法無所有，一切法無眞實，一切法空，一切法無性，一切法如幻，一切法如夢，一切法無分別」（《大方廣佛華嚴經》卷16，《大正藏》卷10：85上），經中「一切法無眞實」的眞實，顯然跟上述的眞實不在同一層次上（前者爲無自性的對立面，後者爲虛假的對立面），但它出現後對文學觀念的啓發卻是有跡可尋的。像「宋岊、郭象，銳思於幾神之區；夷甫、裴頠，交辨於有無之域，並獨步當時，流聲後代。然滯有者，全繫於形用；貴無者，專守於寂寥。徒銳偏解，莫詣正理。動極神源，其般若之絕境乎」（劉勰《文心雕龍・論說》），這就明顯是在符應般若空觀而有意提供一個文思的新方向；而「課虛無以責有，叩寂寞而求音」（陸機〈文賦〉，《增補六臣注文選》卷17），這一虛無／實有、寂寞／聲音的組合，大體也跟無自性／諸法實相或空／眞實的論調合轍〔雖然前者的用意大不相同；有人將〈文賦〉那兩句理解爲「課──試。責──要

求。虛無寂寞——指意。拈題之始，理本虛無，心自寂寞，透過
構思以後，發爲文詞，才使無形者可睹，無聲者可聽。此二句說
明構思的作用，也正是寫作樂趣所在」（郭紹虞，1981：146）
———這原則上沒有什麼可議〕。

　　更特別的是，原來會受到貶低的虛構（作假）性的作
品，重新被賦予了特殊的意義：「凡爲小說及雜劇戲文，須
是虛實相半，方爲游戲三昧之筆，亦要情景造極而止，不必
問其有無也」（謝肇淛《五雜俎》卷 15）、「文自《南
華》、《沖虛》，已多寓言，下至非有先生、馮虛公子，安
所得其真者而尋之？不知此以文勝，非以事勝也。至演義一
家，幻易而真難，固不可相衡而論矣。即如《西遊》一記，
怪誕不經，讀者皆知其謬。然據其所載，師弟四人，各一性
情，各一動止，試摘取其一言一事，遂使暗中摩索，亦知其
出自何人，則正以幻中有真，乃爲傳神阿堵，而已有不如
《水滸》之譏。豈非真不真之關，固奇不奇之大較也哉」
（睡鄉居士《二刻拍案驚奇·序》）。這在學者的說法，類似
的言論，是緣於佛教「以幻爲真」理論的刺激而改變的：
「（明代袁于令）認爲小說家可以以幻傳真。在＜西遊記題
詞＞中，他又指出：『文不幻不文，幻不極不幻。是知天下
極幻之事乃極真之事，極幻之理乃極真之理。』他認爲極幻
就是極真，以極幻之文也可以寫出極真之事……他的思維方
式無疑受到佛家真即幻，幻即真觀點的影響……（湯顯祖）
在＜牡丹亭記題詞＞中，他說：『夢中之情，何必非真，天
下豈少夢中之人耶？』因此，他的所謂『因情成夢，因夢成

戲』也便是把情、夢、戲都等同於幻覺。夢中之情，非真情，人生一世如夢中，亦不是真，所以戲也便可以『生天生地生鬼生神，極人物之萬途，攬古今之千變』……」（蔣述卓，1992：114～115）。

從此大家紛紛在肯定虛構在某種情況下是必要的，所謂「賦以象物，按實肖像易，憑虛構象難。能構象，象乃生生不窮矣」（劉熙載《藝概・賦概》）、「筆之幻化，令蕉有彈文，花有錫命，管城有封邑，銅鐓門有拜表……滑稽者又令群物得媲而同之，不亦悉歸幻化，而無一可擅者」（李日華《廣諧史・序》）、「劇者何？戲也。古今一戲場也。開闢以來，其為戲也，多矣……夫人生，無日不在戲中，富貴、貧賤、夭壽、窮通，攘攘百年，電光石火，離合悲歡，轉眼而畢，此亦如戲之傾刻而散場也……戲也，非戲也；非戲也，戲也。尤西堂之言曰『二十一史，一部大傳奇也』，豈不信哉」（李調元《劇話・序》）等等，可以看出一斑。

有關真實論的轉向，固然是由佛教所引起，但其中還有幾個層次需要分辨：第一，佛教講心生萬法，而萬法盡為虛幻；文論家講人能虛構事物，而該事物並非實有。文論家有這種認知，可以看作佛教的啟發所致。但佛教所著重的仍不是萬法所代表的意義，而是該具有能動性的「心」〔佛教所講的「心」，經歷了幾個階段的生發演變：「從緣起論看，佛教本來不承認有本體，但為了解決業報輪迴的主體問題，佛教慢慢地也創造了一個『神我』本體——補特伽羅，以它來作為業報前後相續的主體。而中國魏晉南北朝時期的佛教學者把它理解為

『我』，所以當時『靈魂不滅』說佔據著思想界的主導地位。以
後，『般若實相』說又以『眞如』爲一抽象主體，認爲只有它才
是眞實的『實相』，是一切諸法的本源……後來，涅槃佛性說興
起，又以『如來藏』、『佛性我』當作本體。唐代以後，佛性本
體論則將抽象本體歸結到一個『心』字上。天臺宗講『心是諸法
之本』，華嚴宗認爲『如來藏』是『自性清靜心』，它可以派生
萬物；禪宗則講『即心即佛』，明心就是把握住了佛性本體。到
這時，『心』的眞實也便是佛性的眞實，而眞實的『心』就是率
性而動的自然之性，即人最初的『本心』、『本性』」（蔣述
卓，1992：118~119），但這無妨於心所具有的或將具有的能
動性——論者所提及的「心的眞實」，是以心的實在性爲眞實，
跟前面所述以萬法的虛幻性爲眞實並不在同一層次上〕，這跟
文論家最終要越過敘事主體（人）這一要素而直接關注起所
虛構事物中蘊涵的「情」或「理」，卻大有差異。後者，常
見的說法，如「野史盡真乎？曰：不必也。盡贋乎？曰：不
必也。然則去其贋而存其真乎？曰：不必也……人不必有其
事，事不必麗其人。其真者可以補金匱石室之遺，而贋者亦
必有一番激揚勸誘，悲歌感慨之意。事真而理不贋，即事贋
而理亦真，不害於風化，不謬於聖賢，不戾於詩書經史，若
此者其可廢乎」（無礙居士《警世通言·敘》）、「今夫《紅
樓夢》之書，立意以賈氏爲主，甄姓爲賓，明矣真少而假多
也。假多即幻，幻即是夢。書之奚究其真假。惟取乎事之近
理，詞無妄誕。說夢豈無荒誕，乃幻中有情，情中有幻是也
……是則書之似真而又幻乎？此作者之辟舊套開生面之謂

也」（夢覺主人《紅樓夢·序》）、「天下女子有情寧有如杜麗娘者乎！夢其人即病，病即彌連，至手畫形容，傳於世而後死。死三年矣，復能溟漠中求得其所夢者而生。如麗娘者，乃可謂之有情人耳。情不知所起，一往而深，生者可以死，死可以生。生而不可與死，死而不可復生者，皆非情之至也。夢中之情，何必非真，天下豈少夢中之人耶？必因荐枕而成親，待挂冠而爲密者，皆形骸之論也……嗟夫！人世之事，非人世所可盡。自非通人，恒以理相格耳。第云理之所必無，安知情之所必有邪」（湯顯祖〈牡丹亭記題詞〉，《湯顯祖集》卷 46）等等，這似乎已經不是佛教所能「左右」得了的。

　　第二，佛教以萬法爲幻相，無非是要人不要執著於萬法；而文論家力主虛構事物的必要性，最後卻要人玩味該虛構的事物，彼此還是有些差距。後者有所謂「劈空造出，如若確然有此事，儼然見此人。佛云：『一切唯心造。』閻浮提自無始至今，所有種種幻相，便爲種種實諦，豈唯戲場片席地，目爲蜃氣樓臺」（呂洪烈《念八翻·第 3 出救俠眉批》）、「傳奇之作也，騷人韻士以錦繡之心，風雷之筆，涵天地於掌中，舒造化於指下。無者造之而使有，有者化之而使無……令閱者驚風雲之變態而已耳」（黃越《平鬼傳·序》）、「詠物毋得罵題，卻要開口便見是何物。不貴說體，只貴說用。佛家所謂不即不離，是相非相。只於牝牡驪黃之外，約略寫其風韻，令人彷彿中如燈鏡傳影，了然目中，卻摸捉不得，方是妙手」（王驥德《曲律·論詠物》）

等等勸人留意虛構體本身的某些奧妙，顯然跟佛教不同「理路」（雖然前後兩則議論曾藉佛教言說來作比喻）。

第三，文論家受到佛教的刺激而開始重視虛構的價值，但在「後續」的發展中，凡是跟「實」相對的「虛」，卻未必都指虛構或幻想，而是另有涵義。像「傳奇所用之事，或古或今，有虛有實，隨人拈取。古者，書籍所載，古人現成之事也；今者，耳目傳聞，當時僅見之事也。實者，就事敷陳，不假造作，有根有據之謂也；虛者，空中樓閣，隨意構成，無影無形之謂也」（李漁《閒情偶寄》卷1），這很明白是以「虛」爲虛構或幻想。但以底下幾則說法來看，就不是這麼一回事了：「《四虛・序》云：『不以虛爲虛，而以實爲虛，化景物爲情思，從首至尾，自然如行雲流水，此其難也。否則偏於枯瘠，流於輕俗，而不足採矣。』姑舉其所選一二云：『嶺猿同旦暮，江柳共風煙。』又：『猿聲知後夜，花發見流年。』若猿，若柳，若花，若旦暮，若風煙，若夜，若年，皆景物也。化而虛之者一字耳」（范晞文《對床夜語》卷2）、「周伯弜之注《三體詩》也，以景爲實，以意爲虛。此可論爲人之詩，而不可以論詩人之詩。詩人萃天地之清氣，以月露風雲花鳥爲其性情，其景與意可分也」（黃宗羲〈景州詩集序〉，《南雷文案》卷1）、「文有虛神，然當從實處入，不當從虛處入。尊作滿眼覷著虛處，所以遮卻實處半邊，還當從實上用力耳。凡凌虛仙子，俱於實地修行得之，可悟爲文之法也」（周亮工《尺牘新鈔》1集引韓廷錫〈與友人論文〉）。這裡的「虛」都指情思或情意或

神采，而跟它相對的「實」也已從真實義轉變成實景或實物義。

由此可見，傳統文論家原先對於虛構多持批判態度，受到佛教講以幻爲真的刺激後，才開始正視起虛構的必要性，而演繹出一番有別於過往的理論，這只是一種可能的解釋方案。當中不少看似例外的情況，也許是文論本身相互衝擊（而不是借鏡於佛教）所產生的結果。

第五節　言意論

心性論觸及的是心的主動創造或觀照力，形神論觸及的是精神或靈魂在作品中活現的重要性，真實論觸及的是寫實和虛構的辯證關係或同質色調，此外還有一個跟三者都有關聯的言意論。言意論要處理的是「言」能不能盡「意」的問題，它涉及了主體（心）對語言的駕馭和語言本身能否承「載」人的精神意蘊或細微的經驗等層面，頗有「後設理論」的味道。

這種後設理論，在中國傳統上出現，主要是爲了因應解讀上古留傳或並世風行的一些典籍的策略需求。所謂「子曰：『書不盡言，言不盡意。』然則聖人之意，其不可見乎？子曰：『聖人立象以盡意，設卦以盡情僞，繫辭焉以盡其言』」（《易繫辭傳》上）、「說《詩》者，不以文害辭，不以辭害志；以意逆志，是爲得之。如以辭而已矣，＜雲漢＞之詩曰：『周餘黎民，靡有孑遺。』信斯言也，是周無遺民也」（《孟子・萬章》）、「世之所貴道者書也，書

不過語，語有貴也。語之所貴者意也，意有所隨。意之所隨者，不可以言傳也，而世因貴言傳書。世雖貴之，我猶不足貴也，爲其貴非其貴也」（《莊子・天道》）等，這都在強調或暗示一種不執著於語言或兼層透視語言的解讀策略。而相應於這一解讀策略的，就是要人「得意而忘言」：「筌者所以在魚，得魚而忘筌；蹄者所以在兔，得兔而忘蹄；言者所以在意，得意而忘言」（《莊子・外物》）。從先秦以來，這種觀念就不斷地被強化，甚至還一度被轉用在人物的品鑒上（參見湯用彤，1984：24；牟宗三，1985：242～244）。其中魏晉玄學曾起過重要的「作用」，諸如「蓋理之微者，非物象之所舉也。今稱『立象以盡意』，此非通於意外者也；『繫辭焉以盡言』，此非言乎繫表者也。斯則象外之意，繫表之言，固蘊而不出矣」（陳壽《三國志・魏志・荀彧傳》注引何劭《荀粲傳》）、「夫象者，出意者也。言者，明象者也。盡意莫若象，盡象莫若言。言生於象，故可尋言以觀象。象生於意，故可尋象以觀意。意以象盡，象以言著。故言者所以明象，得象而忘言。象者所以存意，得意而忘象。猶蹄者所以在兔，得兔而忘蹄；筌者所以在魚，得魚而忘筌也」（王弼《周易略例・明象》）、「目送飛鴻，手揮五絃，俯仰自得，游心太玄。嘉彼釣叟，得魚忘筌。郢人逝矣，誰可盡言」（嵇康〈贈秀才入軍詩〉，《增補六臣注文選》卷24）等，都是在那個時代被提出而引發長期爭論且讓人印象深刻的（延續性）論調。而相對於「言不盡意」說的，就是「言盡意」說：

　　有雷同君子問於違眾先生曰：「世之論者，以爲言
不盡意，由來尚矣。至乎通才達識，咸以爲然。若夫蔣
公（濟）之論眸子，鍾（會）、傅（嘏）之言才性，莫
不引此爲談證。而先生以爲不然，何哉？」先生曰：
「夫天不言而四時行焉，聖人不言而鑒識形焉。形不待
名，而方圓已著；色不俟稱，而黑白以彰。然則名之於
物，無施者也；言之於理，無爲者也。而古今務於正
名，聖賢不能去言，其故何也？誠以理得於心，非言不
暢；物定於彼，非名不辨。言不暢意，則無以相接；名
不辨物，則鑒識不顯。鑒識顯而名品殊，言稱接而情志
暢。原其所以，本其所由，非物有自然之名，理有必定
之稱也。欲辨其實，則殊其名；欲宣其志，則立其稱。
名逐物而遷，言因理而變。此猶聲發響應，形存影附，
不得相與爲二。苟其不二，則無不盡。吾故以爲盡矣
（歐陽建〈言盡意論〉，《藝文類聚》卷 19 引）。

表面上「言盡意」說和「言不盡意」說水火不容，實際上二
者只因所預設的「意」不同而已（玄學所說的「意」，指意
甚不確定，有時指思想，有時指概念，有時指鑒識，有時指理
數，有時指印象，有時指情緒，有時指想像，有時指情調。參見
袁行霈，1984：9；孔繁，1987：45～48）。「言盡意」是就
「意」已定來說的，已定的「意」可加以言詮，所以才無言
不盡意的疑慮；而「言不盡意」是就「意」不定或難定來說
的，不定或難定的「意」無從加以言詮，所以才有言盡意的

疑慮。因此，只要二者所預設的「意」不同類或不在同一層次上，彼此就不致發生矛盾衝突，而各自持論的人也沒有理由相互詆諆。

正在玄學引發言意論辯之際，佛教的言意論也傳入了。佛教講「言語道斷，心行處滅」；而在不得已要言說時，該言說就只是個假名或標月之指式的譬喻。所謂「一切法實性，皆過心，心數法，出名字語言道」（《大智度論》卷100，《大正藏》卷25：753上、中）、「諸佛之法，亦無實字，但假號耳」（《光讚經》卷3，《大正藏》卷8：168中）、「如人以手指月示人，彼人因指當應看月，若復觀指以爲月體，此人豈唯亡失月輪，亦亡其指」（《楞嚴經》卷2，《大正藏》卷39：847上）等，說的就是這個意思。

當時佛教界也爲這點作過不少的討論，如「聖人有以見因華可以成實，睹末可以達本，乃爲布不言之教，陳無轍之軌，闡止啓觀，式成定諦」（道安〈道地經序〉，《出三藏記集》卷10，《大正藏》卷55：69中）、「經云：『般若義者，無名無說，非有非無，非實非虛，虛不失照，照不失虛。』斯則無名之法，故非言所能言也。言雖不能言，然非言無以傳。是以聖人終日言，而未嘗言也」（僧肇〈般若無知論〉，《肇論》，《大正藏》卷45：153下）、「夫神理無聲，因言辭以寫意；言辭無跡，緣文字以圖音。故字爲言蹄，言爲理筌，音義合符，不可偏失。是以文字應用，彌綸宇宙，雖跡繫翰墨，而理契乎神」（僧祐〈胡漢譯經音義同異記〉，《出三藏記集》卷1，《大正藏》卷55：4中）、

「聖人資靈妙以應物，體冥寂以通神，借微言以津道，託形象以傳真」（《高僧傳》卷 8，《大正藏》卷 50：382 下～383 上）等，這除了有「以言遣言」或「蕩相遣執」的新義在，其餘都跟玄學所見「言不盡意」和「得意忘言」說相似。

玄學和佛教這類的言意論，依學者的考察，也不無影響到文學觀念的建立：「玄學和佛教關於言意之辨的理論，對於總結、說明以至發揮文學語言的這種特性是有一定的啓發作用的。在佛家那裡，世俗語言所表達的是本非言相所示的精微神祕的絕對真實；在文學作品中，語言則應表現超出言外的深刻的內涵。二者目的不同，但在思維形式上卻有共同之處」（孫昌武，1995：345）。因此，在歷來文論中所提及的「言不盡意」、「言有盡而意無窮」、「言外之意」等等，自然就無法排除佛教言意論的影子（它也可能純受玄學的刺激，但在沒有堅強的證據可以採信下，當然要給佛教算上一份）。

這類情況特別多，可由底下幾則文獻窺見一斑：「余每觀才士之所作，竊有以得其用心。夫其放言遣辭，良多變矣。妍媸好惡，可得而言。每自屬文，尤見其情。恒患意不稱物，文不逮意。蓋非知之難，能之難也」（陸機〈文賦〉，《增補六臣注文選》卷 17）、「詩有三義焉：一曰興，二曰比，二曰賦。文已盡而意有餘，興也。因物喻志，比也。直書其事，寓言寫物，賦也。宏斯三義，酌而用之，幹之以風力，潤之以丹彩，使味之者無極，聞之者動心，是詩之至也」（鍾嶸《詩品·序》）、「詩家雖率意，而造語

亦難。若意新語工，得前人所未道者，斯爲善也。必能狀難
寫之景如在目前，含不盡之意見於言外，然後爲至矣」（歐
陽修《六一詩話》引梅堯臣說）。雖然如此，相關文論中對於
言意之辯，已經有了一些「歧出」的表現，也就是特別注意
到「蘊意」的技巧，使得言語在佛教（或玄學）所見的筌蹄
功能，「一變」而爲玩賞的對象。所謂「夫隱之爲體，義主
文外，祕響旁通，伏采潛發，譬爻象之變互體，川瀆之韞珠
玉也」（劉勰《文心雕龍・隱秀》）、「夫經以數字包義，而
傳以一句成言，雖繁約有殊，而隱晦無異。故其綱紀而言邦
俗也，則有士會爲政，『晉國之盜奔秦』；『邢遷如歸，衛
國忘亡』。其款曲而言人弗也，則有『使婦人飲之酒，以犀
革裹之，比及宋，手足皆見』；『三軍之士，皆如挾纊』。
斯皆言近而旨遠，辭淺而義深，雖發已殫，而含意未盡。使
夫讀者，望表而知裡，捫毛而辨骨，睹一事於句中，反三隅
於字外」（劉知幾《史通・敘事》）、「語貴含蓄。東坡
云：『言有盡而意無窮者，天下之至言也。』山谷尤謹於
此。清廟之瑟，一唱三嘆，遠矣哉！後之學詩者，可不務
乎？若句中無餘字，篇中無長語，非善之善者也；句中有餘
味，篇中有餘意，善之善者也」（姜夔《白石道人詩
說》）、「詩之深遠廣大，與夫舍舊趨新也，俱不在意。唐
人以意爲古詩，宋人以意爲律詩絕句，而詩遂亡。如以意，
則直須贊《易》陳《書》，無待詩也。『關關雎鳩，在河之
洲。窈窕淑女，君子好逑。』豈有入微翻新，人所不到之意
哉？此（高啓）〈涼州詞〉總無一字獨創，乃經古今人盡力

道不出。鏤心振膽自有所用，不可以經生思路求也如此」
（謝榛《明詩評選》卷8）、「能於淺處見才，方是文章高
手。施耐庵之《水滸》，王實甫之《西廂》，世人盡作戲
文、小説看，金聖嘆特標其名曰『五才子書』、『六才子
書』者，其意何居？蓋憤天下之小視其道，不知爲古今來絕
大文章，故作此等驚人語以標其目。噫，知言哉」（李漁
《閒情偶寄》卷1）等，這都已經賦予言語可以製造特殊審
美效果的意涵，顯然不是原先佛教的言意論所能「籠罩」的
了。

　　附帶一提，『言不盡意』是就作者而説的，讀者無從推
測作者有這種情況。因此，像作者如果有「至於思表纖旨，
文外曲致，言所不追，筆固知止。至精而後闡其妙，至變而
後通其數。伊摯不能言鼎、輪扁不能語斤，其微矣乎」（劉
勰《文心雕龍・神思》）、「夫詮序一文爲易，彌論群言爲
難。雖復輕采毛髮，深極骨髓，或有曲意密源，似近而遠，
辭所不載，亦不可勝數矣」（同上，〈序志〉）這類感覺，
那就只合他個人自我「責罰」或變通策略以尋求自我「撫
慰」，讀者應該沒有理由介入去「挖掘」什麼或「數落」什
麼。至於由「言不盡意」所衍生而來的「言外之意」（或
「言有盡而意無窮」），也當有條件限制，就是它只存於解
釋者（不論是讀者或作者本人擔任）的權宜性認定中。倘若不
是這樣，一定會有正反兩面的爭論發生。「常恥作文士。文
患其事盡於形，情急於藻，義牽其旨，韻移其意。雖時有能
者，大較多不免此累。政可類工巧圖繢，竟無得也。常謂情

志所託，故當以意爲主，以文傳意。以意爲主，則其旨必
現；以文傳意，則其詞不流。然後抽其芬芳，振其金石耳。
此中情性旨趣，千條百品，屈曲有成理，自謂頗識其數。嘗
爲人言，多不能賞，意或異故也。性別宮商，識清濁，斯自
然也。觀古今文人，多不全了此處。縱有會此者，不必從根
本中來。言之皆有實證，非爲空談。年少中謝莊最有其分，
手筆差異，文不拘韻故也。吾思乃無定方，特能濟難適輕
重，所稟之分，猶當未盡。但多公家之言，少於事外遠致，
以此爲恨，亦由無意於文名故也」（范曄〈獄中與諸甥姪書
以自序〉，《全宋文》卷 15），像范曄這樣一邊肯定「意以
文傳」（意在言內）一邊又要「事外致遠」（言外之意）的
矛盾心態，擴大開來就是各執一端的人在進行「擂臺」賽
了。而其實，「言外之意」是否存在的問題，是無可爭辯
的。解釋者所作的認定，最多只具有相互主觀性（能邀得具
有相似背景的人的認同），不具有絕對客觀性（這是語言「意
義」判定的通例，參見何秀煌，1988：23）。以至純粹在爭有
「言外之意」或沒有「言外之意」就盡屬白費，關鍵還在解
釋者的企圖（想藉他的解釋來達到什麼目的）。

第六節　境界說

　　現在就文學創作來說，境界是刻意或精心營造的一種特
殊的組構方式或藝術形相（它有時稱爲「風格」或「美的範
疇」。參見王夢鷗，1976a：181～185；姚一葦，1985a：2；張
毅，1993：256～257；詹鍈，1984：1～3；徐復觀，1980：

12～15；郭育新等，1991：253），但在古代卻幾經轉折；尤其佛教的介入是一大關鍵，可說比上述幾種理論更帶有佛教的影子。

依照學者的考證，境界原來是指空間或時間的界限：「《詩・周頌・思文》云：『無此疆爾界。』有一界字。《戰國策・秦策》云：『楚使者景鯉在秦，從秦王與魏王遇於境。』有境而無界字。這裡境、界二字都指疆土。後來，境、界二字合而爲一，《新序・雜事》云：『守封疆、謹境界。』班昭＜東征賦＞云：『到長垣之境界，察農野之居民。』上述引文中所用境界這個詞，本是指疆土的範圍，是一種空間界限。又《說文》：『竟，樂曲盡爲竟。』段玉裁注云：『曲之所止也。引伸之凡事之所止，土地之所止皆曰竟。』《說文》又說『界，竟也。』段玉裁注：『竟俗本作境。今正。樂曲盡爲竟，引伸爲凡邊界之稱。界之言介也。介者，畫也。畫者，介也。象田四界。』竟即境的本字，這裡是指音樂演奏停止時間說的，是一種時間的界限」（曾祖蔭，1987：280～281）。而不論如何，都跟後來作爲美學範疇的境界大有不同。但它爲什麼會成爲美學範疇，並且在文學領域裡被廣泛的使用？「這和佛經的翻譯分不開。翻譯佛經的人，借用了境界這個詞。如《雜譬喻經》：『神是威靈，振動境界。』《無量壽經》：『斯義宏深，非我境界。』《華嚴梵行品》：『了知境界，如幻如夢。』……」（同上，281）；這一翻譯的盛況，「如東晉佛陀跋陀羅所譯的《華嚴經》，後秦鳩摩羅什譯的《法界體性經》，北魏

菩提流支譯的《入楞伽經》、《無量壽經論》,曇摩流支譯
的《如來莊嚴智慧光明入一切佛境界經》,梁僧伽婆羅譯的
《度一切諸佛境界智嚴經》(與曇摩流支所譯爲異譯本),
真諦譯的《中邊分別論》、《唯識論》、《大乘起信論》、
《十八空論》等等,都出現『境界』、『法界』、『境』等
詞語。至唐代,法相宗玄奘大師譯出《瑜伽師地論》、《成
唯識論》、《雜集論》、《大毗婆沙論》、《俱舍論》等,
更是大談特談境界、法界,此風亦影響到華嚴宗、三論宗、
禪宗等其他宗派」(蔣述卓,1992:25)。而境界這個詞移
用到文學創作中,正是跟佛經的傳播和信奉佛教或受佛教影
響的文學家有著密切的關係。

　　佛教所講的境界,是它緣起法中的一個環節。所謂「此
有故彼有,此起故彼起……此無故彼無,此滅故彼滅」
(《雜阿含經》卷13,《大正藏》卷2:92下),這種緣起論
是佛教所提出對世界的一套解釋。而它背後預設的認識觀,
就是一切事物(諸法)都是心識的變現(詳見本章第二
節)。而識有八種:眼識、耳識、鼻識、舌識、身識、意
識、末那識、阿賴耶識。這八種識,都由自種生,又都跟它
相應的心所爲伴,從而了別境相。如眼識,依眼根生起,認
識色境;耳識,依耳根生起,認識聲境;鼻識,依鼻根生
起,認識香境;舌識,依舌根生起,認識味境;身識,依遍
於通體的身根生起,認識輕重冷暖滑澀等觸境;意識,依意
根生起,認識一切法境(法指一切事物);末那識,依阿賴
耶識見分爲根生起,認識阿賴耶識見分而錯覺爲我,以爲其

境，於此境去思量，所以又是思量義；阿賴耶識，依末那識
見分爲根生起，認識種子、根身、器界爲境相，有含藏諸法
種子及被第七識執藏之故，所以又是含藏義。前六根和六識
基本上指人的感官系統的反應功能，後二根二識則摻有理智
的成分。因此，佛教所說的境界，就是心識和外境的相緣相
生（參見蔣述卓，1992：26），正如「若於彼法，此有功
能，即說彼爲此法境界……彼法者，色等六境也。此有功能
者，此六根、六識於彼色等有見聞等功能也。准此論文，功
能所託，名爲境界；如眼能見色，識能了色，喚色爲境界」
（《俱舍論頌疏》，《大正藏》卷 41：826 下~827 上）這段
話所作的闡述。

　　由於境界是心識和外境的相緣相生，它在理論上就有了
一個原始的假定和兩種基本的緣生情況。所謂「一切法自性
本空，無生無滅，緣合謂生，緣離謂滅」（《大般若經》卷
75，《大正藏》卷 5：423 上）、「色不異空，空不異色；色
即是空，空即是色……是諸法空相，不生不滅，不垢不淨，
不增不減。是故空中無色，無受想行識，無眼耳鼻舌身意，
無色聲香味觸法，無眼界，乃至無意識界，無無明……無苦
集滅道，無智亦無得，以無所得故」（《般若波羅蜜多心
經》，《大正藏》卷 8：848 下）、「一切法性，皆虛妄見，
如夢如焰……所起影像，如水中月，如鏡中像」（《說無垢
稱經》卷 2，《大正藏》卷 14：563 下）等，說的就是該一
「三界唯心」「萬法唯識」的根本假定。而心識和外境在相
互緣生時，也是「刹那刹那，新新頓起，都不暫住，都無定

實」（參見熊十力，1987：6）。它一方面是外境為心識所變
現：「內識生時，似外境現」（《唯識二十論》，《大正藏》
卷43：982中）、「皆唯有識，無有境界」（《攝大乘論本》
卷中，《大正藏》卷31：138中）、「外境隨情而施設，故
非有如識；內識必依因緣生，故非無如境」（《成唯識論》
卷1，《大正藏》卷31：1中）；另一方面所變現的外境又
會產生新的心識：「彼實我法，離識所變，皆定非有。離能
所取，無別物故。非有實物，離二相故。是故一切有為無
為、若實若假，皆不離識……或轉變者，謂諸內識，轉似我
法外境相現。此能轉變，即名分別。虛妄分別，為自性故。
謂即三界、心及心所，此所執境，名所分別。即所妄執，實
我法性。由此分別，變似外境，假我法相。彼所分別，實我
法性，決定皆無」（《成唯識論》卷7，《大正藏》卷31：38
下～39上），於是這就出現了兩種一度的緣生情況。依此類
推，還有二度、三度……等等緣生情況。

　　這種境界說，被認為對於文學觀念的激發有莫大的功
效，「特別是在古代中國文學中，一方面在理論上對創作的
主觀方面的研究比較貧乏，另一方面由於有悠久豐富的抒情
詩傳統，創作中又特別富於主觀性。在這樣的矛盾中，唯識
的『內識轉似外境』的理論被借鑒、發揮，形成了中國文學
理論中的境界說」（孫昌武，1995：349）。而在可考察的文
獻中，就有「取境」、「造境」、「緣境」等等說法直接源
於佛教的觀念。所謂「夫詩人之詩思初發，取境偏高，則一
首舉體便逸，才情等字亦然」（皎然《詩式》卷1）、「取

境之時，須至難至險，始見奇句。成篇之後，觀其氣貌，有似等閑不思而得，此高手也。有時意靜神王，佳句縱橫，若不可遏，宛如神助。不然，蓋由先積精思，用神王而得乎」（同上）、「能離欲則方寸地虛，虛而萬景入，入必有所泄，乃形乎詞……因空而得境，故翛然以清；由慧而遣詞，故粹然以麗」（劉禹錫〈秋日過鴻舉法師寺院便送過江陵〉，《劉賓客文集》卷29）等等取境或得境的意見，都跟佛教既有的「云何想蘊？謂於境界取種種相」（《大乘五蘊論》，《大正藏》卷31：848中）、「想，謂於境取像為性，施設種種名言為業。謂要安立境分齊相，方能隨起種種名言」（《成唯識論》卷3，《大正藏》卷31：11下）這類取境說相通。

又「研情比象，造境皆會」（呂溫〈聯句詩序〉，《呂衡州集》卷3）、「（境生於象外）片言可以明百意，坐馳可以役萬里」（劉禹錫〈董氏武陵集句〉，《劉賓客文集》卷19）、「久用精思，未契意象，力疲智竭，放安神思，心偶照境，率然而生」（王昌齡《詩格》，顧龍振《詩學指南》卷3引）等等造境或役境的意見，也都跟佛教既有的「云何識蘊？謂於所緣，了別為性。亦名心，能采集故。亦名意，意所攝故」（《大乘廣五蘊論》，《大正藏》卷31：854中）、「一切諸法，唯依妄念而有差別，若離妄念，則無一切境界之相」（《大乘起信論》，《大正藏》卷32：576上）這類造境或生境說相類。

又「心遷境遷，心曠境曠。物無定心，心無定象」（梁

蕭〈心印銘〉，《全唐文》卷 520）、「凡所賦詩，皆意與境
會。疏導情性，含寫飛動，得之於靜，故所趣皆遠」（權德
輿〈左武衛胄曹許君集序〉，《文苑英華》卷 713）、「心不
孤起，仗境方生」（吳喬《圍爐詩話》卷 1）等等緣境或待
境的意見，也都跟佛教既有的「所依之根唯五，所緣之境則
六」（《百法明門論解》卷下，《大正藏》卷 44：50 中）、
「緣別不同，故分為四⋯⋯三者緣緣（所緣緣）」（《大乘
義章》卷 3，《大正藏》卷 44：516 中）這類緣境説相仿。

　　然而，所謂的相通或相類或相仿，只是限於思考模式；
至於彼此的內涵，可就「各行其是」，未必會有交集。如一
位學者所舉證的「關於境的涵義。皎然所説的境和境象，受
佛學的影響很深，但又不完全是佛學的原意。他在論述佛學
時説『境非心外，心非境中，兩不相存，兩不相廢。』這裡
所説的境，完全是佛家的玄祕空幻。在講到寫詩的境時，情
況便有些不同。從詩歌的表現對象來説，境大體是指自然景
物和人生境遇。例如：『是時寒光澈，萬境澄以靜。』『蒼
林有靈境，杳映遙可羨。』『偶來中峰宿，閒坐見真境。』
『月彩散瑤碧，示君禪中境。』等等。概括自然景物和人生
境遇的『境』，與詩歌創作的審美主體又有密切聯繫，它既
是詩歌創作的本原，又因主體情境不同而染上不同色彩。
如：『古磬清霜下，寒山曉月中。詩情緣境發，法性寄筌
空。』『境新耳目換，物遠風煙異。倚石忘世情，援雲得真
意。』『爲依爐峰住，境勝增道情。』都是説境撥動了人們
的審美情感，喚起了不盡的詩思。又説『釋印及秋夜，身閒

境亦清。風襟自瀟灑，月意何高明。』『持此心爲境，應堪
月夜看。』等，則講到了主體情境在對物象審美中的作用」
（曾祖蔭，1987：284）。其實，將前面所引文獻加以比較，
已經可以得出一虛幻（指佛教的境界）一實有（指文學的境
界）的本質上差異的結論。這也導至了境界說在文論中不斷
要突破現有格局而朝「多元」方向發展（不像在佛教中一旦
固定它虛幻的意涵後就不再有什麼變化），明顯跟早期佛教境
界說的距離越來越遠。

　　從境界的發生來說，逐漸被導到「身與事接而境生，境
與身接而情（意）生」（祝允明〈送蔡子華還關中序〉，《枝
山文集》卷 2）、「情景相融而莫分」（范晞文《對床夜
語》）、「神與境合」（王世貞《藝苑卮言》）等這一心物或
情景或神境的結合上。而它的進境，自然就是二者的彌合無
間或緊密交融：「嚴滄浪借禪喻詩，所謂『羚羊挂角』、
『香象渡河』，有神韻可味，無跡象可求。此說甚是。然不
過詩中一格耳……詩不必首首如是，亦不可不知此種境界」
（袁枚《隨園詩話》卷 8）、「文學之事，其內足以攄己，而
外足以感人者，意與境二者而已。上焉者，意與境渾；其
次，或以境勝，或以意勝。苟缺其一，不足以言文學」（樊
志厚〈人間詞乙稿序〉，王國維《人間詞話》附錄）。此外，
境界一詞的涵義也被擴大了：「境非獨謂景物也，喜怒哀樂
亦人心中之一境界。故能寫真景物、真感情者，謂之有境
界；否則謂之無境界」（王國維《人間閒話》）。所謂「能
寫真景物、真感情者，謂之有境界」，不論這是否「意有未

盡」（相關的討論，見傅庚生，1983：45～53；葉嘉瑩，
1985：81～113；黃維樑，1986：27～99），都可看出境界已
經從原先的「描述」用語發展到「評價」用語了。而如今所
流行的盡是它的評價性意涵；所謂「『意境』，亦稱『境
界』，是我國特有的一個美學範疇，外文中恐很難找到對應
的專有名詞。在中國美學史上，劉勰的『神與物遊』說、鍾
嶸的『滋味』說、杜甫的『神』『興』說、司空圖的『詩
味』說、嚴羽的『興趣』論、王漁洋的『神韻』說，直到晚
近的王國維首次明確提出整套的『境界』論，反映了歷代文
人學士對『意境』的接力式探索。正是在此基礎上，形成了
中國美學對審美標準的這一獨特概括。所謂『意境』，古今
文論家雖解釋頗多，概括起來所含要素大約有三：一是要有
新巧而獨具個性的藝術構思；二是要訴諸於形象化、典型化
的生活畫面；二是要有耐人尋味的無窮之味或不盡之意」
（陳孝英，1989：169），這一不知或略去中間諸多轉折的說
詞，正印證了境界在當今已經不再擁有它用於描述創作歷程
或跟佛教同一思考模式的身份。

第七節　妙悟說

　　妙悟說，是從「以禪喻詩」發端的。以禪喻詩是個總
提，它包括「以禪參詩、以禪衡詩、以禪論詩」或「以禪趣
說詩趣、以禪品明詩品、以禪理論詩理、以禪法比詩法」等
（參見袁行霈，1989：105；孫昌武，1995：356）。由於這個
緣故，以禪喻詩的「喻」，也就有譬喻（比擬）、評論等意

思（參見錢鍾書，1987：98～99；范岳，1993；156～157）。
這當然是在禪宗流行後所出現的「借鑒」狀況，無非要探索
或貞定一種特殊的文學（詩）創作機制。

　　以禪喻詩的重點在一個「悟」字。從語源上來看，悟是
人的認知官能之一，「是人們認識外在世界的一種形式，包
括對人、事、物的領會，或者說是人們思維的一種活動。
《說文》：『悟，覺也。』《尚書‧顧命》：『今天降疾、
殆，弗興弗悟。』也訓覺，猶今語覺醒。故悟亦通寤。《孟
子‧萬章》：『予將以斯道覺斯民也，非予覺之，而誰
也。』注：『我先悟覺者也。』《文選》江淹＜雜體詩＞：
『寥寥心悟永。』及謝混＜游西池詩＞：『悟彼蟋蟀唱。』
注引《聲類》說：『悟，心解也。』另外《素問‧八正神明
論》：『慧然獨悟。』注：『悟，猶了達也。』崔駰＜達
旨＞：『唐雎華顛以悟秦。』有啟悟之義，這和《廣韻》說
『悟，心了。』同義。綜觀以上說法，可以知『悟』的本義
當是心領神會」（淡江大學中國文學研究所主編，1990：
301～302）。而在這裡，特指禪悟，是自心對佛理的契合或
領會。同時，這個悟是「妙悟」，因為它神祕不可言說，所
以高妙。

　　「妙悟」一語，初次見於僧肇的＜長阿含經序＞：「晉
公姚爽，質直清柔，玄心超詣，尊尚大法，妙悟自然」
（《出三藏記集》卷9，《大正藏》卷55：63下）；又相傳為
僧肇著的＜涅槃無名論＞中也有「玄道在於妙悟」（《肇
論》，《大正藏》卷45：159中）的說法。爾後天臺智顗也講

妙悟：「夫聽學人誦得名相，齊文作解，心眼不開，全無理
觀。據文者生，無證者死。夫習禪人，惟尚理觀，觸處心
融，闇於名相，一句不識。誦文者守株，情通者妙悟。兩家
互闕，論評皆失」（《摩訶止觀》卷 10 上，《大正藏》卷
46：132 上）。

　　這種妙悟，又是「頓悟」。支頓時已開始講頓悟：「法
師研《十地》，則知頓悟於七住。尋莊周，則辯聖人之逍
遙」（《世說新語·文學》劉孝標注引《支法師傳》）。稍後
釋道安等人也講到頓悟；其中以竺道生較爲有名。根據惠達
的解釋：「夫稱頓者，明理不可分，悟語照極。以不二之
悟，符不分之理，理智悉釋，謂之頓悟」（《肇論疏》，
《卍續藏》卷 150：425 左上）。但真正使禪悟達到「妙」的
境地的，還應數南宗禪。

　　本來禪悟是大乘佛教修證的主要途徑之一。發展到瑜珈
行派，又提出「一心見道」的無分別智、現觀。這是一種不
必藉助思維和語言以「親證」絕對真實的神祕感悟：「善男
子，言有爲法者，惟是如來名字說法。所言如來名字說法
者，惟分別言語名爲說法。善男子，若惟名字分別言語名說
法者，常不如是。但種種名字聚集言語成是，故言非有爲
……名字說法者，是分別相。分別相者，即言語相。善男
子，言語相者，即是名字之所集法。名字集者，是虛妄法。
虛妄法者，常無如是體種種分別」（《深密解脫經》卷 1，
《大正藏》卷 16：666 上）。經文中說的是語言及其所表達
的差別境界都是虛妄的，應當達到所謂「所知障淨智所行真

實」,「入已善淨,於一切法,離言自性,假說自性,平等平等,無分別智所行境界」(《瑜伽師地論》卷 36,《大正藏》卷 30:486 下)。瑜伽行派的這種觀點,直接被中國的禪宗特別是南宗禪所師承,建立起它的「不立文字」而頓悟「自性清淨心」的理論。在南宗禪裡,也把頓悟稱爲妙悟,如「無即不無,有即非有,有無雙照,妙悟蕭然」(《禪宗永嘉集・毗婆舍那頌第 5》,《大正藏》卷 48:390 下)、「夫妙悟通衢,則山河非壅;迷名滯相,則絲毫成隔」」(《禪宗永嘉集・事理不二第 8》,《大正藏》卷 48:393 上)等就是(參見孫昌武,1995:356~364)。

從禪宗提出妙悟說以後,詩論也開始出現悟或妙悟的字眼,如「棄象玄應悟,忘言理必該」(孟浩然〈來闍黎新亭作〉,《全唐詩》卷 160)、「妙悟者不在多言,善學者還從規矩」(王維〈畫學祕訣〉,《王右丞集箋注》卷 28)、「凡作詩如參禪,須有悟門」(吳可《藏海詩話》)、「識文章者,當如禪家有悟門。夫法門百千差別,要須自一轉語悟入。如古人文章,直須先悟得一處,乃可通其他妙處」(范溫《潛溪詩眼》)、「蓋文章之高下,隨其所悟之深淺。若看破此理,一味妙悟,則徑超直造,四無窒礙,古人即我,我即古人也」(范晞文《對床夜語》卷 2)、「作文必要悟入處。悟入必自工夫中來,非僥倖可得也。如老蘇之於文,魯直之於詩,蓋盡此理也」(呂本中《童蒙詩訓》)、「後山論詩說換骨,東湖論詩說中的,東萊論詩說活法,子蒼論詩說飽參,入處雖不同,然其實皆一關捩,要知非悟入不可」

（曾季貍《艇齋詩話》）等等，頻率之高，可以直逼禪籍。
然而，這也只是以禪悟相比擬而已，二者在本質上還是大有
差別。因爲禪宗認爲萬法在一念淨心，悟得這片淨心則人境
兩空、我法雙亡：「自心從本已來空寂者，是頓悟；即心無
所得者，爲頓悟；即心是道，爲頓悟；即心無所住，爲頓
悟；存法悟心，心無所得，是頓悟；知一切法是一切法，爲
頓悟；聞説空，不著空，即不取不空，是頓悟；聞説我，不
著（我），即不取無我，是頓悟；；不舍生死而人涅槃，是
頓悟」（《荷澤神會禪師語錄》，孫昌武，1995：365～366
引）；而詩論只是藉以説明如何發揮主觀（體）的心性。就
這一點來説，有人甚至推及二者並沒有必然的關係：「詩人
應物抒感，物色之動，心亦搖焉，禪宗卻要人不在色、聲、
香、味、觸法上生心；詩人含毫吐臆，與境孚會，禪宗卻要
人心無所住，在幻境上不生念，存在實踐地自悟本心本性。
因此，依禪宗義理來講，絕對開展不出『詩』來，不僅因爲
他們不立文字而已。後代之所謂詩禪，都是單拈一端，賦詩
斷章，以供譬説。例如嚴羽説『大抵禪道在妙悟，詩道亦惟
在妙悟』，妙悟是詩禪都講求的一套方法，但其目的指向不
同，方法的根據亦不同，甚至方法本身也不同，絕不能併爲
一談。曾茶山曾説學詩如參禪，然其所謂禪，其實仍是儒者
之養氣，便是個最值得深思的例子。因此，綜合地看起來，
宋代與詩發生關係的既不限於禪宗，以禪論詩又不專就禪宗
內部義理來講，參詩説和妙悟説的内涵便不能只以禪來分
析，須就普遍的哲學層次予以思考，由詩人生命成就處觀察

之」（龔鵬程，1986：142）。雖然如此，詩論中的妙悟説在「形式」上取自禪宗的説法或得自禪宗説法的啓發，卻是多數學者所一致肯認的（參見郭紹虞，1982b：16～23；宗白華，1987：9～12；錢鍾書，1987：99～102）。而這裡可以談論的，大概也是僅止於這一相取鏡的層次。

　　在禪宗方面，悟是通（總）説。如果爲了論述或指點的需要，還可以有自悟、頓悟、直悟、圓悟等等分解或偏提；而同時這也給了文（詩）論家不少靈感，相繼發出相應的看法或主張。如禪宗「語默動靜、一切聲色，盡是佛事。何處覓佛？不可更頭上安頭，嘴上加嘴」（《宛陵錄》，《大正藏》卷48：385下）、「萬法泯時全體現，三乘分別強安名。丈夫皆有衝天志，莫向如來行處行」（《景德傳燈錄》卷29，《大正藏》卷51：455中）、「今學道人不向自心中悟，乃於心外著相取境，皆與道背」（《傳心法要》，《大正藏》卷48：380上）等一類自悟自度的説法，就被藉來比擬強調詩人的獨自悟解和創新：「學詩渾似學參禪，頭上安頭不足傳。跳出少陵窠臼外，丈夫志氣本沖天」（吳可〈學詩詩〉，魏慶之《詩人玉屑》卷1引）、「如東坡、太白詩，雖規模廣大，學者難依。然讀之使人敢道，澡雪滯思，無窮苦難難之狀，亦一助也。要之，此事須令有所悟入，則自然越度諸子。悟入之理，正在工夫勤惰間耳」（呂本中〈與曾吉甫論詩第1帖〉，胡仔《苕溪漁隱叢話》前集卷49引）、「文章自得方爲貴，衣缽相傳豈是真？已覺祖師低一著，紛紛法嗣復何人」（王若虛〈山谷於詩每與東坡相抗門人親黨遂

謂過之而今之作者亦多以爲然予嘗戲作四絕〉之 4，《滹南遺老
集》卷 45）。

又禪宗「直指人心，見性成佛」（《碧巖錄》卷 2 第 14
則，《大正藏》卷 48：154 下）、「不悟，即佛是眾生；一
念悟時，眾生是佛。故知萬法盡在自心，何不從自心中頓見
真如本性」（《六祖法寶壇經・般若第 2》，《大正藏》卷
48：351 上）等一類頓悟或一念悟的説法，也被藉來激勵詩
人領悟力的及時發揮：「學詩渾似學參禪，竹榻蒲團不計
年。直待自家都了得，等閑拈出便超然」（吳可〈學詩
詩〉，魏慶之《詩人玉屑》卷 1 引）、「學詩當如初學禪，未
悟且遍參諸方。一朝悟罷正法眼，信手拈出皆成章」（韓
駒〈贈趙伯魚〉，《宋詩鈔・陵陽詩鈔》）、「『池塘生春
草，園柳變鳴禽』，世多不解此語爲工，蓋欲以奇求之耳。
此語之工，正在無所用意，猝然與景相遇，借以成章，不假
繩削，故非常情所能到。詩家妙處，當須以此爲根本。而思
苦言難者，往往不悟」（葉夢得《石林詩話》卷中）。

又禪宗「三世諸佛，十二部經，在人性中本自具有。不
能自悟，須求善知識指示方見；若自悟者，不假外求。若一
向執謂須他善知識望得解脱者，無有是處」（《六祖法寶壇
經・般若第 2》，《大正藏》卷 48：351 上）、「參禪須透祖
師關，妙悟要窮心路絕。祖關不透，心路不絕，盡是依草附
木精靈。且道如何是祖師關？只者一個無字，乃宗門一關
也」（《無門關》，《大正藏》卷 48：392 下）、「得意者越
於浮言，悟理者超於文字。法過言語文字，何向數句中求？

是以發菩提者，得意而忘言，悟理而遺教，亦猶得魚忘筌，得逸忘蹄也」（《大珠禪師語錄》，孫昌武，1995：374 引）等一類直悟或超絕悟的說法，也被藉來譬喻說明詩人的了悟妙趣以致勝：「欲參詩律似參禪，妙趣不由文字傳。箇里稍關心有悟，發爲言句自超然」（戴復古〈論詩十絕〉，《石屏詩集》卷6）、「語貴含蓄。東坡云『言有盡而意無窮者，天下之至言也』，山谷尤謹於此。清廟之瑟，一唱三嘆，遠矣哉！後之學詩者，可不務乎！若句中無餘字，篇中無長語，非善之善者也；句中有餘味，篇中有餘意，善之善者也」（姜夔《白石道人詩說》）、「夫詩有別材，非關書也；詩有別趣，非關理也。然非多讀書，多窮理，則不能極其至。所謂不涉理路，不落言筌者，上也」（嚴羽《滄浪詩話·詩辨》）、「雖然，方外之學有爲道日損之說，又有學至於無學之說；詩家亦有之。子美夔州已後，樂天香山已後，東坡南海已後，皆不煩繩削而自合，非技進於道者能之乎？詩家所以異於方外者，渠輩談道不在文字，不離文字；詩家聖處不離文字，不在文字。唐賢所謂情性之外，不知有文字云耳」（元好問〈陶然集詩序〉，《遺山先生文集》卷37）。

又禪宗「譬如一團水銀，分散諸處，顆顆皆圓。若不分時，只是一塊。此一即一切，一切即一」（《宛陵錄》，《大正藏》卷48：386 上）、「一性圓通一切性，一法遍含一切法。一月普現一切水，一切水月一月攝」（《永嘉證道歌》，《大正藏》卷48：396 中）等一類圓悟或整體悟的說

法，也被藉來期待詩人對更高圓成境界的參悟：「無人知句
法，秋月自澄江」（黃庭堅〈奉答謝公靜與榮子邕論狄元規孫
少述詩長韻〉，《豫章黃先生文集》卷2）「學詩渾似學參
禪，自古圓成有幾聯？春草池塘一句子，驚天動地至今傳」
（吳可〈學詩詩〉，魏慶之《詩人玉屑》卷1引）、「句法天
難祕，工夫子但加。參時且柏樹，悟罷豈桃花」（楊萬里〈
和李天麟二首〉，《誠齋集》卷4）。

　　只是文論中所講的悟，自以領悟創作詩文的道理或訣竅
爲主，跟禪悟重在契會佛理並不相同；彼此但以悟的形式相
通，所悟內容則分殊兩途。

第三章　佛教文學化的現象

第一節　概說

　　大體說來，佛教經典被認為跟文學有關係，主要是它有些成分形同文學或帶有文學的特性。而根據當代形式主義學派的講法，文學所以為文學（有別於哲學、科學等等），就是它具有「文學性」。這種文學性，是從語言本身來貞定的：「文學語言考慮的是如何使文學（或文學本身的性質）顏色鮮明表現強烈，使它成為讀者注目之所在……因此文學本身必須『醒目』，必須取得『凸出』的地位」，所以「標新」或「立異」和「脫出窠臼」或「反熟悉化」，就成了形式主義學說中的重要名詞，它們「被用以解釋文學作品中各種技巧與表達手法的效果，並且推而廣之，成為解釋文學進化的重要因素」（高辛勇，1987：18～19）。

　　換個角度來看，形式主義學派所以肯定「標新」或「立異」和「脫出窠臼」或「反熟悉化」為文學性所在，理由是「從語言學觀點看……語言最普通的功能應該是表達、傳播思想感情與交換、溝通意見，即所謂『傳訊』或『溝通』的功用。但這顯然並非文學語言的特點，『傳訊』的功用只是『實用語言』的特徵。從另一方面看，如果以詩的語言為文學語言的代表，一般直覺會以為文學語言特徵是以『意象』（或『形象』）代替平鋪直述的語言（詩中多意象）……但是

意象在實用語言（或科學論文的語言）其實也俯拾皆是，意象並非文學語言之專利。佘格洛夫斯基在〈以機杼爲藝術〉一文中指出：『問題並不在意象本身。詩人之爲旁人所不及者，端賴其對意象乃至於一般語言材料所作的安排措置，亦即所謂「機杼」（或「手法」）之設想與安置』。佘氏認爲文學語言有其自主性，它並不爲『表達思想』、『發抒感情』而服務，『意象』也只是諸多『手法』（如比喻、反覆、誇飾、對仗等等）中的一項而已」；形式主義學者認爲「手法」主要功用是在「增强我們對文字經驗的感受與注意。文學語言既然有其自主性，其功用不在直接表達『思想』或發抒『感情』，則其安排取決應該另有標準（按：就是上述「標新」或「立異」和「脫出窠臼」或「反熟悉化」那些特徵）」（同上，17～18）。形式主義學派並不反對文學有表達思想情感（或反映現實生活）的功能，只是它如果「純粹」在表達思想情感（或反映現實生活）就跟一般語言也能表達思想情感（或反映現實生活）沒有兩樣，所以它才要在形式技巧上費心的安排措置，以示「與衆不同」。

　　依照這一點，佛教經典在表達佛理的過程中，也不免有額外加工的痕跡，而這種情況正是文學所常見或所擅長的，於是佛教經典就有局部跟文學相似或一樣；而就以這一現象，姑且用「佛教文學化」來指稱，表示佛教經典中也有文學的成分。

　　雖然如此，文學終究也只是個界定式用法（詳見第一章第二節），沒有任何絕對的理由來限制它一定是「如何如

何」。因此，像當代某些文學理論所指出的文學都是「政治性」的或「互為本文」的（根本沒有它所專屬的特性），同樣也有存在的理由〔參見伊格頓（T. Eagleton），1987：134、187；周慶華，1994：125〕。尤其後面（互為文本）這一講法，特別「聳人聽聞」；它是由結構主義學派所開啟，最後被解構主義學派推到極端。

結構主義學派認為文學是一種「語言的結構」，原因在「根據索緒爾的語言學觀念，語言符號是意符（聲音──意象）和意指（思想、觀念）合組而成的，意符和意指之間並無自然的關係，換句話說，兩者之間的關係是約定俗成的、武斷的……意符與意指之間既無特定關係，意符既不受制於觀念，但卻能發生（示意）作用，那是由於每個意符都與整個語言體系中的其他意符有所不同、有差異造成的。意符之差異的交互運作便可產生符徵功能……這就是說，語言符號是自足的、自明的，是不假外求、不牽涉本身以外的因素的」，結構主義「以索緒爾的語言理論為張本，認為文學作品本質上是一個語言符號的結構體，其『意義』來自於作品中各符號的交互作用」（吳潛誠，1988：126～127）。這到了解構主義學派那裏，衍變成把一切作品稱為「文本」（text），而文本「非但不是語言的傳播與模擬功能的實踐，也不再是一個封閉的、穩定的、實存的系統；它是開放的、不定的、自我解構的一種創造力，一個衍生力量的表演場所或空間」（張漢良，1986：119）。理由是前行的語言符號學認為意符有表意作用，指向意義的意指，但解構主義

學派以爲意符互相指涉，在它們形成的空間中充分運動，作意義和結構的無窮變化。「文本」表意系統的衍生過程是多元的，無法由一個實存的主體駕馭，因爲所謂的主體或「我」，也是無窮多元的文本。在這種情形下，每一篇原以爲是自足的文本，也都是無數其他文本的吸收和轉換，文本其實是文本間的。至少我們可以看出，可以被描述的、具體的文章被一個更抽象的、不確定的「文本性」或「文本間性」所取代了（同上，119）。而在作品「文本性」或「文本間性」的表演之下，「一切文類區分，包括政治宣言、戲劇、詩與菜單之別，都是不必要的了」（同上，112）。既然連文類區分都不必要（回到「元類」狀態），那文學和非文學的界線也不存在了。

事情演變到這種地步，的確會教人不知所措，但想到解構主義學派無法解釋各作品的語言結構何以不同（如詩跟戲劇、菜單、政治宣言的差別），以及各作品的美感價值爲何有異（我們讀詩讀戲劇和讀菜單讀政治宣言的感受迥然不同）（參見淡江大學中國文學研究所主編，1991：433～434；周慶華，1994：62），所以保留原有的「文學性」還是必要的（不必盡依解構主義學派的意見將它取消）。何況「文本性」或「文本間性」也沒有任何保證它一定可以成爲「絕對真理」，它跟其他主張一樣，都是屬於規範性的說法（參見周慶華，1996a：46～60）。

在姑且以「文學性」作爲文學所以存在的理由的前提下，說佛教有文學化現象也就有了成立的基礎，因爲「文學

性」所顯現出來的「標新」或「立異」和「脫出窠臼」或「反熟悉化」特徵中，經常是以比喻、象徵等方式來演出，而佛教經典裏就有比喻性的故事和象徵性的寓言。此外，佛教經典中還有一些敘事性文體和詩偈贊頌等形式，這也跟文學作品所含有的敘事文和抒情文（前者如傳說、故事、小說等；後者如詩、詞、歌、賦等）相類，在在顯示佛教和文學有相當程度的交集。

　　至於探討這部分究竟有什麼重要性，也得稍爲作點交代。所謂的「重要性」，無疑是站在佛教立場而說的，但大家又都看得出來佛教所著重的是義理的傳達，而不是爲表現或豐富文學的審美經驗（從形式技巧的陌生化或所含意義的多重性來致力）。因此，對於這個問題就得另闢思路，重新來考慮文學化對佛教來說是否有實質上的幫助（可以順利的傳達佛教的義理）；如果沒有，那麼（鼓勵）佛教繼續文學化下去，就不是一種「明智之舉」。而這可以提供本書所要導出的「文學佛教化」一個情境作爲對勘。換句話說，當「佛教文學化」不太值得我們關心時，「文學佛教化」也許就是唯一可以選擇的了。於是「佛教文學化」所以值得探討，就不在它經由探討後可以得出「特別需要再求發展」的結論，而在能夠反襯「文學佛教化」是可以期待的一種作法。

　　爲了方便討論，這裏就挑選幾個比較明顯的佛教文學化現象作爲綱目，它們包括有「敘事性」、「譬喻成分」、「詩偈形式」和「寓言化」等。其中「敘事性」和「詩偈形式」，偏重在一般性的文體組構（參見薛鳳昌，1977；蔣伯

潛，1959；張毅，1993），比較不影響佛教義理的傳達。至
於「譬喻成分」和「寓言化」，兼涉及修辭技巧〔參見赫許
（G. Hough），1979；韋勒克（R. Wellek）等，1979；王夢鷗，
1976b〕，它可能「耽誤」了佛教義理的傳達或「遮掩」了
佛教義理的光芒，正是需要細加尋繹和考評的地方。縱是如
此，這四項綱目的構設，只是基於容易論述一個理由而已，
事實上它們彼此間多有「重疊處」（如敘事中帶有譬喻技巧
或含有詩偈成分，而譬喻技巧實踐處就呈現著事體或寓言等
等），觀看時不妨權爲「取捨」。

第二節　敘事性

　　敘事，又稱敘述，簡單的說，就是講故事或處理時間序
列裏的一系列事件〔參見浦安迪（A. H. Plaks），1996：4；科
恩（S. Cohan）等，1997：1〕。語言學家曾把敘事能力作爲
衡量發達語言的運作能力的一個尺度；而在文學家眼裏，敘
事文也常跟抒情詩、戲劇並列爲文學的三大體式〔參見蘭特
利奇（F. Lentricchia）等編，1994：87；浦安迪，1996：6〕。

　　有人曾爲文學這三大體式，作了簡略的區分：「我們可
以這樣說，抒情詩直接描繪靜態的人生本質，但較少涉及時
間演變的過程。戲劇關注的是人生矛盾，透過場面衝突和角
色訴懷──即英文所謂的舞臺『表現』（presentation）或
『體現』（representation）──來傳達人生的本質。唯有敘
事文展示的是一個延綿不斷的經驗流中的人生本質」（浦安
迪，1996：7）或「『敘事』一詞常被用來排除詩歌，僅僅

因爲許多詩歌是抒情詩。與歌曲相仿，抒情詩是情感或意識狀態的內心獨白。敘事也表達情感，但它是在故事及其講述的框架之內表達。抒情詩可以被當作私下的言語活動去閱讀，而敘事卻必須被當作公開的言語活動；講述一個關於人物情感的故事是介入私人的體驗以使它公開。就此而言，敘事雖與戲劇相似，卻有一個重要區別：一齣戲直接展現某個行動——比如說哈姆雷特與雷歐提斯的決鬥——，而一部敘事作品則間接地展現這一行動，是透過那些講述或描述這一行動的語詞去展現」（科恩等，1997：1）。

這雖然不是絕對的〔因爲還有人這樣說：「甚至在『純文學』中，敘述的範圍也是廣而又種類各異的。它不僅包括短篇故事和小說，還包括戲劇、史詩、柏拉圖式對話和敘事詩等等。如果不是全部，但至少有很多抒情詩也有敘事的一面」（蘭特利奇等編，1994：87），在這種情況下，文學體式也就無從劃分起了〕，但也不難在看出大家都能認同「敘事作爲文學的特徵之一」這個標誌。

縱是如此，敘事一詞也依然要是個界定式用法，可以任由人爲它填入（賦予）某些意涵。如在古希臘時代亞里士多德（Aristotle）所著《詩學》中，就首先把情節當作是敘事最重要的特徵。一個完整的故事有開頭、中間和結尾，構成一個沒有多餘因素的勻稱的整體；而故事的其他特徵（人物、環境和措詞等等），都從屬於情節這個主要因素（詳見亞里士多德，1986）。發展到現代，研究敘事的觀點「可以相當多元，不妨從歷史學、心理學、社會學、文化人類學、美

學等各種不同的角度去分析去討論」（浦安迪，1996：5），
也就是不再只限於傳統所賦予敘事的一些固定的意涵。因
此，面對「自亞里士多德以降的世紀中，關於敘事的性質和
功能又有各種各樣其他的解釋提出來。況且，本世紀的最近
九十年就目睹了不同的敘事理論的驚人發展……在這些理論
中有俄國形式主義敘事理論、巴赫金的對話理論、新批評理
論、芝加哥學派或新亞里士多德理論、心理分析學理論、闡
釋學和現象學理論、結構主義、符號學和轉義學理論、馬克
思主義和社會學的理論、讀者反應理論，以及後結構主義和
解構主義的理論」（蘭特利奇等編，1994：88～89）這類提
示性的說詞，我們就得意會到敘事或敘事理論有被無限形塑
（建構）的可能性；而為了方便論述，可以權為擇取一種說
法或新創一種說法作為依據。

　　基於這個前提，相關著作裏普遍會涉及的敘事可觀察面
如故事、情節、人物、背景、敘事觀點、敘事方式、敘事結
構等等（詳見羅鋼，1994；徐岱，1992；盛子潮，1993；陳平
原，1990），綜合取來充當對敘事的認知基礎，也就成了一
件可以省卻重新定義的麻煩和避免引發別人過多質疑的困擾
的便宜事。換句話說，這裏是姑且以故事、情節、人物、背
景、敘事觀點、敘事方式、敘事結構等等作為敘事本身所具
有的成分或要素，而顯現文學的一種特徵。

　　此外，敘事還牽涉一個虛構或非虛構（寫實）的問題值
得重視。虛構和非虛構這樣的概念，隱含了對語言運用的兩
種截然不同的期待：「非虛構語言是以一種複製去再現現

實，而虛構的語言是以一種複寫去表現現實」；然而「虛構與非虛構之間這種看似明瞭的區別從來就不是十分清晰的。舉例說，幾年前，《華盛頓郵報》刊載了一篇關於兒童濫用藥物的特寫。這故事特別講述了一個孩子的經歷。按這類故事的公認的程式，作者在文章開頭說明，爲了不暴露這孩子的身份，她改換了他的姓名，而讀者並不以爲這故事有什麼不真實的。待該文榮獲普利茲獎，人們才發現故事的主人公是虛擬的形象，爲那孩子虛構的姓名根本不是指個實際存在的人。結果這位作者被《華盛頓郵報》解僱，並且普利茲獎評委會也收回了獎項，指責作者杜撰了此文。如是曝光改變了這故事被閱讀的方式。一當它的內容從實例的調研變成創造的——從而也就虛構的——形象，其語言上的要求也會發生同樣的變化，而這要求原本是成爲對某一情境的再現或複製，而不是對該情境的表現或複寫」（科恩等，1997：2～3）。這（所舉）當然只是個個案，在許多時候大家並不要求敘事是對某一情境的再現或複製，只要它能「對人性真實」、「對人生事件真實」、「對人生經驗真實」等等（參見劉昌元，1987：271～287；姚一葦，1985b：92～115；顏元叔，1978：23～64），就會被認爲有「真實感」；更何況「正如布魯克斯所見，如果人是使用工具的動物，那麼他也就根深蒂固地是使用符號的動物，創造意義的動物——並且，作爲後者的本質成分，是進行虛構的動物。『故事』（fiction），詞源於拉丁語 fingere，即創造和虛構。正如布魯克斯所說，一部小說是在建造和虛構的雙重意義上構成

的。這種裝假是一種基本的人類行爲。它不僅包括純文學，
還包括玩遊戲、扮演角色、做白日夢和許多別的類似行爲」
（蘭特利奇等編，1994：91）。因此，「在故事中我們整理
或重新整理現有的經驗，我們賦予經驗一個形式和一個意
義，一個具有勻稱的開頭、中間、結尾和中心主旨的線性秩
序。人類講故事的能力是男人和女人在其周圍共同建立一個
有意義有秩序的世界的一個方面，我們用小說研究、創造出
人類生活的意義」（同上），就不妨作爲對敘事的「新」的
認知基礎。而對於類似底下這一更細緻或更具體的分辨，也
可以一併加以考慮：「如同創作之拘守於『反映現實』，五
四以來的小說研究與批評亦大多自限於闡釋作品與『現實』
的關係（包括人物是否逼眞、情節是否合理感人），其背後的
假設是以作品爲『現實』的附庸，而非獨立的活動，也沒有
自己獨立的屬性。這點與中國傳統之重『事實』而忽視『理
論』有密切的關係。中國現代學術傳統特別尊重『歷史』，
以『歷史』是事實，而唯事實才具永恒性、不變性，才值得
研究；相反地，理論則是『一毛一打』，隨用隨換。但所謂
『事實』或『歷史』又是什麼呢？凡是經過記錄，以語言或
影像表達的『歷史』也必是經過選擇、過濾、組合的『歷
史』，這種記錄無法越過感官印象、先入的假設、認知習慣
等等的『間介』，這些間介過程，有意無意地決定了『歷
史』與『事實』的面貌（這在涉及人類動機的社會現象或人文
事實之上尤然）。『先入的假設』、『認知習慣（或心
態）』正可視爲理論範圍的題目。不管願不願意、自覺不自

覺，我們從歷史上所承受的『事實』，甚至我們目睹、親歷的現實，都是一種有選擇或帶『偏見』的事實」（高辛勇，1987：7~8）。

在佛教經典中，也不乏敘事性的文體，它主要見於一些佛陀本行、佛本生故事和緣起故事中。佛陀本行是敘述釋迦牟尼一生事跡的傳記故事；在漢譯經典裏，記載佛傳的篇帙，主要有《修行本起經》、《普曜經》、《佛本行集經》、《太子瑞應本起經》等。馬鳴所造的《佛所行贊》，則是一部以韻文形式爲佛立傳的長篇敘事詩（按：敘事性文體，有的以「散文」敘事，有的以「韻文」敘事。後者，如古希臘時代的荷馬史詩、中國兩漢以來的故事詩等都是。參見科恩等，1997：1；邱燮友，1993a：1~14）。

有人認爲它所敘述的佛傳故事「氣魄宏大，喜好鋪張，情節曲折，波瀾起伏，同一個母題下包含了許多小故事，相互之間有機地銜連一體。它在佛陀所經歷的實事基礎上，綴入大量神話傳說進行虛構加工，將佛的生平作了高度戲劇化的表現，卻並没有改變釋迦其人的基本事實。如佛傳中的『乘象托胎』、『出游四門』、『逾城出家』、『降魔得道』、『初轉法輪』、『爲母説法』、『祇園鬥法』、『調伏醉象』、『雙林入滅』等，情節都很吸引人，各自有一個首尾一貫的故事結構，早已成爲佛教傳播地區群眾非常熟悉的故事」（陳允吉等主編，1997：33）。這當然還可以有不同的考察點（詳下），不盡要依循上述的論點而一逕附和或認同。

　　至於佛本生故事和緣起故事，是敘述釋迦牟尼的前世事跡，旨在揭示他如何經過累世曠劫的修行而終於得以成佛的因果；在漢譯經典裏，記載這類故事的篇帙特別多，如《太子須大拏經》、《佛說大意經》、《長壽王經》、《佛說九色鹿經》、《佛本行集經》、《生經》、《大莊嚴論經》、《六度集經》、《撰集百緣經》、《賢愚經》、《雜寶藏經》、《佛說奈女耆婆經》、《根本說一切有部毗奈耶》等都是。學者也認為「這些故事有的萌生在佛教流播過程之中，宗教氣息頗濃；但更多的是屬於印度民間故事的附會，如去掉其宗教添益的部分，就呈現出靈動活潑的人間生活情態。它們篇幅長短不一，內容題材多樣，風格新奇，情文並茂，顯示出古天竺說故事人高度的語言藝術，引人入勝的精美篇章不勝枚舉」（同上，75）。這當然也可以再作討論（詳下），不必只有這類的評價。

　　底下就摘取一些段落，以見其敘事性的「大概」。首先是有關佛陀本行的故事：

　　　　太子耀神景，羽從悉蒙光。出城遊園林，修路廣且平，樹木花果茂，心樂遂忘歸。路傍見耕人，墾壞殺諸蟲，其心生悲惻，痛逾刺貫心。又見彼農夫，勤苦形枯悴，蓬髮而流汗，塵土坌其身，耕牛亦疲困，吐舌而急喘。太子性慈悲，極生憐憫心，慨然興長嘆，降身委地坐，觀察此眾苦，思惟生滅法，嗚呼諸世間，愚癡莫能覺。安慰諸人眾，各令隨處坐，自蔭閻浮樹，端坐正思

惟。觀察諸生死，起滅無常變，心定安不動，五欲廓雲
消。有覺亦有觀，入初無漏禪，離欲生喜樂，正受三摩
提。世間甚辛苦，老病死所壞，終身受大苦，而不自覺
知。厭他老病死，此則爲大患，我今求勝法，不應同世
間，自嬰老病死，而反惡他人。如是眞實觀，少壯色力
壽，新新不暫停，終歸磨滅法。不喜亦不憂，不疑亦不
亂，不眠不著欲，不壞不嫌彼，寂靜離諸蓋，慧光轉增
明（《佛所行贊・出城品第5》，《大正藏》卷4：8中、
下）。

爾時波旬，告其四女，一名欲妃，二名悅彼，三名
快觀，四名見從：「汝詣佛樹，惑亂菩薩，嗟嘆愛欲之
德，壞其清淨之行。」女聞魔言，即詣佛樹，住菩薩
前，綺言作姿，三十有二。一曰張眼弄晴，二曰舉衣而
進，三曰閻閻並笑，四曰輾轉相調，五曰現相戀慕，六
曰更相觀視，七曰姿弄脣口，八曰視瞻不端，九曰娑娛
細視，十曰互相禮拜，十一以手覆面，十二迭相捻握，
十三正住佯聽，十四在前跳蹀，十五現其髀腳，十六露
其手臂，十七作鳧雁鴛鴦哀鸞之聲，十八現若照鏡，十
九周旋出光，二十乍喜乍悲，二十一乍起乍坐，二十二
意懷踴躍，二十三以香塗身，二十四現持寶瓔，二十五
覆藏項頸，二十六示如閑靜，二十七前卻其身遍觀菩
薩，二十八開目閉目如有所察，二十九頼頭閉目如不瞻
視，三十嗟嘆愛欲，三十一拭目正視，三十二遍觀四面

舉頭下頭。菩薩心淨，猶明月珠而無瑕疵，如日初出照
於天下，猶如蓮華在於泥水而無所著，如須彌山不可移
動。其德高遠，諸根寂定，其心淡泊，而無增損（《普
曜經·降魔品第 18》，《大正藏》卷 3：519 上、中）。

前一則摘自演述佛陀生平活動的《佛所行讚》，其中對於佛
陀還是太子時出城遊園乍見人間悲苦而亟思生滅法有細膩的
敘述；後一則摘自描述佛陀在菩提樹下降魔成道的《普曜
經》，其中對於佛陀以法力降伏前來干擾的魔女（暗示著他
用禪定克服了愛欲）也有詳盡的勾繪。

其次是有關佛本生、緣起的故事：

佛言往昔過去不可計劫時，有大國名爲葉波，其王
號濕波，以正法治國，不枉人民。王有四千大臣，主六
十小國、八百聚落，有大白象五百頭。王有二萬夫人，
了無有子，王自禱祠諸神及山川，夫人便覺有娠。王自
供養夫人，床臥飲食，均令細軟。至滿十月，便生太
子。宮中二萬夫人聞太子生，悉皆歡喜踴躍，乳湩自然
而出。以是之故，便字太子爲須大拏。有四乳母養護太
子，中有乳太子者，中有抱太子者，中有洗浴太子者，
中有將太子行遊戲者。太子至年十六，書計射御及諸禮
樂皆悉備足。太子承事父母如事天神，王爲太子別立宮
室。太子少小以來，常好布施天下人民及飛鳥走獸，願
令眾生常得其福。愚人慳貪，不肯布施，愚惑自欺，無
益於己。智者居世，則知布施爲德，布施之士，皆爲過

去當來今現在佛、辟支佛、阿羅漢所共稱譽（《太子須大拏經》，《大正藏》卷 3：419 上）。

昔者菩薩身爲九色鹿，其毛九種色，其角白如雪，常在恆水邊飲食水草，常與一鳥爲知識。時水中有一溺人，隨流來下，或出或沒，得著樹木，仰頭呼天：「山神樹神，諸天龍神，何不憫傷於我！」鹿聞人聲，走到水中，語溺人言：「汝莫恐怖，汝可騎我背上，捉我兩角，我當相負出水。」既得著岸，鹿大疲極。溺人下地，繞鹿三匝，向鹿叩頭：「乞與大家作奴，供給使令，採取水草。」鹿言：「不用汝也，且各自去。欲報恩者，莫道我在此，人貪我皮角，必來殺我。」於是溺人受敎而去（《佛說九色鹿經》，《大正藏》卷 3：452 中、下）。

前一則摘自敘述佛陀前世爲葉波國太子時樂善好施故事的《太子須大拏經》，其中對於須大拏的誕生和喜施捨的個性有清楚的交代；後一則摘自描繪佛陀於過去無數世曾爲有情衆生故事的《佛說九色鹿經》，其中對於該九色鹿救人的有情表現也有分明的處理。

綜合說來，佛教經典中的敘事文體部分，除了故事、情節〔按：照佛斯特（E. M. Forster）的區分，故事是指依時間順序排列的事件的敘述；情節是以故事爲基礎而重點在因果關係上。因此，一個故事可能只有一個情節，也可能有多個情節。見佛斯特，1993：75～76〕、人物、背景等頗有可觀（足以顯出

異彩），其餘都算平常（如敘事觀點只用到全知觀點、敘事方式千篇一律爲順敘、敘事結構也多半以情節爲中心等），比起近代以來所見傳自西方的多元敘事模式（如敘事觀點還有限制觀點和旁知觀點、敘事方式還有倒敘和插敘及意識流、敘事結構中還有人物性格的刻劃和背景氛圍的描寫等），不免略顯遜色（少了可供人玩味的餘地）。而後面這一部分，又往往是「審美」標準的主要依據（參見彭歌，1980：90～106；李喬，1986：128～130；周慶華，1994：212～232），佛教經典中敘事文體那一「固定」的敘事模式，顯然是不夠成爲高評價的對象。

　　關於敘事性部分可以考察的層面，大致就如上面所述。此外，還有一個不屬於敘事性本身但跟它有關的「影響」問題，也順便提一下。這大略是從梁啓超開始引發的，梁氏在一篇〈印度與中國文化之親屬關係〉講稿中說：「我國古詩從《三百篇》到漢魏的五言，大率情感主於溫柔敦厚，而資料都是現實的。像〈孔雀東南飛〉和〈木蘭詩〉一類的作品，都起於六朝，前此卻無有。《佛所行贊》譯成四本，原來只是一首詩……六朝名士幾於人人共讀。那種熱烈的情感和豐富的想像，輸入我們詩人的心靈中當然不少。〈孔雀東南飛〉一類長篇敘事詩，也必間接受其影響的罷」（邱燮友，1993a：89引）。梁氏認爲中國的長篇敘事詩（如〈孔雀東南飛〉之類）是受佛教經典中的敘事文體（如《佛所行贊》之類）的影響而產生的。當時有人表示贊同，也有人表示反對。前者，如陸侃如在〈孔雀東南飛考證〉一文中說：「假

使沒有寶雲（《佛本行經》譯者）與無讖（《佛所行讚》譯者）的介紹，〈孔雀東南飛〉也許到現在還未出世呢？更不用說漢代了」（同上，90引）；後者，如胡適在《白話文學史（上卷）》一書中說：「我對佛教文學在中國文學上發生的絕大影響，是充分承認的。但我不能信〈孔雀東南飛〉是受了《佛所行讚》一類的書的影響以後的作品。我以爲〈孔雀東南飛〉之作是在佛教盛行於中國以前。第一，〈孔雀東南飛〉全文沒有一點佛教思想的影響的痕跡……第二，《佛所行讚》、《普曜經》等等長篇故事譯出之後，並不曾發生多大的影響……」（胡適，1988：93～95）。爾後持附和或批判態度的又各大有人在（詳見中國古典文學研究會主編，1994：49～71；邱燮友，1993a：93～111；周伯乃，1979：39～41）。這可能是一筆扯不清的「爛賬」，意見對峙的雙方都可以找出對自己有利卻無法檢驗的證據，最後該證據只成了一個可信仰的對象（而不是可遵從的對象）。畢竟影響的課題極爲繁複〔包括承繼／啓示影響、正／反影響、有意／無意影響等等區分。參見李達三等主編，1990；王潤華編譯，1983；埃斯卡皮（R. Escarpit），1990；布魯姆（H. Bloom），1990〕，不是簡單一二句就可以談「清楚」的。於是在不是「必要」的情況下，寧可略去影響課題不談（上述爭辯〈孔雀東南飛〉是否受佛經影響一事就看不出有多大意義），以省卻不必要的麻煩。

第三節　譬喻成分

　　依前節所述，敘事是文學的成分之一（前面說是「文學的特徵之一」，這在相對上是爲了凸顯敘事的重要性），而佛教在傳達義理的過程中不免也要用到敘事，使得佛教在這一點上有文學化的現象。只是對不諳佛教義理的人來說，恐怕不易參透該敘事所代表的意義，而得藉重其他不帶文學色彩的議論性經典來提示。如果是這樣，佛教經典中的敘事成分，除了展現一點文體上的瞻麗或形式上的繁彩，此外並無助於義理的傳達（至於已經熟悉佛教義理的人，該敘事也無法給他對佛教義理的了解增添什麼──大概只能加多有關「典故」的經驗）。這種情況，可能更會發生在佛教也常運用的譬喻技巧一端上。

　　譬喻，也稱比喻，在語義學中，譬喻是通過意義的比喻性轉換來描繪單詞的一類常見的意義擴展（由此產生一詞多義或多種意義）。更概括的說，譬喻有時「包括在語義和語法上有標記的或在某些方面有些異常的各種手段或特點，尤其是各種修辭格」；而從這種意義上來說，譬喻「可被視爲文學（特別是詩歌）語言的特點，雖然它有時也用於廣告語言（甚至日常語言）。在文學和廣告中，明喻、雙關語和其他文字遊戲都具有特別的說服力和引人注目的效果」（王守元等主編，1996：2）。雖然如此，同爲文學所具有的特徵，譬喻只顯現文體的一種（特殊）技巧，不像敘事還關聯文體的樣式。也因爲是一種技巧，所以它可以力求進境，而形成所謂的「巧喻」或「奇喻」〔詳見魯士門（K. K. Ruthven），1980〕。

　　在相關的界說中，底下兩種說法是比較常見的：「『譬喻』，從語源上看，可說作『狀難寫之景如在目前』，而且這涵義，古今中外都很接近……所以譬喻法經過古今中外無數文學家的處理使用之後，儘管其中花樣百出，但它始終不過是『甲比乙』的方式……從這原形式上看來，我們可以知道譬喻法要具備三個條件：第一，必須有不同的二個對象，A 與 C；第二，A 與 C 必須有 B 使之相牽連；第三，這個 B 必須是 AC 共有的某種價值。例如『有女如花』，『女』與『花』是不同的二對象，而二者所以『如』，是因爲那『如』含有二對象所共有的某種價值。而這價值常爲個人理想的表徵，亦即那意象之最突出的部分，在某一時所，這部分可以代表全體，但它非即意象之全體」（王夢鷗，1976b：142～143）、「譬喻是一種『借彼喻此』的修辭法，凡二件或二件以上的事物中有類似之點，說話作文時運用『那』有類似點的事物來比方說明『這』件事物的，就叫譬喻。它的理論架構，是建立在心理學『類化作用』的基礎上──利用舊經驗引起新經驗。通常是以易知說明難知；以具體說明抽象」（黃慶萱，1983：227）。這兩種說法基本上沒有什麼衝突（可以作爲理解譬喻的基本的依據），但可能忽略了譬喻作爲修辭成分外有時還充當句法成分的問題。「所謂相像（類似）關係是著眼於 A 事物與 B 事物、或 A 詞語與 B 事物的對應關係，而不是著眼於語言結構中 A 成分與 B 成分的搭配關係」（姚亞平，1996：230），而事實上這種搭配關係是存在的（如「車輛像流水一般嘩嘩流淌」的譬喻格式是「A 像 B

似的，C」，而在此例中，A是主詞，「像B一般，C」都是陳述
A的，充當謂語。其中C是延伸詞，通常都沒有被妥善的加以安
置）。可見譬喻的形式或結構還有待細加探究（只是這裏不
以譬喻本身為研究的重點，就暫且略過去）。

　　接著還有一個譬喻的種類需要交代一下。劉勰《文心雕
龍·比興》說：「夫比之為義，取類不常；或喻於聲，或方
於貌，或擬於心，或譬於事。」這是較早為譬喻所作的分
類，被今人批評為「粗枝大葉」（王夢鷗，1976b：146）。
爾後又有所謂直喻、隱喻、類喻、詰喻、對喻、博喻、簡
喻、詳喻、引喻、虛喻等區分（見陳騤《文則》）。此外，
據說西方有修辭學家還能把譬喻分為二百五十種，再歸併於
二三範疇（見韋勒克等，1979：316）。這許多分類也被今人
直斥為「都是重複的，多餘的」（王夢鷗，1976b：140），
最後只剩直喻（明喻）和隱喻（暗喻）兩類。這是「以簡馭
繁」的分類法，在不是專門研究譬喻的情況下，也不失為可
以當作理解譬喻種類的依據。而就形式來說，「直喻，是把
AB兩物併列而從中加個『如』『似』『像』……等字，表
示『A很像B』，或是『像B的A』或『A只有B像它』：
例如『兩驂如舞』，『似水流年』，『簡人風味只有江梅
似』。這三種，除了語式不同者外，實際只有『A比B』的
譬喻法。就這譬喻法看來，A之能比於B，其類似點並非A
同於B，而只是A意象中某一特點同於B意象的某一特點
（按：任何一個意象都具有形態、性質、分量、品位等面相，取
兩意象的相似點可就其中一個面相或多個面相上裁量），有如

『簡人風味』實際並不能同於『江梅』而只是與『江梅』在意象上的某種價值相同。因此，這個『相同』是由類推而來，換言之，就是從聯想中得到其『如』或『似』。因此，『如』或『似』等記號，不過是用以指定聯想方面的標誌。故直喻實際就是經過指定的記號所標明的比喻，而具有形容詞的作用。至於隱喻，依其相反的定義看來，設若 A 如 B 之物，只表示 B 而不說 A，僅說出單方面的代替品——B，所以也用不著那標明類似的記號『如』『似』等了。例如『朱唇得酒暈生臉』，這是對於海棠花的某點意象衍生的另一意象；表達『另一意象』就等於表達了原意象，其形式，實即以『B 代 A』。但這以 B 代 A 的範圍很廣，有的整句是隱喻，有的整篇是隱喻，有整本小說或戲劇也只是個隱喻」（同上）。而就作用來說，「隱喻以戲劇性的和直覺把握的方式，將兩種現象視為絕對的同一。而直喻則是具有推理性質和試探性質的比較，它所包含的『像』或『就像……一樣』等詞表明，從理性的角度觀之，被比較的事物是互相分離的……由於直喻通常具有明顯的理性概念的特點，因此它與隱喻不同，既不能使讀者產生頓悟，又不能表達作者在使用該意象時的心情，或喚起讀者同等程度的心理共鳴。它只是一種臨時的，甚至可以任意選擇的輔助性手段，其作用在於解釋或作為例證。直喻訴諸於我們對事物已有的知識，而隱喻則鼓勵讀者用想像去開闢新天地」〔福勒（R. Fowler），1987：249〕。以上這些，都可以藉來考察佛教經典中的譬喻成分。

　　譬喻一法，在佛教經典中非常容易見到，它不只顯現在
個別詞句的設譬明示上，也顯現在整個故事的取譬寓喻上，
甚至還有以譬喻爲經名的（如《法句譬喻經》、《雜譬喻
經》、《百喻經》等等），可說已到「漪歟盛哉」的地步（參
見周慶華，1997b：142）。這是佛陀當年所自覺到的一種說
法的方便施設，所謂「今當爲汝說譬，夫智者因譬得解」
（《雜阿含經》卷 34，《大正藏》卷 2：248 上）、「汝今復
聽我說譬，其智者以譬喻得解」（《雜阿含經》卷 42，《大
正藏》卷 2：315 下）。而後來佛教的論師，對於這一點也特
別作了解釋，所謂「譬喻，爲莊嚴論議，令人信著故……譬
如登樓，得梯則易上。復次，一切眾生著世間樂，聞道德、
涅槃，則不信不樂，以是故眼見事喻所不見。譬如苦藥，服
之甚難，假之以蜜，服之則易」（《大智度論》卷 35，《大
正藏》卷 25：320 上）、「眾生聽受種種不同，有好義者，
有好譬喻者。譬喻可以解義，因譬喻心則樂著，如人從生端
政，加以嚴飾，益其光榮。此譬喻中多以譬喻明義」（《大
智度論》卷 44，《大正藏》卷 25：380 下）、「般若波羅蜜甚
深微妙，難解難量。不可以有量能知。諸佛聖賢憐憫眾生，
故以種種語言名字譬喻爲說」（《大智度論》卷 95，《大正
藏》卷 25：722 下）。至於以譬喻爲經名的道理，後人也有
看來頗爲相應的推測：「譬喻經者，皆是如來隨時方便四說
之辭，敷衍弘教，訓誘之要；牽物引類，轉相證據，互明善
惡，罪福報應，皆可寤心，免彼三塗」（《出三藏記集》卷
9，《大正藏》卷 55：68 下）。雖然如此，佛教經典中的譬喻

成分可能需要進一步再作分疏。根據學者的研究，漢譯佛典中譯爲「譬喻」的梵語有許多，依性質約可分爲三類：

第一是相當於修辭學中的譬喻，如 upamā，aupamya，sadŕśa 等。這有時是以一事一物當譬喻來解說佛理，如以青蓮形容佛眼的慈悲清淨：「目淨修廣如青蓮」（《維摩詰所說經·佛國品第 1》，《大正藏》卷 14：537 下）；以金剛口來比喻佛口舌的殊勝：「爾時，釋迦牟尼佛以金剛口告敬首菩薩」（《瓔珞本業經》卷上，《大正藏》卷 24：1011 上）。有時以一組事物來譬喻，如《大智度論》中提到的《放牛譬喻經》、《栴檀譬喻經》、《毒蛇譬喻經》、《七車譬喻經》，都是藉放牛、栴檀木、毒蛇、七車等組中一系列相關的事來作譬喻。此外，也有以寓言的方式來譬喻佛理的（按：寓言部分，將在本章第五節中另作處理），如以一個寓言爲一篇文章，集合若干寓言而成一書的經典（如《百喻經》就是）。另外還有許多動物能作人語的禽喻故事。至於譬喻的方法，直喻和隱喻，在經典中都有。前者，如「死命卒至，如水湍驟」（《法句譬喻經》卷 3，《大正藏》卷 4：598 上）、「觀身如蛇篋」（《大莊嚴論經》卷 5，《大正藏》卷 4：286 中）等；後者，如用以隱喻入於佛門卻破壞佛法的惡比丘的「獅子身中蟲」（《蓮華面經》卷上，《大正藏》卷 12：1072 下）、用以隱喻以邪見引導人的「井中撈月」（《摩訶僧祇律》卷 7，《大正藏》卷 22：284 上）、用以隱喻人身難得而佛法難聞的「盲龜浮木」（《雜阿含經》卷 15，《大正藏》卷 2：108 下）等。

　　第二是例證，如 drstānta, nidarśsana, udāharana 等。這是因明三支（宗因喻）中譬喻支的「喻」。也就是在論述某一義理後，作爲「實例」或「例證」的陳述語。如《中阿含經》卷 16 中大迦葉爲蜱肆王廣舉各種例證來教化他以證死後業報的可信（《大正藏》卷 1：525 上～532 下），而在《大品般若經》卷 4 中有仿照因明五分法的形式（《大正藏》卷 8：241）：

　　　　（爾時須菩提白佛言：世尊，云何爲菩薩句義？佛告須菩提）

　　　　「無句義是菩薩句義」──主張（宗）

　　　　「何以故，阿耨多羅三藐三菩提無有義處，亦無我」──理由（因）

　　　　「以是故，無句義是菩薩句義」──結論（結）

　　　　「（須菩提）譬如鳥飛虛空無有跡」──實例（喻）

　　　　「菩薩句義無所有亦如是」──適用（合）

又如《大莊嚴論經》中九十則故事，每則都是先說佛理，再以「我昔曾聞」開頭敘述一個故事作爲教理的例證〔按：在《大般涅槃經》卷 29 中還列有譬喻的八種方式「一者順喻，二者逆喻，三者現喻，四者非喻，五者先喻，六者後喻，七者先後喻，八者遍喻」（《大正藏》卷 12：537 中～538 上），洋洋大觀。但限於體例，不便逸出再去比對跟前面所理出有關譬喻類型

架構的異同〕。這種方式，在譬喻經典中（如《賢愚經》、
《雜寶藏經》、《眾經撰雜譬喻經》等）經常出現，可知它廣
泛的被運用在講經活動中，採取民間的故事、神話或自創的
宗教故事作爲例證來附和佛理。

　　第三是 avadāna（apadāna），音譯爲阿波陀那，意譯爲
譬喻等，是十二分教之一。初期的阿波陀那，散見在四阿含
和律部諸書中。它最根本的性質，是記載佛及弟子、居士等
聖賢的行誼風範；後來又在本有的特質上，加入「業」的學
說，強調因果業報、業習牽引的事。而阿波陀那的功用，常
是作爲教化的資源，或闡發義理、或說明戒律而有舉例、譬
喻的效用產生。在佛法的流傳中，阿波陀那逐漸獨立形成專
集，如梵文本的代表經典有《譬喻百頌詩集》、《天業譬
喻》等；漢譯則有《法句譬喻經》、《撰集百緣經》、《聖
愚經》等；以及巴利小部的《譬喻》等。這些阿波陀那經
典，在本質上是沒有「譬喻」之義，但因爲它具有「與世間
相似柔軟淺語」（《大智度論》卷 33，《大正藏》卷 25：307
中）這樣的特性，於是也常常跟本生、因緣等共同拿來作爲
闡發教理的譬喻或例證。由於阿波陀那在用法上也有譬喻的
作用，以至也被漢譯爲譬喻（詳見丁敏，1996：6～11）。

　　可見佛教擅用或愛用譬喻之一斑（而使得佛教經典在相
當程度上有著濃厚的文學色彩）。這未必應著佛教論師所說的
譬喻可使「隱義明了」〔《顯揚聖教論》卷 12 說：「譬喻
者，謂有譬喻經，由譬喻故，隱義明了」（《大正藏》卷 31、
538 下）、《瑜伽師地論》卷 25 說：「云何譬喻？謂於是中有

譬喻說，由譬喻故，本義淨明」（《大正藏》卷 30：481
下），都表明了譬喻的起因是在輔佐教義的傳達〕或類似牟融
〈理惑論〉中所說的「詩之三百，牽物合類；自諸子讖緯，
聖人秘要，莫不引譬取喻」以至佛陀說經也不例外要「廣取
譬喻」（《弘明集》卷 1，《大正藏》卷 52：4 中），它也可
能是爲了解除「言不盡意」的困擾所採行的策略。理由是：
語言屬於抽象的符號，無法表達人深刻的經驗和終極的實在
（參見沈清松，1986：77～81）。《易繫辭傳》說：「書不
盡言，言不盡意。」陸機〈文賦〉說：「恒患意不稱物，文
不逮意。」劉勰《文心雕龍・神思》說：「夫神思方運，萬
塗競萌，規矩虛位，刻鏤無形。登山則情滿於山，觀海則意
溢於海，我才之多少，將與風雨而並驅矣。方其搦翰，氣倍
辭前；既乎篇成，半折心始。何則？意翻空而易奇，言徵實
而難巧也。」多少隱含有這樣的意思。面對這一困境，作者
（說者）不是像劉勰所說「至於思表纖旨，文外曲致，言所
不知，筆固知止」（《文心雕龍・神思》）那樣自動擱筆，
就是像《易繫辭傳》所說「聖人立象以盡意，設卦以盡情
僞，繫辭焉以盡其言」那樣勉爲設言（「盡」字有「概略」
的意思）。而譬喻的運用，就是基於後者而藉以解決（或突
破）「言不盡意」的難題（參見周慶華，1993）。因此，當
直敘繁說仍不能盡意時，使用譬喻就能「掩飾」困窘，並且
可以繼續保有想要盡意的「企圖」（好比作《易》的人，明
知言不盡意，仍要設卦立象繫辭來概括情意）。雖然佛教（佛
教中人）沒有意識到譬喻和爲克服「言不盡意」企圖之間的

聯結，但這並不代表這一聯結不存在，它可以說是「理中合有」（參見周慶華，1997b：155～156）。此外，譬喻還有使用者不善使用和接受者無從反應的變數存在，使得佛教經典中大量的譬喻成分都需要重作評估。

　　一般都認爲譬喻在佛教經典中具有「指月」功能，但仔細想來卻未必如此，因爲它也可能有不夠切至或胡亂比擬的情況存在。如《優婆塞戒經》卷1說：

　　善男子！如恆河水，三獸俱渡，兔、馬、香象。兔不至底，浮水而過；馬或至底，或不至底；象則盡底。恆河水者，即是十二因緣河也。聲聞渡時，猶如彼兔；緣覺渡時，猶如彼馬；如來渡時，猶如香象。是故如來得名爲佛；聲聞、緣覺，雖斷煩惱，不斷習氣。如來能拔一切煩惱習氣根原，故名爲佛（《大正藏》卷24：1038中）。

佛教依佛法效用的不同而區分聲聞、緣覺（辟支佛）、菩薩（佛）三乘：聲聞乘，是指親聽佛陀聲教，徹悟四諦真理，乘四諦而證聲聞四果。北本《大般涅槃經》卷15說：「我昔與汝等，不見四真諦，是故久流轉生死大苦海；若能見四諦，則得斷生死。」（《大正藏》卷12：451下）所以聲聞乘以修四諦爲主。緣覺乘，是指佛陀由於過去世的善根因緣，今世出家，諦觀十二緣生法，於是得以悟道；後人因緣覺而得出世證法，其所乘法就是緣覺乘。它比聲聞乘略勝一籌，《大集經》卷28說：「緣覺所行，出過聲聞所有功德

……獨住空閑、威儀庠序，出入凝重，安心靜默。簡於人事，能爲衆生福田。其心畎樂，觀十二緣，常念一法，出世涅槃，數遊禪定，不從他聞，自然覺了。」（《大正藏》卷 13：198 中、下）菩薩乘，是指佛陀初轉法輪傳道階段。它比緣覺乘又勝一籌，《大集經》卷 2 說：「菩薩之業，無邊無量，是故菩薩勝於一切聲聞、緣覺。」（《大正藏》卷 13：11 中）現在佛教以兔、馬、香象渡河來譬喻聲聞乘、緣覺乘、菩薩乘，表面看來好像蠻貼切的，其實不然。先不要說河水有深淺不同和急緩差異等變數，而使得兔、馬、香象渡河不盡是一個「浮水而過」另二個偶而「著底而過」或全「著底而過」（也許都是「浮水而過」——當河水暴漲或波濤洶湧時），就說兔、馬、香象都是直接過河（沒有其他憑藉），而且過河速度的快慢依次可能是兔、馬、香象，這就跟聲聞乘、緣覺乘、菩薩乘有的有憑藉而有的沒有憑藉及悟道速度的快慢恰恰相反明顯不大符合。又如《大乘十法經》說：

　　云何菩薩摩訶薩正觀諸法？善男子！若菩薩作是觀：一切諸法猶如幻，迷惑凡夫故。一切諸法如夢，不實故。一切諸法如水中月，非事故。一切諸法如響，非眾生故。一切諸法如影，計妄想故。一切諸法如響聲，生滅壞故。一切諸法生滅壞，緣假成故。一切諸法，本不生不移，同眞如體故。一切諸法不滅，本不生故。一切諸法無作，無作者故。一切諸法如虛空，不可染故。

一切諸法法定寂滅，性不染故。一切諸法無垢，離一切
諸垢故。一切諸法性滅，離煩惱故。一切諸法非色，不
可見故。一切諸法離心境界，無體性故。一切諸法不
住，滅諸毒故。一切諸法不可求，滅愛憎等心故。一切
諸法無著，離煩惱境界故。一切諸法如毒蛇，離善巧方
便故。一切諸法如芭蕉，無堅實故。一切諸法如水沫，
體性弱故。善男子！菩薩如是觀，名爲正觀諸法（《大
正藏》卷 11：153 中）。

佛教將佛法二分爲「有爲法」（世間法）和「無爲法」（出
世間法），而二者都性空（無自性），《十二門論》説：
「一切法皆變異，是故當知諸法無性。」（《大正藏》卷
30：165 上）又説：「一切有爲法空。有爲法空，故無爲法
亦空。有爲無爲尚空，何況我耶？」（《大正藏》卷 30：
165 下）現在佛教以幻、夢、水中月、響、影、虛空、毒
蛇、芭蕉、水沫等來比擬法性，似乎也没有什麼不妥當，但
也不然。這裏有「實物」（如毒蛇、芭蕉、水沫等）、有
「虛物」（如幻、夢、水中月、響、影、虛空等），虛物可取
來比擬，實物就有困難。倘使真要取實物來比擬，就會像文
中「一切諸法如芭蕉，無堅實故」或「一切諸法如水沫，體
性弱故」跟取虛物來比擬的「一切諸法如夢，不實故」等等
這樣發生相互牴觸的事（「無堅實」表示還有「實」在，「體
性弱」也表示還有「體性」在，這跟佛教原先講「法性空」、
「法不實」顯然格格不入）。從上面這些例子來看，佛教也

不盡能善用譬喻（佛教中人未必會意識到這一點），以至它的
指月功能就得有所保留。換句話說，當佛教有意無意的逾越
譬喻（切至）的原則後（劉勰《文心雕龍・比興》說：「故比
類雖繁，以切至爲貴；若刻鵠類鶩，則無所取焉。」這約略可以
當作譬喻的基本原則），勢必會出現「所指非月」或「不明
所指」的現象，這時我們就不便對它寄予厚望（參見周慶
華，1997b：145～150）。

　　再從譬喻接受者這方面來看，如果說使用譬喻是爲了使
「隱義明了」（見前），而讀者（聽者）在接受譬喻時也得
作出相應的領會，是一個再理想也不過的情境，我們應當
「樂觀其成」。問題是讀者對譬喻的接受，同樣存在不少的
疑難。《百喻經》卷1說：

　　　　昔有愚人，至於他家。主人與食，嫌淡無味。主人
　　聞已，更爲益鹽。既得鹽美，便自念言：「所以美者，
　　緣有鹽故；少有尚爾，況復多也。」愚人無智，便空食
　　鹽。食已口爽，反爲其患。譬彼外道，聞節飲食，可以
　　得道，即便斷食，或經七日，或十五日，徒自困餓，無
　　益於道。如彼愚人，以鹽美故，而空食之，致令口爽，
　　此亦復爾（《大正藏》卷4：543上）。

既然有所謂「愚人」或「外道」的存在，那麼譬喻的接受就
不盡如佛教所預料的那樣一定能「因指見月」。《坐禪三昧
經》卷下說：「汝於摩訶衍中，不能了，但著言聲。摩訶衍
中諸法實相，實相不可破，無有作者。若可破可作，此非摩

訶衍。如月初生，一日二日，其生時甚微細；有明眼人能見，指示不見者。此不見人，但視其指，而迷於月。明者語言：癡人！何以但視我指，指爲月緣，指非彼月。汝亦如是：言音非實相，但假言表實理。汝更著言聲，闇於實相。」（《大正藏》卷 15：284 上）像這種「但視其指，而迷於月」的人，在現實中可能比比皆是。因此，接受者的不確定反應，也給佛教經典中的譬喻的功能投下了一個變數。其實，佛教也不是全無意識它所預設的譬喻接受者有一定的範限，也就是只有「大智慧者」或「智者」或「有智之人」才能了解譬喻〔《雜阿含經》卷 10 說：「今當說譬，大智慧者以譬得解。」（《大正藏》卷 2：71 上）又卷 34 說：「今當爲汝說譬，夫智者因譬得解。」（見前引）《四分律》卷 44 說：「我今當說譬喻，有智之人以喻自解。」（《大正藏》卷 22：892 中）都表明這個意思〕，可見佛教使用譬喻早有限定接受對象的意思（不是要讓每個人都能接受）。但它在闡述譬喻的指月功能時，似乎又是在對「眾生」說的，這就使得譬喻在佛教的使用中還沒有獲得妥善的「安置」（參見周慶華，1997b：151～153）。

根據以上的分析，譬喻實在難以「擔負」化解「直告之不明」的困境的任務（王符《潛夫論・釋難》說：「夫譬喻也者，生於直告之不明，故假物之然否以彰之。」殊不知這一說法有問題）。這也許有人會引下列這個例子來反駁：「（梁惠王）謂惠子曰：『願先生言事則直言耳，毋譬也。』惠子曰：『今有人於此而不知彈者，曰：彈之狀何若？應之曰：

彈之狀如彈，則諭乎？』王曰：『未諭也。』『於是更應
曰：彈之狀如弓而以竹爲弦，則知乎？』王曰：『可知
矣。』惠子曰：『夫説者以其所知諭所不知，而使人知之
也。』」（劉向《説苑・善説》）所謂「以其所知諭所不
知，而使人知之」，誰能説譬喩發揮不了上述的功能？但我
們得知道：在這個例子中，那位不曾見過「彈」（彈弓）的
人，當他聽到別人告訴他「彈之狀如弓而以竹爲弦」時，誰
曉得他所領會到的不是「彈」而是「弓」？而即使領會得
到，也未必跟説者的原意相符，它很可能像底下這個寓言所
説的那樣：

> 話説，從前在水底裏住著一隻青蛙和一條魚，他們常常
> 一起泳耍，成爲好友。有一天，青蛙無意中跳出水面，
> 在陸地上遊了一整天，看到了許多新鮮的事物，如人
> 啦，鳥啦，車啦，不一而足。他看得開心死了，便決意
> 返回水裏，向他的好友魚報告一切。他看見了魚便説，
> 陸地的世界精彩極了，有人，身穿衣服，頭戴帽子，手
> 握拐杖，足履鞋子；此時，在魚的腦中便出現了一條
> 魚，身穿衣服，頭戴帽子，翅挾手杖，鞋子則吊在下身
> 的尾翅上。青蛙又説，有鳥，可展翼在空中飛翔；此
> 時，在魚的腦中便出現了一條騰空展翼而飛的魚。青蛙
> 又説，有車，帶著四個輪子滾動前進；此時，在魚的腦
> 中便出現了一條帶著四個圓輪子的魚……（葉維廉，
> 1983：1～2引）。

每個人腦海裏都有些遺傳或習成的「模子」（用哲學詮釋學家的話來說，就是「前結構」或「成見」。參見張汝倫，1988：105～108、122～130），以至在領會別人所轉告陌生的事物時，勢必要受到「模子」的限制。因此，「喻示」和「領示」之間，就不可能像佛教（或一般人）那樣樂觀的以爲沒有障礙存在。再說並不見得每一次譬喻都能引人進入狀況（梁惠王起初勸惠施直言，正是擔心他使用譬喻多一層轉折後，意旨難明），那還要看說者使用譬喻的技巧如何，以及聽者知解的能力如何，才能決定（見前）。而就一般經驗來說，人對於他所沒有見識過的事物，已經很難藉由別人的直接描繪得知，何況是靠那還隔著一層的譬喻？反過來看，已經見識過該事物的人，相關的譬喻就無法在知解上給他增加什麼（也許可以在情感上給他增加一些趣味）。這點無妨藉上述《大品般若經》所記載的那一個類似因明五分法的論理形式來作印證：一個了解「無句義是菩薩句義」的人，「鳥飛虛空無有跡」那個譬喻對他來說顯然是多餘的；同樣的，一個不了解「無句義是菩薩句義」的人，「鳥飛虛空無有跡」那個譬喻對他來說可能也只是「鳥飛虛空無有跡」而已（參見周慶華，1997b：144～145、153～155）。既然譬喻的使用和接受含有上述那些不確定的變數，照理佛教就不一定要使用譬喻；而它所以要使用譬喻，主要功能可能不在它所明示的「指月」上，而在它所未明示的爲克服「言不盡意」的困擾上。這點在前面已經說過了（它跟「譬喻的使用和接受的不確定變數」構成了一個「隱式」的因果關係）。

第四節　詩偈形式

　　除了敘事性、譬喻成分，佛教經典還有也屬於文學範疇的詩偈形式。詩偈在這裏是個提稱或總稱，它包括偈（偈頌）、頌、贊等等；而這些偈、頌、贊等等都略帶有詩的形式（所以冠上一個詩字，以表明它形式上的特色）。詩向來都以文辭精鍊、多用譬喻和嚴守某些格律著稱而成爲文學的代表〔參見戴維斯（原名未詳）等編，1992：280～297；王夢鷗，1976b：9～13；劉士林，1993：15～24〕，所以這更可以看出佛教文學化的痕跡。

　　佛教有所謂的十二分教，是指佛陀所説法，依其敘述形式和内涵分成十二種類；又稱作十二部經或十二分聖教。也就是：㈠契經（梵語 sūtra），音譯修多羅，又稱作長行，以散文直接記載佛陀的説教，就是一般所説的經。㈡應頌（梵語 geya），音譯祇夜，跟契經相應，以偈頌重複闡釋契經所説的教法，所以也稱作重頌。㈢記別（梵語 vyakaraṇa），音譯和伽羅那，又稱作授記，原爲教義的解説，後來特指佛陀對衆弟子的未來所作的證言。㈣諷頌（梵語 gatha），音譯伽陀，又稱作孤起，全部都以偈頌來記載佛陀的教説；跟應頌的差別，在於應頌是重述長行文中的教義，而這卻以頌文頌出教義，所以稱爲孤起。㈤自説（梵語 udana），音譯優陀那，佛陀未待他人問法而自行開示教説。㈥因緣（梵語 nidana），音譯尼陀那，記載佛陀説法教化的

因緣，如眾經典的序品。㈦譬喻（梵語 avadāna），音譯阿波陀那，以譬喻宣說法義（譬喻部分，見前節）。㈧本事（梵語 itivṛttaka），音譯伊帝曰多伽，記載本生譚以外的佛陀和弟子前生的行誼，或開卷語有「佛如是說」的經典也屬於這部分。㈨本生（梵語 jātaka），音譯闍陀伽，記載佛陀前生修行的種種大悲行。㈩方廣（梵語 vaipulya），音譯毘佛略，宣說廣大深奧的教義。㈠希法（梵語 adbhuta-dharma），音譯阿浮陀達磨，又稱作未曾有法，記載佛陀和眾弟子希有的事。㈡論議（梵語 upadeśa），音譯優波提舍，記載佛陀論議抉擇諸法體性，分別明了它的義理（以上參見慈怡主編，1989：344）。其中應頌和諷頌，在漢文都叫做偈或偈頌。所謂「天竺國俗，甚重文制，其宮商體韻，以入弦爲善。凡覲國王，必有讚德；凡佛之儀，以歌嘆爲貴。經中偈頌，皆其式也」（《高僧傳》卷 2，《大正藏》卷 50：332 中），這些讚德和歌嘆譯成漢文，就是偈頌。

有人認爲這些偈頌和中國傳統詩並不完全相同：第一，中國傳統詩的抒情傳統，跟偈頌的敘事、議論、傳記等內容有本質上的差異；第二，中國傳統詩大多短章，絕少長篇，而偈頌動輒一二百句，甚至有長達九千餘句的；第三，中國傳統詩爲韻文，幾乎沒有一首詩是不押韻的，而偈頌卻以不押韻爲主，尤其早期的譯經，當中偈頌部分幾乎全不押韻，只有在中國僧人所撰《高僧傳》裏，才有押韻的偈詩。第四，偈頌的文法組合及所用詞彙，跟中國傳統詩大有距離。基於以上的差異，所以偈頌雖然都是採用中國傳統詩習用的

四、五、六、七言等的齊言形式（偶而也有八言、九言的），但不宜把它等同於中國傳統詩（中國古典文學研究會主編，1994：47～48）。這種分辨，當然還有可以商榷的地方（如中國傳統詩除了抒情，敘事、議論、傳記等也所在多有。參見葛賢寧，1956；張敬文，1970；吉川幸次郎，1983；李曰剛，1987；張建業，1995；李維，1996）。不過，他又說到「這些偈頌，在梵文的原典裏，它們是正式的詩歌，只不過漢譯的人，文學修養不夠，所以譯成了偈頌現在這種面目。所以偈頌本來的的確確是詩，我們似乎也沒有理由完全不把它當詩歌看待」（中國古典文學研究會主編，1994：48），這就沒有什麼可挑剔的了。換句話說，佛教經典中的偈頌，就是一種詩或相當於詩。

　　現在就舉幾個例子，以見一斑：

　　　禁戒清淨不樂觀　　所視恭敬無瞋恨
　　　所察威儀無愚冥　　其身微妙審詳序
　　　快說女人之瑕穢　　已離愛欲無所戀
　　　天上世間無等倫　　不見眞行如是者
　　　所在進止睹女像　　本淨謹愼妙巍巍
　　　堅一其心無瑕穢　　猶如安明不可動
　　　察福威神及功勳　　從無數劫護禁戒
　　　清淨梵天無數億　　頭面稽首眞人足
　　　必當降伏我魔兵　　輒成道德如前佛
　　　以故我等不可爭　　逮得尊業療一切

　　所觀如空明珠寶　億載菩薩往恭敬

　　若干雜形如妙華　迦留須倫山樹木

　　有所思惟無想念　咸來供養於十力

　　其面眉間功勳光　斯明極曜遍照遠

　　所行之處無求便　所受根本無所失

　　無瞋無塵無有所　舉動作事常少欲

（《普曜經・降魔品第18》，《大正藏》卷3：519下）

這是一段傳記性的偈頌（爲魔女迷惑釋迦牟尼不成而返回魔所後所說偈）。

　　如令人在胎不爲不淨

　　如令在淨不爲不淨污

　　如令苦不爲多無有數

　　假令如是誰不樂世者

　　如令人老形不若干變

　　如令善行者不爲惡行

　　如令愛別離不爲苦痛

　　假令如是誰不樂世者

　　如令病瘦無復有大畏

　　如令後世無有諸惡對

　　如令墮地獄無有苦痛

　　假令如是誰不樂世者

　　如令年少形不變壞者

　　如令所不可不以著心

如令死至時無有眾畏

假令如是誰不樂世者

如令愚癡不以為厚冥

如令瞋恚不為強怨家

如令五樂心不為染惡

假令如是誰不樂世者

如令不與諸癡人共居

如令眾癡法自遠離人

如令諸癡人無有思想

假令如是誰不樂世者

如令諸惡種不若干輩

如令諸惡盡滅自離人

如令諸惡念無有思想

假令如是誰不樂世者

如令世間惡為最尊上

如令惡行已滅不復生

如令諸惡行盡無有實

假令如是誰不樂世者

如令諸天食福常不動

如令世人壽命得常存

如令諸處所不為行趣

假令如是誰不樂世者

如令諸陰蓋不為怨家

如令諸六入無有苦惱

如令一切世間爲不苦
假令如是誰不樂世者

（《修行本起經》卷下，《大正藏》卷 3：468 下～469
上）

這是一段議論性的偈頌（爲釋迦牟尼出家時有感生老病死苦所
發頌）。

昔有一道人	入聚落乞匃
見死亡女人	青膖甚臭惡
結跏趺而坐	觀視無常變
省察敗不淨	一志學定心
便於彼坐上	有微細音響
聞聲用恐怖	則從一心起
見死腹潰壞	惡露而不淨
衆孔自流出	臭處難可當
腸胃五臟見	心肝皆散絕
若干無數蟲	觀已還靜心
察於外死身	內省自己軀
彼爾我如是	計本皆虛無
自從三昧起	修行不懈怠
亦不出分衛	亦不思飲食
設我入聚落	而行求飲食
雖見端正色	當作惡露觀

瞻彼諸形色　如死人無異
察眾壞敗本　一切無所樂
我思行如是　而得離愛欲
奉遵四梵行　深惟不輕戲
於彼壽終後　便得昇梵天
於梵壽命盡　下生波羅奈
爲勢貴長者　生其家作子
爲眾所見敬　正受度無極
畫日常修行　於夜不睡眠
見女人眾多　等觀如腐積
枕鼓臥眠者　軶箜篌伎人
伎樂器散地　夢想爲寱語
於彼退思念　宿本功德行
想識不淨處　前世所更歷
適觀睹此已　志求無欲意
我時逼迫是　仁者我捨去
即從床上起　下殿避之逝
諸天憫念我　其門自然開
時出於國城　往詣流水側
遙視見彼岸　見沙門寂根
又見大寂志　舉聲而大叫
告之我窮厄　神通我捨欲
世尊深軟音　用我辛苦言
童子來莫懼　於此無窮厄

心捨眾苦惱　轉度於彼岸

往詣大哀所　世尊無比人

絕妙無等倫　譬如飢渴者

倒解識其義　即解識其義

於彼見道諦　從佛求捨家

瞿曇大慈哀　聽我作沙門

應時一夜中　天時將向曉

一切諸漏盡　清涼得滅度

是我前世時　所更作善行

是我最後世　逮得甘露跡

如是賢夜邪　尊者子神通

於阿耨達池　自說本所作

（《佛五百弟子自說本起經‧夜耶品第 11》，《大正藏》
卷 4：193 中～194 中）

這是一段敘事性的偈頌（爲佛陀弟子夜耶緣阿耨達龍王請追講
本起所造罪福時所造頌）。

　　佛教的偈頌，本來只存在於經典中，但從魏晉以後，佛
教界人士（包括向佛的文人在內）又把它推廣開來而別有頌
贊一類的創作。頌贊二名，有時合稱，有時分稱。分稱時，
各爲一種文體，所謂「頌者，美盛德之形容，以其成功告於
神明者也」（《毛詩鄭箋》）、「贊者，明也，助也……義
兼美惡，亦猶頌之變耳」（劉勰《文心雕龍‧頌贊》）。合
稱時，二者同爲褒稱人物的文體，彼此幾乎沒有分別〔「頌

者，贊嘆其功謂之頌也」（遍照金剛《文鏡秘府論》地卷）這以贊來解釋頌，可見二者已經是同一種文體了〕。其實連分稱時的頌贊，也難以區分彼此的界域（如上述劉勰所說贊是頌的流變——只是除了褒稱美事還兼揭發惡事而已）。它還曾經「出現」在一部書或一篇文章後面擔任「總結」的任務，「《春秋左氏傳》每有發論，假君子以稱之；二傳云公羊子、穀梁子；《史記》云太史公；既而班固曰贊；荀悅曰論；東觀曰序；謝承曰詮；陳壽曰評；王隱曰議；何法盛曰述；揚雄曰譔；劉昺曰奏；袁宏、裴子野自顯姓名……史官所撰，通稱史臣。其名萬殊，其意一揆，必取便於時者，則總歸論贊焉」（劉知幾《史通・論贊》）。這種論贊（頌贊），基本上跟碑銘中的「銘曰」或佛教經典中的「偈」的作用相同（參見加地哲定，1993：40～41）。不過。這裏所說的是特指獨立爲一種文體的頌贊。它原來在佛教經典中就存在過（如《佛所行贊》、《贊法界頌》、《廣大發願頌》、《佛三身贊》、《佛一百八名贊》、《一百五十贊佛頌》、《佛吉祥德贊》、《賢聖集伽陀一百頌》等都是），但大多屬於長篇；魏晉以後佛教界人士所作的頌贊，偏向於短偈形式，而且普遍都有押韻，跟中國傳統詩没有什麼兩樣（姚鼐《古文辭類纂・序》才會說「贊頌類者，亦詩頌之流」——這當也適用於佛教的頌贊文）。如支遁的〈文殊師利贊〉：

童貞領玄致　靈化實悠長
昔爲龍種覺　今則夢遊方

惚恍乘神浪　高步維耶鄉

攉此希夷質　映彼虛閒堂

觸類興清遘　目擊洞兼忘

梵釋欽嘉會　間邪納流芳

（《廣弘明集》卷 15，《大正藏》卷 52：197 上）

支遁的〈維摩詰贊〉：

維摩體神性　陵化昭機庭

無可無不可　流浪入形名

民動則我疾　人恬我氣平

恬動豈形影　形影應機情

玄韻乘十哲　頡頏傲四英

忘期遇濡首　疊疊贊死生

（《廣弘明集》卷 15，《大正藏》卷 52：197 上）

謝靈運的〈和范特進祇洹像贊三首〉之一（佛贊）：

惟此大覺

因心則靈

垢盡智照

數極慧明

三達非我

一援群生

理阻心行

道絕形聲

（《廣弘明集》卷 15，《大正藏》卷 52：200 上）

梁簡文帝的〈菩提樹頌〉：

綿史載觀

靈篇眇鏡

寶冊葳蕤

帝圖掩映

鳥紀稱祥

龍書表慶

九州布惠

五弦作詠

蒸哉至矣

大梁啟聖

功覆眾古

業高受命

金輪降道

玉衡齊政

無思不服

有意斯盛

一乘運出

五眼清淨

稟識康歌

昆蟲得性

舜廚靈扇

堯庭神莢

豈如道樹

覆潤弘浹

靡密垂光

芬芳委疊

時動百花

乍開千葉

現彼法身

圖茲瑞牒

海渡六舟

城安四攝

惠澤既播

淳風普葉

休明智境

清朗法泉

百神嗟仰

千佛稱傳

榮光動照

玉燭調年

菩提永立

波若長宣

穆穆明后

萬壽如天

（《廣弘明集》卷 15，《大正藏》卷 52：204 下～205

上）

　　在單以頌爲名的部分，要數禪宗興起後所創作的頌古詩最特別了。這類作品，據估計在三千首以上（參見杜松柏，1976；1980）。學者的說法是「禪家詩有頌古一體，乃禪人或取語錄，或取公案，或以拈古，或舉古則，以詩的形式，發明前人的玄理奧義，如宋圓悟禪師《碧巖錄》所云：『大凡頌古，只是繞路説禪。』……禪人之頌古詩，至少要推溯至曹洞宗的建立者──曹山本寂，他讀傅大士法身偈，便作頌詩以闡明其奧義，臨濟宗的再傳弟子紙衣和尚，以頌詩釋明臨濟義玄的四境，二人均在晚唐。其後乃有汾陽善昭、雪竇重顯之作，雪竇四集，現見四部叢刊中。其後有禪門諸祖偈頌。而專收頌古之詩，則推《頌古聯珠通集》和《宗鑑法林》，所收詩在三千首左右，大都俗雅並收，精粗不別。而以單一的公案，繪成圖，頌以詩，義勝詩佳，又多達二百餘首。單獨成書，遠至日本禪師，亦有唱和之作的，則推牧牛圖頌了」（杜松柏，1983：3～4）。這大致沒有多少可以爭議的空間。只是這類作品已經跟下一章所要説的禪詩沒有什麼區別，大家未嘗不可以把它當作一般禪詩看待（而不一定要執意稱它爲頌讚或頌贊的變體）。這裏就舉《白牛十頌》（作者不詳）爲例：

　　白牛原不遠山童　無奈山童面向東
　　柳綠桃紅只戀惜　凝眸塵劫好憒憒（失牛）

主人忽問牧童牛　回首茫茫何處求
願有來人指往路　白牛端的在西頭（尋牛）

驀直追尋路漸西　荒原踏破是牛蹄
一回瞻視知端的　信步前行不後迷（見跡）

橫穿九十六煙村　忽睹牛王露地蹲
從此腳跟輕快也　假饒氣急不須論（見牛）

水窮山盡不辭勞　趁到牛邊功已高
嘆息無端成久別　而今方得解天弢（得牛）

雪山香草甚甘肥　清冷流泉可療饑
不羨稼苗盈野綠　悠然飽足度餘暉（護牧）

夕陽收盡晚霞稀　就路還家不用揮
一曲無生吹短笛　餘暉猶自照庭闈（騎歸）

白牛何處本無蹤　牧豎高歌明月峰
萬象光含秋露冷　桂枝猶自影重重（亡牛）

逸多彈指閣門開　笑殺當年小善財
煙水百城空自歷　人牛絕跡夢初回（雙泯）

依稀何處現人牛　垂手相收入市遊
借問人牛還似昔　云何無失亦無求（入塵）

（杜松柏，1983：170～175）

《白牛十頌》前面有篇短序，而每一頌後面也都有說明及巨

徹禪師的和頌（前引頌贊文前面也有序），但爲省篇幅，暫且都不著錄了。比較前後兩類作品，可以明顯看出彼此在取境和修辭上的不同（前者還是古體詩的樣子，而後者已經是十足的近體詩了）。

此外，還有一種學者所稱呼的唄贊佛曲：「《法苑珠林‧唄贊篇》云：『尋西方之有唄，猶東國之有贊。』所謂『梵唄』，即魏晉以來佛教界人士參考梵音制作的一種合樂歌贊。由於它直接利用漢語寫作，在調音時力求適應本土的習慣，故顯得口吻流利，頗爲此方人士喜聞樂誦。這些作品至今散失殆盡，而《全齊文》輯錄之王融《淨住子頌》三十一首，可從中略窺當時唄贊面貌之一斑。敦煌卷子記載的大量佛曲歌辭，同樣能隨時被之管弦，或供俗講僧演繹故事時加以吟唱。如〈五更轉〉、〈十二時〉、〈百歲篇〉等，本身就是採用了民間的流行曲調，有的則在印度、西域傳入的樂曲基礎上稍作改造。經過演唱者回環複沓地諷詠，足令聽者忘倦。雖然它們在較大程度上實現了中國化和世俗化，但與中古的唄贊仍有一脈相承的關係」（陳允吉等主編，1997：233）。這類作品，以短篇爲例，如：

> 一更初，太子欲發坐尋思。奈知耶娘防守到，何時度得雪山川。

> 二更深，五百個力士睡昏沈。遮取黃羊及車匿，朱鬃白馬同一心。

> 三更滿，太子騰空無人見。宮里傳聞悉達無，耶

娘肝腸寸寸斷。

　　四更長，太子苦行萬里香。一樂菩提修佛道，不藉
你世上作公王。

　　五更曉，大地上眾生行道了。忽見城頭白馬蹤，則
知太子成佛了。

　　（〈五更轉〉，陳允吉等主編，1997：246。按：跟這
首歌辭相關的敦煌寫本有 P2483、P3083 等卷）

　　觀心常坐習定，便欲此身親證。
　　證得常住法身，堪續如來慧命。
　　若也沈空滯寂，墮於二乘禪病。
　　澄潭不許龍盤，大象豈遊兔徑？
　　隨處逍遙快樂，洞明自己真性。
　　可中不亂不定，向上非凡非聖。
　　（梵琦〈明真歌〉，陳香選注，1989：76~77）

大體上，這類作品除了可供吟唱，在表意方式上跟頌讚並沒
有太大差異，不妨同歸為本節所拈出的詩偈類型（形式）。

　　對於佛教究竟為什麼要採用詩偈來表達義理，學者有這
樣的推測：「佛教徒很重視韻文這種形式的特殊作用，《大
智度論》卷 13 說：『菩薩欲淨佛土，故求好音聲。欲使國
土中眾生聞好音聲，其心柔軟。心柔軟，故受化易。是故以
音聲因緣供養佛。』這樣看來，讚嘆歌音是禮佛所必須的。
慧遠在論及《阿毗曇心論》的文體時說：『其頌聲也，擬象
天樂，若雲籟自發，儀形群品，觸物有寄。若乃一吟一詠，

狀鳥步獸行也；一弄一引，類乎物情也。情與類遷，則聲隨
九變而成歌；氣與數合，則音協律呂而俱作。拊之金石，則
百獸率舞；奏之管弦，則人神同感。斯乃窮音聲之妙會，極
自然之眾趣，不可勝言者矣。又其為經，標偈以立本，述本
以廣義，先弘內以明外，譬由根而尋條，可謂美發於中，暢
於四肢者也。」（〈阿毗曇心序〉，《出三藏記集》卷10）這
也很可以說明一般經論利用偈頌的特點」（孫昌武，1995：
247~248）。這種推測當然沒有什麼不可以（人人都可以依
照所見進行推測，只是推測的結果有合理性高低的差別而
已），但就佛教著重在教義的傳達一點來說，這種詩偈形式
顯然不足以負荷該項任務。因為它內裏所含有的敘事性（傳
記性的偈頌也是敘事的一類）和譬喻成分（議論性的偈頌也不
免有譬喻），一樣會造成某種程度的障礙（詳見前二節），
最後只有徒存音韻美辭邀人賞玩而已。

第五節　寓言化

　　嚴格的說，寓言在佛教經典中是當作譬喻來用的，分開
談論，不免有割裂原有「完整性」的嫌疑，但基於譬喻是一
種修辭技巧而寓言是一種敘事性文體（專重象徵義或隱喻義
——有別於一般的敘事性文體）彼此不可「混淆」的前提，還
是略作區分比較好論述。

　　有人推測寓言的起源，跟神話一樣久遠：「寓言的來源
是哲學與神學，而非文學。尤其最可能的是宗教。可是，自
從一開始，寓言就與故事有密切的關係。所有西方的宗教和

許多東方的宗教都是在神話中表現得最完美。所謂神話，事實上就是一個（寓言）故事或一連串的故事，這個故事可以說明最能從內心影響信徒的普遍現象，諸如時日、季節、收成、部落、城市、民族、出生、婚姻、死亡、道德法律、缺乏與失敗的感覺、和潛能的感覺等」〔麥克奎恩（J. Macqueen），1986：1〕。不論這是否可信，寓言被規畫爲一種文體（或賦予一種文體義），已經是不可否認的「事實」。《簡明不列顛百科全書》中對寓言有過這樣的述評：「寓言：以散文或詩歌體寫成的短小精悍、有教誨意義的故事，每則故事往往帶有一個寓意。最早廣爲流傳的寓言是印度、埃及和希臘的動物寓言。在西方，人們最喜愛的是伊索和巴布里烏絲；在東方，《梵天、毗濕奴寓言故事》和《賢哲寓言集》最受人歡迎。此後，這種體裁的大師包括十七世紀法國寓言詩人拉封丹和十八世紀英國詩人蓋依。十九世紀著名寓言家有美國人哈里斯，他以其雷姆大叔的故事而嶄露頭角，《叢林故事》的作者英國人吉卜林，上述兩位作家和二十世紀的艾德及瑟伯都以散文體撰寫寓言，艾德和瑟伯的作品包括《俚語寓言》和《當代寓言》」（陳蒲清，1992：自序 2～3 引）。寓言是以散文或詩體寫成的短篇且有寓意的故事，這是長期以來通行的見解或認定（見福勒，1987：95；劉燦，1991：12；譚達先，1992a：1；蔣風主編，1988：273），顯然寓言是屬於文學的範疇。雖然如此，寓言在被討論時，還是有寓言的類型和寓意的特性等方面的爭議，多少會影響到我們進一步對寓言的認知。

　　以寓言的類型來說，底下這段敘論就相當可觀：「我們
所使用的『寓言』一詞，實際上包括了英語中的 fable、
parable、allegory 三種體裁。且以美國紐約標準參考讀物出
版公司 1963 年版《標準參考百科全書》爲例，看看他們對
三者的界說：『fable：是文學上表述虛構故事情節的術語；
但更爲經常的是特指那些用散文或詩歌寫作的以一個故事來
表達某一普遍道德觀念或崇高真理的文學體裁。這道德觀念
總是用象徵的方法表達出來，它常常是透過生物無生物之間
特別是被賦予了人們理性特徵的動物之間的矛盾鬥爭表現出
來。fable 不同於 parable，fable 敘述的是在生活和自然界中
不可能發生的事；而 parable 雖也是講述道德真理的故事，
卻常常是有關可能發生的事。最早也最著名的動物寓言集是
《伊索寓言》……parable：這個名稱最早是希臘學者提出用
以說明文學現象的。在古希臘語及希臘文《新約》中，該詞
專用以表示有意傳播神或宗教真理而虛構的短篇敘事作品。
allegory：一種敘述文體。它直接敘述某一情節而目的在於
暗示另一件事，以使讀者明確了解並得到教益。其運用的諷
諭手法通常是象徵手法和擬人手法。allegories 經常宣講倫理
道德或精神教訓，而有時則是對文學、政治或個人的譏刺。
parables，fables，and morality plays（道德劇），都是 allegory
的同類型。由著名作家所寫的英語 allegory 典範作品有：班
揚《天路歷程》，斯賓塞《仙后》，斯威夫特《格列佛遊
記》，德萊頓《押沙龍與阿奇托弗》。作爲一種敘述方法，
allegory 本身可以被認爲是一種修辭方式。』英國庫頓《文

學辭典》給 allegory 作了下面的界說，並指出三者的聯繫與
區別說：『allegory：相當於比喻，用一個故事（韻文或散文
故事）表現雙重含義（一個表面含義，一個深層含義）。它具
有可讀性，可以從兩個層次進行理解和解釋，其中有些具有
三四個層次。它與 fable 和 parable 意義非常相近。例如：有
一個 fable：一隻青蛙與一隻蠍子，在尼羅河岸相遇。它們
都要渡河。青蛙願意背蠍子過河，條件是上岸之後不叮死
牠；蠍子答應青蛙的條件，只要青蛙不在河中淹死牠。過河
後，蠍子螫了青蛙。青蛙臨死前問：「你爲什麼要螫我？」
蠍子説：「難道我們不都是阿拉伯人嗎？」如果把故事中的
青蛙換成好心腸或小心的人，蠍子換成陰毒的兩面先生，尼
羅河換成一般的河，阿拉伯人換成一般的人，這故事就成了
allegory。如果青蛙與蠍子分別代表父親和兒子，或代表船
夫和乘客，表現宗教的道德教訓，它就成了 parable。』由
此可見，parable 的特徵是寓意的宗教性，而 fable 的特徵是
故事情節的非現實性，它們都比較短小；allegory 以現實中
可能發生的事爲題材而暗示另外的事情與道理，篇幅可以很
長，《天路歷程》有幾十萬字，《仙后》有幾萬行。這三個
名詞，漢語都譯爲『寓言』。parable 與 allegory 也可譯爲
『譬喻』，主要是以人物故事爲題材的寓言。中國也産生過
《後西遊記》等幾十萬字的寓言小説，和超過萬行的寓言長
詩（如維吾爾族的《福樂智慧》）。fable 也可譯爲神話、童
話、傳説，主要是以動物故事等非現實情節爲題材的寓言。
以上三類寓言，我們中國都有，而且都稱爲寓言。以前，我

們討論『寓言』的定義時，侷限於 fable 型，或機械的與之類比，就發生了種種格格不入的現象」（陳蒲清，1992：3～5）。這雖然指出寓言在西方有 fable、parable、allegory 三種類型，而且又經常「互有重疊」，但也難以禁止他人另作分類或取消分類，以至寓言的類型問題依然會爭論不休。

又以寓意的特性來說，一般都認為它帶有勸喻或諷刺的意味：「寓言既具有影射現實生活的作用，又常含反諷的意味，它還常常是對世態人情的辛辣的諷刺。它的主題往往是表現日常生活中的哲理和道德教訓。例如它描寫人們如何貪圖將來海市蜃樓式的巨利而放棄眼前的小利，從而戲劇性地表現這種作法的無益性。它有時也諷刺那些害人反害己，最後跌入自設的陷阱之中的人們。這些主題使寓言在意義上和那些勸世救人的諺語、格言相近。而且寓言的主旨常常由其中的一位人物用警句的方式在故事末尾加以點明」（福勒，1987：95）、「寓意性是寓言最基本的美學特徵。它通常以簡單的描寫寄託生活真理，寓諷刺、勸喻於生動的形象之中，使人獲得啟示和教益。例如，〈守株待兔〉是對經驗主義的諷刺；〈買櫝還珠〉是對只重形式不顧實質的批評；〈東施效顰〉則是對不顧條件生搬硬套的學習方法的揶揄」（王世德主編，1987：502）。但勸喻本身所具有的隱喻性，又常跟象徵扯不清（所謂象徵，是指透過具體的意象以表達抽象的觀念、情感和看不見的事物。參見黃慶萱，1983：337～338）：「寓指（意）可被看作是一種擴展型隱喻，或一種歧義（兩種或多種意義）……在十九世紀寓指常與象徵性相

對比。但總是不受歡迎，原因是寓指符號受一種具體意義的
束縛，而象徵則更具表達力。但寓指本身也可以看成一種有
系統的、有結構的象徵手法」（王守元等主編，1990：
362）；而諷刺的「個別性」往往也跟寓言的「普遍性」不
類：「寓言是談普遍的，諷刺是談特殊的人事物」（麥克奎
恩，1986：88）——雖然它偶而也會出現「寓言的普遍性靠
著與個人有關而獲得了道德意義與想像的動力；諷刺文的特
殊性同樣地在一個普遍爲人接受的道德理想的系統中，才獲
得了永久的重要性」（同上）。因此，寓意的特性也會隨著
論者見解的不同而各有指涉，最後恐怕也不可能趨於一致。

　　這樣看來，寓言仍然是一個界定式用法（沒有任何的先
驗性或絕對性），可因人而異繁衍出取徑有別的意涵。在這
裏爲了方便論述，只把寓言當作是有寓意且可以擬人化寫作
的短篇故事，而不論該寓意涉及象徵或隱喻以及帶有普遍性
或個別性。

　　在這個前提下，可以看出佛教經典中有爲數不少的寓
言：「漢譯佛典中的寓言分布甚廣，最主要的則見於《舊雜
譬喻經》、《雜譬喻經》、《衆經撰雜譬喻》、《百喻經》
等專集。南齊永明間梵僧求那毗地翻譯的《百喻經》，就是
一部精美絕倫的寓言故事集，它的作品篇幅短小，形式完
整，趣味雋永，堪稱是佛經寓言的典範」（陳允吉等主編，
1997：179）。這說的比較籠統，具體一點的如：「寓言比
較集中的佛經有：《雜譬喻經》，自東漢至南北朝有五種譯
本。共有寓言一八〇則，其中康僧會所譯《舊雜譬喻經》即

達七〇則左右。著名寓言有〈甕中影〉、〈買禍母〉、〈鸚
鵡救火〉、〈天下三癡〉、〈梵志吐壺〉、〈鵲銜鱉〉、
〈就口蹋痰〉、〈惡雨皆狂〉、〈頭尾爭大〉、〈鳥師網
鳥〉、〈鬼啖畏者〉、〈鞭背塗屎〉、〈木匠和畫師〉、
〈戰馬拉磨〉、〈愚人集奶〉等。《六度集經》，三國時來
華的康僧會編譯。全書收輯佛經九一篇，有九〇多則故事。
名篇如〈瞎子摸象〉、〈鱉與獼猴〉、〈補履翁爲王〉、
〈鱉、蛇、狐與負義人〉等。《雜寶藏經》，北魏時西域僧
人吉迦夜與曇曜合譯。共有一二一則故事。名篇如〈棄老
國〉、〈婆羅門婦害姑〉、〈烏梟報怨〉、〈婢羊相鬥〉、
〈共命鳥〉、〈山雞王與貓〉、〈不解時宜〉、〈沸釜求
環〉等。《大莊嚴論經》，馬鳴著，鳩摩羅什譯。有故事八
九則。名篇如〈貓兒問食〉、〈醜婢破罐〉、〈戰馬拉
磨〉、〈難陀王聚歛〉、〈三歸依〉、〈以酥換水〉等。
《生經》、《佛本行集經》、《天尊說阿育王譬喻經》、
《出曜經》、《賢愚經》、《根本說一切有部毗奈耶破僧
事》、《僧祇律》、《十誦律》、《五分律》等也有不少寓
言。南齊永明十年，又譯出了專收寓言的《百喻經》。此書
全稱《百句譬喻經》，又稱《百譬經》，或稱《癡華鬘》。
全書分上下卷，共有故事九八則。印度尊者僧迦斯那編著，
中印度法師求那毗地譯爲漢語……名篇有〈愚人食鹽喻〉、
〈三重樓喻〉、〈說人喜嗔喻〉、〈醫與王女藥喻〉、〈乘
船失釪喻〉、〈殺群牛喻〉、〈欲食半餅喻〉、〈口誦乘船
法喻〉、〈夫婦食餅喻〉、〈嘗菴婆羅果喻〉、〈唵米決口

喻〉等。故事主角多爲愚人」（陳蒲清，1992：168～170）。當中除了《雜寶藏經》、《大莊嚴論經》、《生經》、《出曜經》、《賢愚經》、《根本說一切有部毗奈耶破僧事》等所載一些佛本生故事是否可當寓言看待及各譬喻經中某些用來取譬的片段事件跟寓言如何區別等可能會有爭議，其餘大致可信。

　　爲了容易明白佛教經典中寓言的情況，姑且舉幾個例子並略作說明如下：

　　　　過去久遠，是閻浮利地有王，名曰鏡面，時敕使者：「令行我國界無眼人，悉將來至殿下。」使者受敕即行，將諸無眼人到殿下，以白王。王敕大臣：「悉將是人去，示其象。」臣即將到象廠，一一示之，令捉象。有捉足者、尾者、尾本者、腹者、脇者、背者、耳者、頭者、牙者、鼻者。悉示已，即便詣王所。王悉問：「汝曹審見象不？」對言：「我悉見。」王言：「何類？」中有得足者言：「明王，象如柱。」得尾者曰：「如掃帚。」得尾本者言：「如杖。」得腹者言：「如堆。」得脇者言：「如壁。」得背者言：「如高岸。」得耳者言：「如大箕。」得頭者言：「如臼。」得牙者言：「如角。」得鼻者言：「如索。」便復於王前共諍訟：「象，諦如我言！」（《佛說義足經》卷上，《大正藏》卷4：178中）

跟這個寓言相似的內容在《六度集經》、《大般涅槃經》、

《攝大乘論》中也有記載，一般多提稱爲〈盲人（瞎子）摸象〉或〈盲人捫象〉（見陳三峰編著，1993：126；陳允吉等主編，1997：200）。它在原典中的寓意是諷刺那些不相信佛法而相信外教小道的人。如果當作普通寓言看，它無非是在諷刺一些認知不夠卻自以爲得著全部真理的淺薄之徒。故事簡短，又有寓意，正符合本脈絡的寓言定義。

　　　　昔有人乘船渡海，失一銀釪，墮於水中。即便思念：「我今畫水作記，捨之而去，後當取之。」行經二月，到師子諸國，是一河水，便入其中，覓本失釪。諸人問言：「欲何所作？」答言：「我先失釪，今欲覓取。」問言：「於何處失？」答言：「初入海失。」又復問言：「失經幾時？」言：「失來二月。」問言：「失來二月，云何此覓？」答言：「我失釪時，畫水作記。本所畫水，與此無異，是故覓之。」又復問言：「水雖不別，汝昔失時，乃在於彼，今在此覓，何由可得？」爾時衆人，無不大笑（《百喻經》卷1，《大正藏》卷4：545下）。

這個寓言，一般多提稱爲〈乘船失釪〉（見陳允吉等主編，1997：191；陳蒲清，1992：173）。它在原典中的寓意是勸喻人應歸依佛教而不要到外教中去尋求解脫途徑。把它當作一般寓言，就跟《呂氏春秋·察今》所載「刻舟求劍」的故事相似，都在諷刺固執而不知變通的人。這也符合本脈絡寓言的要求。

　　過去世時，有城名波羅奈，國名伽尸。於空閒處有五百獼猴，遊於林中，到一尾俱律樹下。樹下有井，井中有月影現。時獼猴主見是月影，語諸伴言：「月今日死，落在井中，當共出之，莫令世間長夜闇冥。」共作議言：「云何能出？」時獼猴主言：「我知出法：我捉樹枝，汝捉我尾，展轉相連，乃可出之。」時諸獼猴，即如主語，展轉相捉，少未至水。連獼猴重，樹弱枝折，一切獼猴墮井水中（《摩訶僧祇律》卷7，《大正藏》卷22：284上）。

這個寓言，一般多提稱爲〈猴子撈月〉或〈水中撈月〉（見陳蒲清，1992：172；陳三峰編著，1993：53）。它在原典中的寓意是勸喻人不要追求虛幻的事物，否則終將白費力氣，一無所得。當作一般寓言的話，還含有諷刺庸人自擾（如猴王的撈月行爲）和世俗盲從心理（如衆猴盲目的跟隨猴王）的意味。這是動物寓言（擬人化寫法），也在本脈絡所界定的寓言範圍內。

　　從寓言本身來說，它固然具有學者所說的「含蓄委曲」的美學效應：「寓言作者並不把他的真意首先和盤托出，而是隱含在一個故事之中，引導讀者去探索，『似往已回，如幽匪藏』，『是有真宰，與之沈浮』（司空圖《詩品》）……讀者從神似的描寫中體驗出相似相關的現象，覺得作者先得我心，傳出了心中所有而筆下所無的感受，從而受到啓發和教育」（陳蒲清，1992：34～36），但在佛教經典中這

種美學效應未必會顯現出來。倘若對佛法一竅不通的人，勢
必礙難體會寓言故事中的寓意（情況如同本章第二、三節所說
的那樣）；而對佛法有所了解的人，那些寓言故事也無法在
知解上給他增加什麼，到頭來佛教所採取的寓言「策略」也
就沒有多少實質上的意義。然而，也不可否認佛教大量構設
寓言，可能有杜普瑞（L. Duprée）所說的「自我否定」或
「自我逃避」的意思：「宗教人採用意象，因為無法『直
接』說出他想要說的，而意象容許他逃避『既成的』實在
界。但是他討厭把某種明確的實在界劃歸意象本身。事實
上，宗教心靈創造了意象，同時又對這些意象保持一種『打
破偶像的』態度。它今日斥為偶像者，正是它昨日奉為聖像
者。黑格爾雖然把一切宗教符號貶抑到表象的層次，但是卻
清楚覺察其中有一種否定的驅力，使宗教反對它自己的意
象」（杜普瑞，1996：160）。寓言本身也是以意象來呈現
〔所謂意象，是指心中的意藉外在的象（事物）予以表現。參見
余光中，1986：17〜23；蕭蕭，1987：165〜172〕，它跟其他
宗教的意象性語言一樣，弔詭的自我「宣示」所謂實在界或
終極真理的不在場〔另參見黑格爾（G. W. Hegel），1981：
17〜18；葉維廉，1983：111〜112〕。如果有這種情況，更
可以證明：寓言在佛教經典中的作用，並不是一般人所想像
的跟佛教義理的傳達有「直接」的聯結；它可能屬於另一個
層次（或許可被純粹的玩賞），只是個人無法具體指出罷
了。

第四章　文學佛敎化的歷史事實

第一節　概說

　　對佛教來說，文學化現象雖然無益於義理的傳達和領受，但在文學化過程中所展現的一些形式技巧（如長篇敍事體和偈頌形式及專事譬喻技巧等）卻可能給中國文學的發展帶來某種程度的刺激。

　　先前已經有人針對這一點作過討論，比較有「條理」的如梁啟超的四項影響說：第一是國語實質的擴大：因爲有佛教經典的翻譯，使得漢語詞彙增加了三萬五千多個；第二是語法及文體的變化：佛教經典和中國固有文體在文章構造形式上頗有差異（如㈠普通文章中所用「之乎者也矣焉哉」等字，佛教經典幾乎一概不用；㈡旣不用駢文家的綺詞儷句，也不採取古文家的繩墨格調；㈢倒裝句法極多；㈣提挈句法極多；㈤一句中或一段落中含解釋語；㈥多覆牒前文語；㈦有聯綴十餘字乃至數十字的名詞；㈧同格的語句，鋪排敍列，動輒數十次；㈨一篇之中，散文詩歌交錯；㈩其詩歌譯本爲無韻的等，這都顯示佛教經典在文體形式上的特殊處），其次爲組織的解剖的文體的出現（就是科判疏鈔之學）而可能影響到隋唐義疏之學的興起，再次爲禪宗語錄的出現而宋儒加以仿效（使得語體文大爲流行）後導至文學用語的革新；第三是文學情趣的發

展：中國近代的純文學（如小說、戲曲），都跟佛教經典的翻譯有密切關係（如〈孔雀東南飛〉、〈木蘭辭〉等長篇敘事詩的產生，恐怕是受東晉時曇無讖所譯馬鳴《佛所行讚》的影響。鳩摩羅什所譯馬鳴《大乘莊嚴論經》爲一部《儒林外史》式的小說，材料大體採自四阿含。馬鳴把四阿含中所記佛弟子的故事，加上文學的風趣搬演出來，經過他的點綴之後，能使讀者肉飛神動，彷彿中國的《今古奇觀》。中國小說，從晉人《搜神記》以下一類初期的志怪作品，逐漸發展到唐人的傳奇小說，大半從《大乘莊嚴論經》的模子裏熔鑄出來。又印度大乘經典，都以極爲壯闊的文瀾，演述微妙的教理，這些富於文學性的經典的譯出，增進了中國人的想像力，更新了中國人的詮寫法。宋元以後章回體的長篇小說，受這類佛經的影響一定不少。近代鉅製如《水滸傳》、《紅樓夢》之流，其結構運筆，受華嚴、涅槃部諸經的影響甚多。即使是宋明以來，雜劇、傳奇、彈詞等長篇歌曲，也間接汲取《佛所行讚》等書的流沫）；第四是字母的仿造：從佛教輸入後，梵文也跟著來，於是有許多高僧想仿造字母來應用，如神珙、守溫等輩先後嘗試，才有「見溪群疑」等三六字母的製作（梁啓超，1985：26～31 及裴普賢，1968：158～159 引述）。

又如胡適的三項影響說：第一是在中國文學最浮靡又最不自然的時期，在中國散文和韻文都走到駢偶濫套的路上的時期，佛教的譯經起來，維祇難、竺法護、鳩摩羅什諸位大師用樸實平易的白話文體來翻譯佛經，但求易曉，不加藻飾，遂造成一種文學新體。這種白話文體雖然不曾充分影響

當時的文人，甚至不曾影響當時僧人，然而宗教經典的尊嚴究竟抬高了白話文體的地位，留下無數文學種子在唐以後生根發芽，開花結果。佛寺禪門遂成爲白話文和白話詩的重要發源地。第二是佛教的相關經典最富於想像力，雖然不免不近情理的幻想和「瞎嚼咀」的濫調，然而對於最缺乏想像力的中國古文學卻有很大的解放作用。差不多可以說，中國的浪漫主義文學是佛教影響的產兒。第三是佛教的相關經典往往注重形式上的布局和結構。《普曜經》、《佛所行贊》、《佛本行經》都是偉大的長篇故事，不用說了。其餘經典也往往帶著小說或戲曲的形式。《頌賴經》一類，就是小說體的作品。《維摩詰經》、《思益梵天所問經》等，都是半小說體、半戲劇體的作品。這種懸空結構的文學體裁，都是古中國沒有的；他們的輸入，跟後代彈詞、平話、小說、戲劇的發達都有直接或間接的關係。佛經的散文和偈體夾雜並用，這也跟後來的文學體裁有關係（胡適，1988：185～186）。

又如裴普賢的九項影響說：第一是從後漢到隋唐六七百年佛教經典翻譯的艱鉅工作，是人類文化史上一件光榮的偉大事業。這非但表現了中華民族求知向上，吸收外來文化以充實光輝自身的奮發精神，也是中印兩大民族一次最可紀念的真誠合作。第二是佛教經典翻譯事業在中國文學史上，起了文學解放運動的積極作用，一爲浪漫主義文學的興起，二爲白話文學的提倡和推進。第三是佛教思想傳入中國後逐漸中國化，成爲中國文化的一部分，表現於文學方面的也是這

樣。但遺憾甚多，如儘多迷信觀念的傳布，消極退隱的個人
主義作品；又如形式方面印度史詩那種長篇敘事詩在中國未
能推行發展，而精神方面佛教慈悲不殺生、忍辱精進的教
訓，中國雖然有相當表現，但犧牲救世的精神未能有適當的
發揮。第四是印度梵文隨佛教輸入，於是中國人有字母仿
造，唐僧人守溫製成「見溪群疑」等三六字母。今日國語注
音符號，就是增損這些字母而成的。第五是佛教經典的翻
譯，使中國詞彙的增加達三萬五千多個。第六是佛教傳入，
融合道家的自然哲學，產生六朝山水田園派詩人，到唐代而
大盛，詩佛王維爲其代表。六朝文人受佛教經典影響並加以
取材，雜採道教修仙故事，撰爲小說，形成志怪一派，歷代
不絕，以《聊齋誌異》最有名。印度文學尚自由、富想像、
多神話，輸入後形成中國文學詩歌小說的浪漫主義思潮，而
以明代富有想像力的神話小說《西遊記》爲浪漫主義作品的
代表。第七是宋人嚴羽用禪理作詩論，倡導詩貴妙悟說，清
人王漁洋承其宗旨，倡導詩的神韻說，風靡一時，這是佛學
對文學理論所產生的影響。第八是佛教經典翻譯本身，給中
國文學增加了接近語體的六種文體：㈠新的說理文體；㈡散
韻交錯體；㈢偈體；㈣無韻史詩；㈤小說體；㈥喻文體。第
九是由於佛教經典的傳入，直接或間接影響中國文體可列舉
者如下：㈠由佛教經典的誦讀，帶來了印度的聲明學。漢末
孫炎，創立反切法，梁沈約倡導四聲八病說，促進六朝學者
聲律的研究，因而文學作品趨向技巧和形式的唯美：（甲）
駢文變爲四六；（乙）古詩變爲律絕新體，且爲爾後宋詞元

曲的興起建立了基礎。㈡從佛教的「梵唄」，分化出「轉讀」法，再演化而有「唱導」制，從唱導產生佛曲變文，有佛曲變文而也有非佛教的歷史故事變文仿製。而變文對後代文體的影響有四：（甲）寶卷、彈詞一類嫡派文體的產生；（乙）說話的興起，從話本演變而為章回小說；（丙）章回小說中時時雜出詩詞歌賦或駢文的敘述，這是從變文遺留下來的痕跡；（丁）中國戲曲進步到唱白兼用，是變文的啟示和影響。由鼓詞、諸宮調演進而成雜劇。㈢梵唄的產生唄讚，開佛教俗歌的風氣，民間仿效而有嘆五更、十二月花名等形式的民歌產生。㈣科判疏鈔體是佛教經典翻譯的直接產物，影響隋唐儒家義疏學的發達。㈤唐代禪宗諸大師，師法佛祖，用當時俗語說教，並將「漢字寫白話」，因成語錄體，宋代理學家仿效，產生宋儒語錄（裴普賢，1968：229～231）。

　　裴氏的九項說包含了梁氏的四項說和胡氏的三項說並略加「損益」，其實沒有多少創見（按：梁氏還有一項印度歌舞劇傳入影響中國戲劇的發展，而裴氏也另加二項印度史詩《羅摩耶那》和《五卷書》等對中國文學的影響。見裴普賢，1968：159、231～232。這不關本論題，姑且不論）。而這除了聲律、部分散韻交錯文體（如變文、諸宮調、寶卷、彈詞、鼓詞等等）有較為明顯的跡象受到佛教經典翻譯的影響，其餘大概都難以一一對號入座。整體說來，佛教關係中國文學發展最密切的部分，是在它的義理介入了文學的思維和寫作，使得中國文學的內涵「擴大」了，也「深沈」了。因

此，就這個層面來看，文學又有所謂佛教化的現象可以討論。而這種討論，基本上是比較有「開展性」的。換句話說，文體的形式技巧上的相互藉使或承繼，都已經成爲歷史陳跡，只有表現佛教義理或發展佛教義理部分，才能讓我們對它有所期待或展望。這一部分，理當有歷史上的文學佛教化、現代的文學佛教化和未來的文學佛教化三個階段可談，而本章就先談歷史上的文學佛教化。

　　所謂歷史上的文學佛教化，在本論述中並不是不證自明的，而是個人基於體例需要或方便論述而權爲選擇的，以至這個「事實」就只能設想它將具有相互主觀性（無法作爲絕對客觀的檢驗的對象。詳見第一章第四節及第三章第二節）且永遠受到一個「詮釋境域」的制約。也就是說，歷史上的文學佛教化是我把它詮釋爲歷史事實的，而別人要理解它（並決定取捨）也得有類似的詮釋過程。在這個前提下，本章就以韻律的新發現、小說戲曲的佛理化、禪詩的流行和其他文體的發明教義等幾個涉及模塑或變化中國文學新形態的範疇爲討論對象，而略去一些較屬無謂或不關緊要的枝節問題（如前人所提及兩種文體間的相互藉使或承繼之類）。此外，還有一個牽涉文體的雅俗問題和一個牽涉僧人作品的歸屬問題，也要順便作個交代。

　　一般在談到佛教和文學的關係時，所舉出蘊涵佛理的歌謠、小說、戲曲、變文等等，幾乎都把它歸爲俗文學（見孫昌武，1995：259～321；蔣述卓，1992：145～156；加地哲定，1993：138～282）。而俗文學相對的是雅文學；二者的

區別，在於雅文學是精緻的、嚴肅的而俗文學是粗俗的、花俏的（參見鄭振鐸，1986：1～3；楊蔭深，1992：1～2；婁子匡等，1987：1～2；曾永義，1984：11～12。按：甚至還有人從俗文學中再「分出」民間文學或口傳文學。詳見譚達先，1992b；段寶林，1981；管成南，1993；陶立璠，1990；季羨林，1991；金榮華，1997）。這樣區分，固然有某些特殊的目的（如要藉俗文學來教育民眾或改造文化之類。參見邱燮友等編著，1993b：463～464；周慶華，1994：114～117；李世偉，1996：217～223），但它卻忽略了俗文學和雅文學原有著辯證的關係，甚至彼此根本沒有明顯的界線（參見鄭明娳，1993；林燿德等編，1992），「就文學性質和功用而言，則往往不易判定作品本身何者爲雅，何者爲俗，因爲情形是錯綜複雜的。一些作品是雅中有俗，俗中有雅，俗到極處也許又歸於雅。一些寫作認真的通俗文學作家，並非就沒有自己的美學追求，凡是真正爲大眾閱讀所檢驗被證明能夠流傳於世的通俗文學中，都含有高雅的成分；一些自命爲高雅的作家，把自己封閉在『象牙塔』和『玻璃罩』中，但也恐怕難以做到使自己的作品不帶一點人間煙火味。有的難以通俗筆法『極模人情世態之歧，備寫悲歡離合之致』，但又『曲終奏雅，歸於厚俗』。還有形式的雅，完全可以包含內容的俗，而內容的俗，也可以出以形式的雅。前文所引魯迅譯的〈雎鳩〉的大白話（窈窕淑女，君子好逑……／漂亮的好小姐呀，是公子哥的好一對呀……），俗是無疑的，但它和詩的原意是貼切的，即是說它的內容就是那樣的『俗』。還有

王實甫《西廂記》裏的詩句『軟玉溫香抱滿懷，春至人間花
弄色，露滴牡丹開』，其實描寫的是男女性交的情形……內
容不僅『俗』，而且『黃』，但它是用音樂性很和諧的詩的
語言寫出來的，就顯得很雅、很美了」（龍協濤，1993：
254）。因此，將雅俗對舉，即使可以勉強給予暫時的界
定，也看不出有什麼特別的意義。這裏自然也不隨「俗」再
作類似的區分了。

　　再來歷代僧人有不少詩、銘、歌、賦的作品（尤其是
詩），它究竟是要歸入文學佛教化的範疇，還是歸入佛教文
學化的範疇？這點連僧人和論者自己，也常「理」不清楚：
所謂「我詩也是詩，有人喚作偈。詩偈總一般，讀時須仔
細」（拾得詩，《全唐詩》卷807）、「佛教與文學就其各自
的領域而言，兩者是應該區別開來的。佛教是諦觀諸法實相
的學說，而文學是用作品來表現人類的價值體驗的。但是在
更高層次上來審視兩者，就文學家的藝術直覺而言，客觀是
自己的投影，進行詩化就是依照自身特點將自然進行特殊
化、個性化。就宗教的自悟而言，自然與自己一如。禪僧的
詩偈就是放棄主觀自我，站在主客不分的具體生命立場上，
歌詠物我一體的絕對境界的東西。究其根柢，不管是文學家
的文學作品，還是宗教家的詩偈，都是具體自身的無限展
現。禪者所說無一物中無盡藏，與文學家按照自己把客觀予
以特殊化發展的創作也有相通之處」（加地哲定，1993：
293）等，可見一斑。到頭來是不是要像底下這段議論一
樣，籠統的稱它為佛教文學呢：「佛教文學含義有二：首先

它必須是蘊涵佛理的，同時它又必須具有生動形象的藝術特
徵。也就是說，它既是佛教的，又確實是文學的。具體到詩
歌而言，詩人必須是透過形象和意境來抒發或暗示對佛理的
參悟，而不是乾巴巴地直述佛理，當然也不是抒發一般的人
生感觸或宣揚其他的社會理想。以這個標準來衡量，在近代
的著名詩人中，似乎只有八指頭陀等僧人的作品才稱得上是
真正的佛教文學，而譚嗣同和梁啓超的一些作品，與其說是
佛理詩，倒不如列入政治說教詩更爲合適」（王廣西，
1995：317）。依照本書一貫的作法，當然不會這樣「不明
不白」的矇混過去。其實這還是一個界定的問題；也就是隨
論述的需要，可以把它擺在自己所能掌握的位置，而暫且就
以它爲思議的對象。由於這些作品都是「後出」且沿用中國
傳統有的文體形式（變文例外），不妨將它等同於一般文人
的創作，而一起歸在文學佛教化項下來討論。這樣就可以避
免把它劃入佛教文學化的範疇而又發現體例不類的尷尬場
面。

第二節　韻律的新發現

　　專立這一節，不免顯得有點唐突，它跟底下幾節根本無
法「並論」；同時它最可能遭到質疑的是，任何語言結構體
都有韻律，目前找不到一種中國文體的韻律完全襲自佛教經
典，那有什麼佛教化？從這個角度來看，這一節當然是多餘
的。但如果從另一個角度來看，中國文體開始講究平上去入
四聲（及聲韻的區別）的搭配是緣於轉讀佛教經文的啓發，

那麼要說這是一種「間接」或「變種」的佛教化現象，也未嘗不可。只是它終究跟把佛教義理納入表現範圍的那種佛教化現象不在同一層次而已。這裏爲了顧及一個「淵源」問題，還是把它列出來並略作討論。

在文學表現上，大家懂得利用平上去入四聲交錯而造成抑揚頓挫的音樂效果，論者幾乎一致肯定是受到轉讀的影響（見林尹，1982：52～55；羅常培，1982：54～57；董同龢，1981：111～112；竺家寧，1987：107～108；郭紹虞，1985：550～551；曹道衡，1986：70～72），「所以適定爲四聲，而不爲其他數之聲者，以除去本易分別，自爲一類之入聲，復分別其餘之聲爲平、上、去三聲。綜合通計之，適爲四聲也。但其所以分別其餘之聲爲三者，實依據及模擬中國當日轉讀佛經之三聲。而中國當日轉讀佛經之三聲又出於印度古時〈聲明論〉之三聲也。據天竺圍陀之〈聲明論〉，其所謂聲（svara）者，適與中國四聲之所謂聲者相類似。即指聲之高低言，英語所謂 pitch accent 者是也。圍陀〈聲明論〉依其聲之高低，分別爲三：一曰 udatta，二曰 svarita，三曰 anudatta。佛教輸入中國，其教徒轉讀經典時，此三聲之分別當亦隨之輸入。至當日佛教徒轉讀其經典所分別之三聲，是否即與中國之平、上、去三聲切合，今日固難詳知，然二者俱依聲之高下分爲三階，則相同無疑也。中國語之入聲皆附有 k、p、t 等輔音之綴尾，可視爲一特殊種類，而最易與其他之聲分別。平、上、去則其聲響高低距離之間，雖有分別，但應分別之爲若干數之聲，殊不易定。故中國文士

依據及模擬當日轉讀佛經之聲，分別定爲平、上、去之三聲。合入聲共計之，適成四聲。於是創爲四聲之說，並撰作聲譜，借轉讀佛經之聲調，應用於中國之美化文。此四聲之說所由成立，及其所以適爲四聲，而不爲其他數之故也」（張世祿，1978：147～148 引陳寅恪說）。而這在早期，是由沈約、謝朓、王融、周顒等一班文士極力實踐並倡導的：「（齊永明）時，盛爲文章。吳興沈約、陳郡謝朓、琅邪王融，以氣類相推轂。汝南周顒，善識聲韻。約等文皆用宮商，將平上去入四聲，以此制韻，有平頭、上尾、蜂腰、鶴膝。五字之中，音韻悉異；兩句之內，角徵不同，不可增減。世呼爲永明體」（《南史·陸厥傳》）、「永明中，沈約文辭精拔，盛解音律，遂撰《四聲譜》。時王融、劉繪、范雲之徒，慕而扇之。由是遠近文學，轉相祖述，而聲韻之道大行」（封演《封氏聞見記》）。沈約等人，也頗以發現四聲的妙處而自豪：「夫五色相宣，八音協暢，由乎玄黃律呂，各適物宜，欲使宮羽相變，低昂舛節。若前有浮聲，則後須切響。一簡之內，音韻盡殊；兩句之中，輕重悉異。妙達此旨，始可言文……自靈均以來，多歷年代，雖文體稍精，而此祕未睹」（《宋書·謝靈運傳論》）、「約撰《四聲譜》，以爲在昔詞人累千載而不悟，而獨得胸衿，窮其妙旨，自謂入神之作」（《梁書·沈約傳》）、「性別宮商、識清濁，斯自然也。觀古今文人，多不全了此處；縱有會此者，不必從根本中來」（《宋書·范曄傳》）。

雖然四聲到沈約等人才發現，但有關聲韻所引起的美

感，從魏晉以來已經大有人在重視：「始有魏陳思王曹植，深愛聲律，屬意經音，既通般遮之瑞響，又感漁山之神製，於是刪治瑞應本起，以爲學者之宗。傳聲則三千有餘，在契則四十有二」（《高僧傳》卷 13，《大正藏》卷 50：415上）、「曁音聲之迭代，若五色之相宣。雖逝止之無常，固崎錡而難便。苟達變而識次，猶開流以納泉。如失機而後會，恒操末以續顛」（陸機〈文賦〉，《增補六臣注文選》卷 17）、「是以聲畫妍蚩，寄在吟詠。吟詠滋味，流於字句。字句氣力，窮於和韻。異音相從謂之和，同聲相應謂之韻」（劉勰《文心雕龍‧聲律》），這跟四聲都受到轉讀的啓發且合而構成了中國文體特有的韻律結構。前者曾發展出所謂平頭、上尾、蜂腰、鶴膝、大韻、小韻、旁紐、正紐等八病的避忌（詳見郭紹虞，1982a：141～152）；後者也造成所謂文辭上的「輕重律」：「平聲之字，較之上、去、入三種仄聲之字，有下列兩種特色：（甲）在『量』的方面，平聲則長於仄聲。即徐大椿《樂府傳聲》所謂『四聲之中，平聲最長』是也。（乙）在『質』的方面，平聲則强於仄聲（按平聲之字，其發音之初，旣極宏壯；而繼續延長之際，又能始終保持其固有『强度』）。因此，余遂將中國平聲之字，比之於近代西洋語言之『重音』（accent），以及古代希臘文字之『長音』而提出：平仄二聲，爲造成中國詩詞曲的『輕重律』（mekaik）之說……本來中國語言，因其兼有四聲：忽升忽降，忽平忽止之故，其自身業已形成一種歌調。再加以平聲之字，既長且重，參雜其間，於是更造成一種輕重緩急

之節奏。故中國語言自身，實具有音樂上各種原素」（張世祿，1978：159引王光祈說）。

不論沈約等人實踐自己的論說到什麼程度（一般都認為提倡四聲八病最邁力的沈約，其實眼高手低，「成就」有限。見張世祿，1978：158～159；朱光潛，1981：253～254；王忠林等，1978：350），也不論沈約等人的論說曾遭遇那些反響（鍾嶸《詩品・序》說：「昔曹、劉殆文章之聖，陸、謝為體二之才，銳精研思，千百年中而不聞宮商之辨、四聲之論……王元長創其首；謝朓、沈約揚其波。三賢或貴公子孫，幼有文辯，於是士流景慕，務為精密，襞積細微，專相陵架。故使文多拘忌，傷其真美。余謂文製本須諷讀，不可蹇礙，但令清濁通利，口吻調利，斯為足矣。至平上去入，則余病未能；蜂腰鶴膝，閭里已具。」《梁書・庾肩吾傳》說：「齊永明中，文士王融、謝朓、沈約文章，始用四聲，以為新變。至是轉拘聲韻，彌尚麗靡，復踰於往時。」這兩段批評文字，可視為反響的代表），都不可否認四聲八病說的提出所帶來的莫大效應，終於促成講究格律的近體詩（絕句和律體）的出現，為中國文學的發展添上璀璨的一頁。「魏建安後，迄江左，詩律屢變，至沈約、庾信以音韻相婉附，屬對精密。及宋之問、沈佺期又加靡麗，回忌聲病，約句準篇，如錦繡成文。學者宗之，號曰沈、宋」（《新唐書・宋之問傳》）、「五言至沈、宋，始可稱律。律為音律法律，天下無嚴於是者。知虛實平仄不得任情，而法度明矣。二君正是敵手」（王世貞《藝苑卮言》卷4）、「五言律體兆自梁、陳，唐初四子靡縟相矜，時或拗

澀,未堪正始。神龍以還,卓然成調,沈、宋、蘇、李合軌
於前,王、孟、高、岑並馳於後。新製迭出,古體攸分。實
詞章改革之大機,氣運推遷之一會也」(王應麟《詩藪內
編・近體上》),這些評論普遍被認為相當公允可信(見劉
大杰,1979:413;郭紹虞,1982a:157;王忠林等,1978:
470~472)。

　　由於這一韻律的新發現,使得中國文學開始展衍出一種
注重聲情美的特殊風貌。根據學者的研究,「講究詩句中四
聲的參互配置,前人還有二種考究的地方,一種是指每句中
儘量求四聲具備,一種是指律詩出句的末一字必須上去入輪
用。前者如杜審言的〈和晉陵陸丞早春遊望詩〉,其中『獨
有宦遊人』句,『獨有宦』是『入上去』遞用的;『雲霞出
海曙』句,『出海曙』是『入上去』遞用的;『淑氣催黃
鳥』句,『淑氣鳥』是『入上去』遞用的;『忽聞歌古調』
句,『忽古調』是『入上去』遞用的,沒有聯用二個上聲或
去聲,所以聲調很美。後者如杜甫〈詠懷古跡〉五首之二,
『搖落深知宋玉悲』『悵望千秋一灑淚』『江山故宅空文
藻』『最是楚宮俱泯滅』。末字『悲、淚、藻、滅』正是輪
用了平去上入四聲,這種有意的安排,當然是在求音調的抑
揚動聽」(黃永武,1987a:184~185)、「今讀宋詞辨上、
去之句,如〈夜遊宮〉曰:『橋上酸風私眸子。』『不戀寒
衾再三起。』〈秋蘂香〉曰:『午妝粉指印窗眼。』『寶釵
落枕夢春遠。』〈滿庭芳〉曰:『人靜烏鳶自樂。』『憔悴
江南倦客。』凡此四聲別異處,雖不知當時合樂音調如何,

今但施之脣吻，亦自別有聲情」（張夢機，1997：44引夏承
燾說）。其實不只詩詞，別的韻文、甚至駢文也多有類似的
情況（參見陳鐘凡，1984；孟瑤，1979；劉麟生，1980），在
在顯示中國文學從此特能講求節奏的和諧美。

　　這種節奏的和諧美，論者大都認為能讓人得到精神的愉
悅和滿足：「節奏的美……在一定的字數距離，一定的時間
節拍中，重複某一個熟悉的聲音，這聲音如果與人的心理上
預期的節拍相合，與形成生理上的慣性節奏相符，便成為一
種和諧……若再注意雙聲疊韻、拗救黏對、五音清濁、四聲
調配、句型長短、韻腳疏密、曲調反覆等等，整個節奏便抑
揚起伏，挑動心弦，引起人們的動情與美感」（黃永武，
1987b：138）、「節奏能給人以快感，能滿足人們生理上和
心理上的要求，每當一次新的回環重複的時候，便給人以似
曾相識的感覺，好像見到老朋友一樣，使人感到親切、愉
快。頤和園的長廊，每隔一段就有座亭子，即可供人休息，
又可使人駐足其中細細觀賞周圍的湖光山色。而在走一段停
一停，走一段停一停這種交替重複中，也會感到節奏所帶來
的快感與美感。一種新的節奏被人熟悉之後，又會產生預期
的心理，預期得中也會感到滿足。節奏還可以使個體得到統
一、差別達到協調、散漫趨向集中……可見，僅僅是節奏本
身就具有一種魅力」（袁行霈，1989：114）。然而，這種
說法不無忽略了它在更深一層次可能有的精神療治功能。這
不妨從中土佛教的轉讀和唱導說起。

　　所謂轉讀，類似一般所說的唱讀，就是以一種或某些種

具有表現力的音調和節奏來朗誦經文（參見王海林，1992：339），往往能引起不可言喻的特殊效果：「釋智宗……博學多聞，尤長轉讀，聲至清而爽快。若乃八關長夕，中宵之後，四眾低昂，睡蛇交至，宗則升座一轉，梵響干雲，莫不開神暢體，豁然醒悟」（《高僧傳》卷13，《大正藏》卷50：414上）、「夫音樂感動，自古而然。是以玄師梵唱，赤鷹愛而不移。比丘流響，青鳥悅而忘羶。曇憑動韻，猶令象馬踶跼。僧辯折調，尚使鴻鶴停飛。量人雖復深淺，籌感抑亦次焉。故擊石拊石，則百獸率舞；簫韶九成，則鳳凰來儀。鳥獸且猶致感，況乃人神者哉」（《高僧傳》卷13，《大正藏》卷50：415上、中）。所謂「豁然醒悟」、「感動」等等，都已超越愉悅和滿足的層次，而進入一種神秘經驗的領域。這種神秘經驗的細微處，大概只有個別性，別人無從意會。而跟轉讀同類的還有梵唄。轉讀主要用於誦經（詠經），而梵唄主要用於贊頌。「然東國之歌也，則結韻以成詠；西方之贊也，則作偈以和聲。雖復歌贊為殊，而並以協諧鍾律，符靡宮商，方乃奧妙。故奏歌於金石，則謂之以為樂；贊法於管絃，則稱之以為唄。夫聖人製樂，其德四焉：感天地，通神明，安萬民，成性類。如聽唄，亦其利有五：身體不疲，不忘所憶，心不懈倦，音聲不壞，諸天歡喜。是以般遮絃歌於石室，請開甘露之初門。淨居舞頌於雙林，奉報一化之恩德。其間隨時贊詠，亦在處成音。至如億耳細聲於宵夜，提婆颺響於梵宮，或令無相之旨，奏於箆笛之上；或使本行之音，宣於竽瑟之下。並皆抑揚通感，佛所

稱贊。故咸池、韶武，無以匹其工；激楚、梁塵，無以較其妙」（《高僧傳》卷 13，《大正藏》卷 50：414 下～415 上），梵唄的功能，大致上也跟轉讀的功能一樣（差別只在運用的方法）。

　　所謂唱導，是佛教徒以講唱形式宣傳佛法的方法（參見劉崇稜，1982：346～347）。《高僧傳》曾提及它的源起：「唱導者，蓋以宣唱法理，開導眾心也。昔佛法初傳，於時齊集，止宣唱佛名，依文致禮。至中宵疲極，事資啟悟，乃別請宿德，升座說法，或雜序因緣，或傍引譬喻。其後廬山釋慧遠，道業貞華，風才秀發，每至齋集，輒自升高座，躬爲導首，廣明三世因果，卻辯一齋大意。後代傳受，遂成永則」（《高僧傳》卷 13，《大正藏》卷 50：417 下）。唱導要發揮功效，據說要具備不少的條件：「夫唱導所貴，其事四焉：謂聲、辯、才、博。非聲，則無以警眾；非辯，則無以適時；非才，則言無可採；非博，則語無依據。至若響韻鍾鼓，則四眾驚心，聲之爲用也。辭吐俊發，適會無差，辯之爲用也。綺製彫華，文藻橫逸，才之爲用也。商榷經論，採撮書史，博之爲用也。若能善茲四事，而適以人時，如爲出家五眾，則須切語無常，苦陳懺悔；若爲君王長者，則須兼引俗典，綺綜成辭；若爲悠悠凡庶，則須指事造形，直談聞見；若爲山民野處，則須近局言辭，陳斥罪目。凡此變態，與事而興，可謂知時眾，又能善說。雖然，故以懇切感人，傾誠動物，此其上也」（《高僧傳》卷 13，《大正藏》卷 50：417 下）。如果唱導得當，經常會引發極大的回響：

「至如八關初夕，旋繞周行，煙蓋停氛，燈帷靖耀，四眾專心，叉指緘默，爾時導師，則擎爐慷慨，含吐抑揚，辯出不窮，言應無盡。談無常，則令心形戰慄；語地獄，則使怖淚交零；徵昔因，則如見往業，覈當果，則已示來報；談怡樂，則情抱暢悅；敘哀感，則灑泣含酸。於是闔眾傾心，舉堂惻愴，五體輸席，碎首陳哀，各各彈指，人人唱佛」（《高僧傳》卷 13，《大正藏》卷 50：418 上）。可見唱導比轉讀或梵唄更爲複雜且容易使人動容。不過，從唱導又講又唱兼有轉讀和梵唄的特色來看，依然是要靠聲情爲助，才能讓聽眾趨入那個神秘境界，從而獲得他所期待的精神療效。

接觸佛教的人，多半精神上有所匱乏，而藉著聽念佛號法意，情緒可以得到抒解，靈性可以重新洋溢。那麼喜歡聽人吟唱詩詞或自己朗誦文章的人，是不是也有同樣的因緣而結果也不差？有人認爲讀書獲益的關鍵在朗誦：「大抵學古文者，必要放聲疾讀，只久之自悟；若但能默看，即終身作外行也」、「如四書、《詩》、《書》、《易經》、《左傳》、《昭明文選》，李、杜、韓、蘇之詩，韓、歐、曾、王之文，非高聲朗誦則不能得其雄偉之概，非密詠恬吟則不能探其深遠之趣。二者並進，使古人之聲調拂拂然若與我之喉舌相習，則下筆時必有句調湊赴腕下，自覺琅琅可誦矣」（朱自清，1982：152 引姚鼐、曾國藩說），但朗誦所以必要，未必只是容易下筆作文而已，它當還有精神上的作用。彭龜年有首〈讀書吟示子鉉詩〉說：「吾聞讀書人，惜氣勝惜金。纍纍如貫珠，其聲和且平。忽然低復昂，似絕反可

聽。有時靜以默，想見紬繹深。心潛與理會，不覺詠嘆淫。昨夕汝讀書，厲聲醒四鄰。方其氣盛時，聲能亂狂霖。倏忽氣已竭，口亦遂絕吟。體疲神自昏，思慮那得清。安能更雋永，溫故而知新。永歌詩有味，三復意轉精。勉汝諷誦餘，且學思深湛」（范文瀾，1981：〈聲律〉注 18 引），所謂「永歌詩有味，三復意轉精」，約略就是這種情況。如果從聽方來說，也當有相同的期待，這正如《禮記‧樂記》所說的「君子之聽音，非聽其鏗鏘而已也，彼亦有所合之也」。因此，上述問題的答案，基本上是肯定的。根據這一點，中國文學會從佛教經典的轉讀（梵唄）學得講究韻律，還真有點內在理路的相通（只是顯現在一般文學上的韻律，所能引發精神療效的層面可能更難捉摸——畢竟文體種類太多而親近文學的人背景也較爲複雜）。

第三節　小說戲曲的佛理化

　　中國傳統的小說和戲曲都是敘事性文體，彼此同樣具有一定的故事情節，差別只在小說中只有一般性的敘述語和轉述語（偶而雜有作者嵌入的詩詞或議論）而戲曲在敘述語中有大量的唱詞（演出時合唱腔、表情、動作和伴奏等爲一體）。不妨稱前者爲「書面文本」而後者爲「演出文本」（二者的區分，參見周慶華，1994：220），彼此有題材的相互襲用或局部形式的相互交涉的可能性。這兩種文體在發展的過程中，相當程度的吸收了佛教的成分，而有佛教化的事實存在。由於有不少「重要」的小說、戲曲都以符應佛理或表現

佛理爲旨趣，充分顯示小說、戲曲佛理化的趨向，所以本節
就以這一點定題，略爲標明論述的重點所在。

　　首先是小說部分。早期所見有關小說的見解，大致像
「若其小說家，合叢殘小語，近取譬論，以作短書，治身治
家，有可觀之辭」（桓譚《新論》，《增補六臣注文選》卷31
引）、「小說家者流，蓋出於稗官，街談巷語，道聽塗說者
之所造也。孔子曰：『雖小道，必有可觀者焉，致遠恐泥，
是以君子弗爲也。』然亦弗滅也」（《漢書・藝文志》）一
類，以爲小說是講些故事或笑話以娛樂聽眾（小有不重要的
意思，說字含有悅義）；古代不稱小語、小言、小記，而稱
小說，大概就是這個道理（參見胡懷琛，1975：9）。到了晚
期，可能是文學觀念的改變或小說作品的精銳盡出及西方小
說大量東傳而開始有一反小說是小道的看法。所謂「若夫小
說，則妝點雕飾，遂成奇觀；嘻笑怒罵，無非至文。使人注
目視之，頃耳聽之，而不覺其津津甚有味，孳孳然而不厭
也。則其感人也必易，而其入人也必深矣。誰謂小說爲小道
哉」（蠡勺居士〈昕夕閒談小序〉，孫遜等編，1991：18）、
「從來小說家言，要皆文人學士心有所觸，意有所指，藉端
發揮，以寫其磊落光明之慨。其事不奇，其人不奇，其遇不
奇，不足以傳；即事奇、人奇、遇奇矣，而無幽雋典麗之筆
以敘其事，則與盲人所唱七字經無異，又何能供賞鑑？是小
說雖小道，其旨趣義蘊原可羽翼賢卷聖經，用筆行文要當合
諸腐遷盲左，何可以小說目之哉（何昌森〈水石緣序〉，同
上，16）、「吾昔見東西各國之論文學家者，必以小說家居

第一，吾駭焉。吾昔見日人有著《世界百傑傳》者，以施耐庵與釋迦、孔子、華盛頓、拿破崙並列，吾駭焉。吾昔見日本諸學校之文學科，有所謂《水滸傳》講義、《西廂記》講義者，吾駭焉。繼而思之，何駭之有？小說者，實文學之最上乘也。世界而無文學則已耳，國民而無文學思想則已耳，苟其有之，則小說家之位置，顧可等閒視哉」（楚卿〈論文學上小說之位置〉，同上，28）等等，很明顯已經在賦予小說新義。但這裏並無意去仲裁什麼，只想指出除了小說的意涵（兼及評價）不確定，還有小說所指涉的品類也不確定。如胡應麟《少室山房筆叢》卷 28 所指小說有六類：志怪（如《搜神記》、《述異記》等）、傳奇（如〈崔鶯鶯傳〉、〈霍小玉傳〉等）、雜錄（如《世說新語》、《唐語林》等）、叢談（如《容齋隨筆》、《夢溪筆談》等）、辯訂（如《雞肋集》、《資暇集》等）、箴規（如《顏氏家訓》、《省心雜言》等）；永瑢等《四庫全書總目提要・子部・小說類》所指小說有三類：敘述雜事（如《西京雜記》、《世說新語》等）、記錄異聞（如《山海經》、《穆天子傳》等）、綴緝瑣語（如《博物志》、《神異經》等）；現當代所見文學史或小說史著作所指小說更包含上古神話、六朝志怪、隋唐傳奇、宋元話本（平話）、明清章回小說等等（見譚正璧，1982；胡雲翼，1982；馮沅君，1982；林文庚，1976；劉大杰，1979；李寶位，1972；王忠林等，1978；魯迅，1981；范煙橋，1983；孟瑤，1977）。

　　在這種情況下，小說要繼續成為一個論述的對象，勢必

得重新再作界定。但這個界定也僅僅方便於論述，無法供人
進行普遍的驗證。以這點作為前提，姑且把小說視為戲曲以
外的敘事性文體〔如有人要把史傳納入——史傳也是敘事性文
體——這裏也無從反對，因為如果從寫實／虛構的角度來看，史
傳的虛構成分並不遜於小說。參見莫洛亞（A. Maurois），
1986；張漢良，1992；盛寧，1995〕，它包括著一般文學史
或小說史著作所指稱的那些小說作品。而這從六朝以來，就
有相當多且受後人重視的作品，著染上佛教的色彩。

　　純粹就歷史經驗來說（不一定有助於我們在此刻思考文學
佛教化的問題），傳統小說所著染的佛教色彩，主要顯現在
題材蘊意和形式技巧兩方面。如志怪小說部分，晉干寶的
《搜神記》是保存比較完整的一部志怪小說集，作者表示寫
作的目的是「發明神道之不誣」（《搜神記·序》），當中
就雜有佛教的東西（如幽與明的世界、亡靈與神變的故事之
類）。同時代還有謝敷的《觀世音應驗記》，記敘觀世音菩
薩靈驗的故事。內部每一篇的篇幅和寫法，跟《搜神記》大
體相同。根據學者的研究，「此後在六朝時期，記敘佛教靈
驗、業報的故事集被陸續創作出來，目前見於著錄的，共有
二十家左右。這成為六朝志怪小說的一個重要組成部分……
除了這種專題故事集之外，還有一些廣泛記敘佛教感應、報
應、靈驗故事的專集，如宋劉義慶《宣驗記》、齊王琰《冥
祥記》、北齊顏之推《冤魂志》等。這類作品的佚存文字見
魯迅先生輯錄的《古小說鉤沈》。它們的作者也都是佛教信
徒。劉義慶佞佛是很有名的。王琰在《冥祥記·序》中，自

述幼年時在交阯從高僧賢法師受五戒，得到觀世音菩薩金像一座，虔心供奉，後來金像曾兩次顯靈，因而有感深懷，『沿此徵覿，綴成此記』。顏之推兼通儒釋，是六朝士大夫調和二教的典型人物，其所著《顏氏家訓》有〈歸心〉篇，說『三世之世，信而有徵……內外兩教，本爲一體』，在這樣的觀念的指導之下，他引經史以徵報應，寫出了《冤魂志》。在這些書裏，感應故事，例如觀音救苦救難的傳說，仍是一個重要內容，但題材卻更廣泛了。有些故事直接取自佛書。如《宣驗記》中的鸚鵡『入水沾羽，飛而洒之』精勤救火的寓言，本來是佛本生故事，見漢譯《雜譬喻經》和《雜寶藏經》等佛典；《冥祥記》中的〈漢明帝夢見神人〉、〈朱仕行西行求法〉等故事，是從佛教史傳說演化來的；更多的故事則是宣揚佛教報應和靈異的。這些作品所述仍多是傳聞，且各書記錄多有重複。如趙泰魂遊地獄的故事，即見於《冥祥記》，又見於劉義慶《幽明錄》。這乃是口頭傳說的特色。而在寫法上，已有較複雜的情節和較細緻的描寫，較《搜神記》的簡單陳述有所變化……六朝的另一些志怪集，如題署爲陶潛撰的《續搜神記》等，也有一些佛教故事」（孫昌武，1995：261～264）。可見志怪小說攝取於佛教的，偏重在題材蘊意，以敘寫地獄、神變、靈異等故事爲主，蘊涵輪迴、報應、感通、神示等題旨。

　　上述這類佛教故事集，到唐代仍有人創作，現存的如唐臨的《冥報記》、道宣的《集神州三寶感通錄》及存佚的如郎余令的《冥報拾遺》等都是。只是「當時唐傳奇已開始流

行，小説這種藝術形式在進化，這些故事集已很少有文學的
價值」（同上，264）。所謂「形式在進化」，以考察得到
的，大略是在吸取佛教經典中使用的長行和偈頌二種形式方
面，「傳奇小説中，散文中夾雜詩歌（韻文），這種韻散合
體方式蓋即由佛經體裁一脈相承而來的。至其韻文中又常夾
雜議論而多寓懲勸，成爲獨特之體裁，即由佛教用以宣揚教
義的變文蜕變而來，頗帶有濃厚的説教精神」（中國古典文
學研究會主編，1994：28）；同時文筆也比較委婉曲折，而
詞采也漸形華麗，志怪小説自然就顯得遜色了。除了局部的
形式技巧有所取則於佛教（特指韻散合體部分——底下所論話
本、章回小説相同）。較爲可觀的還是題材蘊意上多有佛教
的影子。如沈既濟的〈枕中記〉中記載盧生説「夫寵辱之
道，窮達之運，得喪之理，死生之情，盡知之矣。此先生所
以窒吾欲也，敢不受教」（汪辟疆編，1981：38～39），這
種「窒欲」觀念正來自佛教；而呂翁授枕盧生因以入夢的情
節，可能跟《雜寶藏經》卷2的〈娑羅那比丘爲惡生王所苦
惱緣〉一則中尊者迦旃延爲娑羅那現夢的情節（《大正藏》
卷4：459中、下）有所關聯（前引《搜神記》中有焦湖廟巫以
玉枕使楊林入夢故事，當也一樣）。李公佐的〈南柯太守傳〉
中記載淳于棼「感南柯之浮虚，悟人世之倏忽，遂棲心道
門，絕棄酒色」（汪辟疆編，1981：90），這裏的「道
門」，就是佛門。依照學者的説法，〈南柯太守傳〉「它敘
述淳于棼在酒醉之際，被邀到大槐安國，經歷了種種世態，
誠然與〈枕中記〉相類；可是夢醒之後，命僕人尋穴究源，

得到螞蟻的巢穴，仍一一可與夢中的經歷印證，便知道這故
事不屬於幻夢，而應該屬於魂遊一類。」「魂遊的故事在中
國，最早見於《續搜神記》，無疑的也是來自印度，因爲當
時正是佛經輸入中國很盛的時期，而《搜神記》與《後搜神
記》都同佛經有著相當的關係。到了唐代，這類故事更多起
了」（中國古典文學研究會主編，1994：33 引霍世休說）。蔣
防的〈霍小玉傳〉寫歌妓霍小玉和文人李益的戀情，李益負
心，霍小玉憤死而對他施加報復（汪辟疆編，1981：77～
82）。當中情節雜以變怪（就是霍小玉死變爲厲鬼而讓李益和
新歡終日不安），並流露出因果報應的思想。到了中晚唐，
所出現的傳奇專集（如牛僧孺的《玄怪錄》、李復言的《續玄
怪錄》、張讀的《宣室志》、皇甫枚的《三水小牘》等），更
多篇在敘寫神佛靈異和業報因緣的故事，這裏就不一一煩爲
舉出了。

　　接著有宋元的話本及宋元後的擬話本。話本是說話（近
人稱說書）的底本，後來發展出書面文本，也稱爲平話（詳
見胡士瑩，1983；馬幼垣，1987）。「在宋元話本和擬話本
中，佛教的宗教意識表現得很普遍。《清平山堂話本》、馮
夢龍的《三言》、凌濛初的《二拍》，直到後來的《石點
頭》、《西湖二集》、《醉醒石》裏，不少作品張揚鬼魂、
冥界，宣傳業報、宿命，用佛教的輪迴報應構成超現實的情
節，往往成爲解決作品中的矛盾的關鍵……在話本與擬話本
中，佛教思想影響的表現各種各樣。有些作品是直接取材於
佛教故事或直接宣傳佛教思想的。按《都城紀勝》等書記

載，宋人說話家數中有『說經』一家：『說經，謂演說佛書；說參請，謂賓主參禪悟道等事。』『說經』應是從唐人俗講發展而來。現存《大唐三藏取經詩話》大概就是說經的底本；『說參請』現在未見具體資料，按張正烺先生的說法：『按「參請」，禪林之語，即參堂請話之謂。說參請者乃講此類故事以娛聽眾之耳。參禪之道有類遊戲，機鋒四出，應變無窮，有舌弁犀利之詞，有愚騃可笑之事，與宋代雜劇中之打諢頗相似。說話人故借用爲題目，加以渲染，以作餬口之道。』此說如果可信，那麼『說參請』就是以禪林故事爲題材的遊戲文章，《清平山堂話本》中的〈五戒禪師私紅蓮記〉那樣的作品即是。這篇作品寫犯了色戒的五戒禪師（後托生爲蘇軾）和爲救他免除佛罰的明悟禪師（後托生爲佛印）的故事。主題是表現友情，但以佛教輪迴、濟度觀念來貫穿。後來發展爲《古今小說》的〈明悟禪師趕五戒〉、《醒世恒言》中的〈佛印師四調琴娘〉、《古今小說》中的〈明月和尚度柳翠〉等也是同一類作品」；另外還有許多寫業報故事的，「如《清平山堂話本》中的〈菩薩蠻〉。擬話本中這類作品更多，有些只看題目就可以知道內容。如〈遊酆都胡毋迪吟詩〉、〈梁武帝累修成佛〉（以上《古今小說》）、〈大姐魂遊完宿願，小妹病起續前緣〉（《二刻拍案驚奇》）等。這實際等於變相的宗教宣傳品」（孫昌武，1995：266～267）。在話本和擬話本中，還常出現以佛理爲依據的警世文（詩）句。如話本《京本通俗小說》中的〈菩薩蠻〉有「從來天道豈癡聾，好醜難逃久照

中。說好勸人歸善道，算來修德積陰功」（黎烈文標點，
1986：27）及〈錯斬崔寧〉有「善惡無分總喪軀，只因戲語
釀災危。勸君出語須誠實，口舌從來是禍基」（同上，
94），擬話本《警世通言》中的〈玉堂春落難逢夫〉有「酒
不醉人人自醉，色不迷人人自迷」（徐文助校訂，1983：
248）及〈白娘子永鎮雷峰塔〉有「祖師度我出紅塵，鐵樹
開花始見春。化化輪迴重化化，生生轉變再生生。欲知有色
還無色，須識無形卻有形。色即是空空即色，空空色色要分
明」（同上，329），《醒世恒言》中的〈施潤澤灘闕遇
友〉有「多少惡念轉善，多少善念轉惡。勸君諸善奉行，但
是諸惡莫作」（廖吉郎校訂，1989：329）及〈獨孤生歸途鬧
夢〉有「夢中光景醒時因，醒若真時夢亦真。莫怪癡人頻作
夢，怪他說夢亦癡人」（同上，504）。以上這些，充分顯
示話本小說在題材蘊意方面佛教化的「延續性」，並未讓志
怪小說、傳奇小說「專擅」於前。

　　最後出現的是明清的章回小說。小說發展到章回，篇幅
遽然增長許多，在形式上也可說走到了極地（以後就是模仿
西方小說形式的現代小說的天下）。不論這是不是像學者所說
的是一種進步（見蔣祖怡，1987：110；孫昌武，1995：269；
陳敬之，1980：69），它所顯現的故事情節的錯綜複雜、敘
述技巧的多樣化等等，已經引發學者們的興趣，嘗試藉它來
建構一套小說美學（詳見葉朗，1987；周中明，1994；周啓志
等，1992；康來新，1986），毋寧也是一件值得重視的事。
以它跟佛教的關聯性來說，佛教的「因緣、宿命以及神鬼靈

異往往滲入到情節之中，以至成了推動小說情節發展、解決
矛盾的動因」（孫昌武，1995：269）。如《三國演義》，除
了故事發展中劉蜀的失敗、諸葛亮的齎志以歿等帶有濃厚的
宿命色彩，整部小說也在符應一個色空的觀念，而它正由開
卷一闋〈臨江仙〉所點出：「滾滾長江東浙水，浪花淘盡英
雄。是非成敗轉頭空，青山依舊在，幾度夕陽紅。 白髮漁
樵江渚上，慣看秋月春風。一壺濁酒喜相逢，古今多少事，
都付笑談中」（饒彬校訂，1997：1）。《西遊記》在護法、
取經的情節中，雖然佛、道思想雜錯，但也宣揚了佛的威
力，有相當程度明佛的用意；其中第 13 回所說「心生種種
魔生，心滅種種魔滅」（繆天華校訂，1992：107），更是全
書重心所在。《水滸傳》開頭寫洪太尉誤走妖魔，後來又寫
盧俊義驚夢，「雖然小說情節的實際發展與這種預示和夢驗
沒有根本關係，但也給作品加上了宿命的因素」（孫昌武，
1995：270）。《金瓶梅》不但細寫吃齋、禮佛、宣卷、齋
僧等活動，還有〈西門慶書房賞雪，李瓶兒夢訴幽情〉之類
鬼魂出現的情節；而西門慶貪欲而死，吳月娘好善得壽，業
報分明，全部總結在終卷詩中：「閒閱遺書思惘然，誰知天
道有循環。西門豪橫難存嗣，經濟顛狂定被殲。樓、月善良
終有壽，瓶、梅淫佚早歸泉。可怪金蓮遭惡報，遺臭千年作
話傳」（劉本棟校訂，1996：1004）。《紅樓夢》基本上就
是在搬演一個佛教式的因緣（宿命）故事（參見周慶華，
1996b：173～193）；第五回所說的「自古窮通皆有定，離
合豈無緣」（潘重規主編，1983：58）可看作全書的綱領，

而第一回所記載的好了歌「世人都曉神仙好，惟有功名忘不了！古今將相在何方，荒塚一堆草沒了。世人都曉神仙好，只有金銀忘不了！終朝只恨聚無多，及至多時眼閉了。世人都曉神仙好，只有嬌妻忘不了！君在日日說恩情，君死又隨人去了。世人都曉神仙好，只有兒孫忘不了！癡心父母古來多，孝順兒孫誰見了」（同上，11）也可看作全書的細目。

　　整體看來，小說佛理化的過程中，連帶也使得小說的題材選擇、人物創造、情節結構等等產生極大的變化（參見孫昌武，1995：273～290；釋永祥，1990：35～114），終究不是三言兩語所能講解清楚。況且這裏只是舉隅，自然不能不有所偏重。

　　其次是戲曲部分。稍早王國維曾經為戲曲作過界定：「戲曲者，謂以歌舞演故事也」（王國維《戲曲考原》），而今人也認為它是「以詩歌為本質，密切配合音樂、舞蹈，加上雜技，而以講唱文學的敘述的象徵方式，通過俳優以代言體搬演而表現出來的綜合藝術」（曾永義，1986：7），前後說法並沒有什麼差異（只是一略一詳而已）。當中王國維還考證過戲曲的源頭：「古樂府中，如〈焦仲卿妻詩〉、〈木蘭辭〉、〈長恨歌〉等，雖詠故事而不被之歌舞，非戲曲也。柘枝、菩薩蠻之隊，雖合歌舞而不演故事，亦非戲曲也。唯漢之角抵，於魚龍百戲外兼搬演古人物，張衡〈西京賦〉曰：『東海黃公，赤刀奧祝，冀厭白虎，卒不能救。』又曰：『總會仙昌，戲豹舞羆，白虎鼓瑟，蒼龍吹箎。女娥坐而長歌，聲清暢以逶蛇。洪崖立而指麾，被羽毛之襳襹，

度曲未終，雲起雪飛。』則所搬演之人物，且自歌舞。然所
演者，實仙怪之事，不得云故事也。演故事者，始於唐之大
面、撥頭、踏搖娘等戲。代面（即大面）出於北齊；北齊蘭
陵王長恭才武而面美，常著假面以對敵，嘗擊周師金墉城
下，勇冠三軍，齊人壯之，爲此舞以效其指麾擊刺之容，謂
之〈蘭陵王入陣曲〉。撥頭出西域；胡人爲猛獸所噬，其子
求獸殺之，爲此舞以象之也。踏搖娘生於隋末；隋末河內有
人貌惡而嗜酒，常自號郎中，醉歸必毆其妻，其妻美色善
歌，爲怨苦之辭，河朔演其曲而被之絃管，因寫其夫之容，
妻悲訴每搖頓其身，故號踏搖娘」（王國維《戲曲考
原》）。王氏把戲曲定位在「以歌舞演故事」，當然只能追
溯到代面、撥頭、踏搖娘等戲（不然還可以更早。參見葉長
海，1990：47～62）。這點個人沒有異議，只是要指出戲曲
也是界定式用法，無從想像它有什麼先驗性或絕對性。

　　根據上述的定義，傳統戲曲就包括六朝的歌舞劇（如代
面、撥頭、踏搖娘等）、隋唐五代的科白戲（如參軍戲、滑稽
戲等）、宋金的歌舞劇（如諸宮調、大曲等）和戲劇（如傀儡
戲、皮影戲、雜劇、院本、南戲等）、元明的雜劇和傳奇及崑
曲（按：明代稱篇幅長的戲曲爲傳奇，有別於唐代由作意好奇
而起的傳奇小說）、清的雜部／崑曲和花部／亂彈及地方戲
等等。這些戲曲，常跟小說共用本事，而它韻散合體和唱白
並用的形式，當更多淵源於佛教的唱念和講經（參見青木正
兒，1996；孟瑤，1979；盧冀野，1975；曾永義，1986；劉
輝，1992）。這裏特別從題材蘊意方面，將戲曲和佛教相關

的部分作個提示。依照學者的研究，戲曲「在受佛教思想浸染方面也與小說有相似之處。例如戲曲中有不少作品是宣揚因果報應、因緣和合、六道輪迴的觀念的；戲曲的結構也往往遵循善有善報、惡有惡報的框子；也利用轉世、神變、陰陽交通、人鬼同出等情節」（孫昌武，1995：290）。這表示戲曲吸取於佛教的也（跟小說一樣）兼有題材和義理兩方面。在取材方面，如目連戲，「目連故事早已傳入中國。支謙已譯有《目連因緣功德經》，竺法護譯了《目連上淨居天經》等，都是講目連神通的。《佑錄》著錄了《鬼問目連經》，內容是五百餓鬼問目連福德因緣；又有《盂蘭盆經》。隋法經《眾經目錄》卷3，著錄《盂蘭盆經》一卷、《灌蠟經》一卷、《報恩奉盆經》一卷，並指出三經為同本異譯。在這部經中出現了完整的目連以神通入地獄救母和其母受業報的故事……在唐代，目連故事已廣為流傳，這從變文〈大目犍連冥間救母變文〉的流行可以得到證明。而到了宋代，就出現了目連戲（《目連救母》雜劇）……而當時的《目連救母》雜劇，可以從七夕一直演到七月十五日，可見情節已相當複雜，而且很可能是連臺本戲。目前所存明鄭之珍整理的《目連救母行孝戲文》，共一百齣，據其序言說是以舊本為依據改編的。這舊本也許自宋代已在形成之中。到了清代，從民間戲曲到宮廷劇本張照的《勸善金科》，目連故事成了戲曲的重要題材。這個題材的戲曲，把佛教關於輪迴、報應、禮佛、敬僧的說教與儒家所講孝道結合起來……目連戲的複雜的結構、情節以及基於佛教觀念的離奇的構

思，對以後的戲曲發展也給予一定影響」（同上，292～294）。又如元尚仲賢的雜劇《張羽煮海》和元李好古的雜劇《沙門島張羽煮海》，「都與唐傳奇〈柳毅傳〉有關，明沈璟《紅渠記》取材於〈鄭德麟傳〉，又都間接地利用了佛典中『龍王』的記載。金院本的《唐三藏》和元雜劇中的《唐三藏西天取經》，則是描寫佛教故事的。最有趣的是李行道《包待制智賺灰闌記》中有二婦人奪子的情節，本出自《賢愚經》卷 11〈檀膩觭品〉，其中寫到一個國王斷案的故事：『見二母人共諍一兒，詣王相言。時王明黠，以智權計語二母言：「今唯一兒，二母召之，聽汝二人各挽一手，誰能得者，即是其兒。」其非母者，於兒無慈，盡力頓牽，不恐傷損；其生母者，於兒慈深，隨從愛護，不忍扯挽。王鑑真僞，語出力者：「實非汝子，強挽他兒。今於王前道汝事實。」即向王首：「我審慮妄，托名他兒。大王聰聖，幸恕虛過。」兒還其母，各爾放去。』但像這樣利用佛典現成故事作爲戲劇情節的情況，是比較少見的」（同上，294）。此外，戲曲中還有愛用人鬼、陰陽二界來結撰故事，如元關漢卿的雜劇《包待制三勘蝴蝶夢》中讓包公通行陰陽二界（見曾永義編注，1983：128～167）及《感天動地竇娥冤》中利用鬼魂作爲故事結構上的重心（同上，51～127）；明徐渭的雜劇《四聲猿》中〈狂鼓史漁陽三弄〉一齣寫陰世禰衡痛罵曹操（見陳萬鼐主編，1979：2477～2501）等等，都利用到佛教的地獄、鬼魂觀念。

在蘊意方面，佛教所講的色空、輪迴、因緣、業報、懺

罪等等道理，出現的頻率特別高。如明湯顯祖的傳奇《臨川四夢》（《紫釵記》、《還魂記》、《邯鄲記》、《南柯記》）常把人生描寫爲「空花夢境」（見毛晉編，1970）；明沈璟的傳奇「《桃符記》透過主人公劉天儀、裴青鶯的命運，表現了輪迴報應。《墜釵記》……（則）宣揚所謂『好惡因緣都在天』」（孫昌武，1995：296）；明高明的傳奇《琵琶記》寫的是愛情故事，卻隱含著善惡果報的意識（見錢南揚校注，1997）；清孔尚任的崑曲（也稱傳奇）《桃花扇》雖然備記南明興亡的始末，但也「業鏡」、「果報」不離劇中人身（見王季思等校注，1996）；清洪昇的崑曲《長生殿》讓男女主角「居忉利天宮」而永爲夫婦所顯現的「一悔能教萬孽清」情節，也不乏佛教的懺罪思想（見曾永義編注，1983：502～822）等等，可見一斑。

不論戲曲佛理化的用意如何〔學者曾提及「清代有一個余治寫《庶幾堂今樂》，收二八個劇本，在〈自序〉中說：『余不揣淺陋，擬善惡果報新戲數十種。一以王法天理爲主，而通之以俗情……於以佐聖天子維新之化，賢有司教育之功，當亦不無小補也。』這是有意識地以戲劇爲道德教化手段，而佛教意識則被用作一個重要輔助因素而受到重視」（孫昌武，1995：297），戲曲佛理化正有可能出於這樣的用意〕，也不論戲曲佛理化是故意搏成或無意中造就（上述小說比照），都可以感受到佛教思想介入戲曲寫作所給戲曲帶來多一層視域的效果。

第四節　禪詩的流行

小說、戲曲符應佛理或表現佛理，偶而要結合佛教故事來呈顯，這種現象在篇幅較短的詩中，幾乎不會發生。因為詩還是以抒發情志為主的（詩中敘事，反而成了別調──敘事詩在西方被歸入小說，參見韋勒克等，1987：364。至於有些詩被用來議論，那更可以直接視同論說文），所謂「詩者，志之所之也。在心為志，發言為詩」（〈毛詩序〉，《毛詩正義》卷1）、「詩者，持也，持人情性」（劉勰《文心雕龍・明詩》）、「詩者，吟詠情性也」（嚴羽《滄浪詩話・詩辯》）等，正是這樣認定。在這種情況下，詩要去跟以敘事見長的小說、戲曲爭鋒（競相結合佛教故事來表達佛理），毋乃是自暴其短。也許這是詩在佛教化過程中，還維持著「本色」（詩的抒情性）的主要原因。除了這一點，小說、戲曲所符應或表現的都是一般性的佛理（見前節），而詩卻跟在中國興起的禪宗搭上了線，而有專門以表達對禪理、禪趣的興味為主的禪詩。這類作品，據估計在三萬首以上（參見杜松柏，1976），儼然自成一個「王國」，使人不得不注視它。

在禪詩興起以前，也有不少佛理詩，如「雲岑竦太荒，落落英岊布。迴壑佇蘭泉，秀嶺攢嘉樹。蔚薈微遊禽，崢嶸絕蹊路。中有沖希子，端坐模太素。自強敏天行，弱志慾無欲。玉質凌風霜，淒淒厲清趣。指心契寒松，綢繆諒歲暮。會衷兩息間，綿綿進禪務。投一滅官知，攝二由神遇。承蜩

累危丸，累十亦凝注。懸想元氣地，研幾革麤慮。冥懷夷震驚，怕然肆幽度。曾笙攀六淨，空同浪七住。逝虛乘有來，永爲有待馭」（支遁〈詠禪思道人詩〉，《先秦漢魏晉南北朝詩・晉詩》卷20）、「崇岩吐清氣，幽岫棲神跡。希聲奏群籟，響出山溜滴。有客獨冥遊，逕然忘所適。揮手撫雲門，靈關安足闢。流心叩玄扃，感至理弗隔。孰是騰九霄，不奮沖天翮。妙同趣自均，一悟超三益」（釋慧遠〈廬山東林雜詩〉，《先秦漢魏晉南北朝詩・晉詩》卷20）、「四城有頓躓，三世無極已。浮歡昧眼前，沈照貫終始。壯齡緩前期，頹年迫暮齒。揮霍夢幻頃，飄忽風電起。良緣迨未謝，時逝不可俟。敬擬靈鷲山，尚想祇洹軌。絶溜飛庭前，高林映窗裏。禪室栖空觀，講宇析妙理」（謝靈運〈石壁立招提精舍詩〉，《先秦漢魏晉南北朝詩・宋詩》卷2）、「因戒倦輪飄，習障從塵染。四衢道難闢，八正扉猶掩。得理未易期，失路方知險。迷途既已復，豁悟非無漸」（沈約〈八關齋詩〉，《先秦漢魏晉南北朝詩・梁詩》卷6）等等談無欲、出世、空觀、八正道，無一不是引人直接跟佛教觀面。即使在禪詩興起以後（約略以唐代爲分界線，參見周裕鍇，1992；蕭麗華，1997），也還有類似的作品，如「一興微塵念，橫有朝露身。如是睹陰界，何方置我人。礙有固爲主，趣空寧舍賓。洗心詎懸解，悟道正迷津。因愛果生病，從貪始覺貧。色聲非彼妄，浮幻即吾眞。四達竟何遣，萬殊安可塵。胡生但高枕，寂寞與誰鄰。戰勝不謀食，理齊甘負薪。子若未始異，詎論疏與親」（王維〈與胡居士皆病寄此詩兼示學人二

首〉之一,《全唐詩》卷 126)、「結習自無始,淪溺窮苦源。流形及茲世,始悟三空門。華堂開淨域,圖像煥且繁。清泠焚眾香,微妙歌法言。稽首愧導師,超遙謝塵昏」（柳宗元〈巽公院五首〉之一,《全唐詩》卷 353)、「亦莫戀此身,亦莫厭此身。此身何足戀,萬劫煩惱根。此身何足厭,一聚虛空塵。無戀亦無厭,始是逍遙人」（白居易〈逍遙詠〉,《全唐詩》卷 434)、「夢幻吾身是偶然,勞生四十又三年。任夸西掖吟紅藥,何以東林種白蓮。入定雪龕燈焰直,講經霜殿磬聲圓。謫官不得餘杭郡,空寄僧高結社篇」（王禹偁〈寄杭州昭慶寺華嚴社主省常上人〉,《宋詩鈔‧小畜集鈔》）等等說色空、我空、無執（空空）,依然是在出示佛理。但這些作品在此刻看來（尤其經由比較同樣在表達佛理的小說、戲曲後）,總覺得「泛泛」（沒有什麼特色可談）。因此,這裏就略過這一部分,而集中討論禪詩作品。

禪和詩能夠並列而談,固然有些先驅詩論家或詩人（如司空圖、蘇軾、元好問、嚴羽等）相繼牽合（參見郭紹虞,1982a:402～404、494～506）,無形中形成一個小傳統,但最主要的是詩禪本有些相類處,可以讓人尋繹不盡。如「學詩渾似學參禪,語可安排意莫傳。會意即超聲律界,不須煉石補青天」（龔相〈學詩詩〉,魏慶之《詩人玉屑》卷 1引）、「學詩渾似學參禪,要保心傳與耳傳。秋菊春蘭寧易地,清風明月本同天」（趙蕃〈學詩詩〉,魏慶之《詩人玉屑》卷 1引）、「學詩渾似學參禪,語要驚人不在聯。但寫真情並實境,任他埋沒與流傳」（都穆〈學詩詩〉,《南濠

詩話》）等，這是說學詩和參禪的工夫沒有什麼兩樣。又如
「詩者，吟詠情性也，盛唐諸公，惟在興趣，羚羊掛角，無
跡可求。故其妙處透澈玲瓏，不可湊泊，如空中之音、相中
之色、水中之音、鏡中之象，言有盡而意無窮」（嚴羽《滄
浪詩話·詩辨》）、「徒言情可以成詩；『去去莫復道，沈
憂令人老』，是也。專寫景亦可以成詩；『池塘生春草，園
柳變鳴禽』，是也……拈形而下者，以明形而上；使寥廓無
象者，托物以起興，恍惚無朕者，著述而如見。譬之無極太
極，結而為兩儀四象；鳥語花香，而浩蕩之春寓焉；眉梢眼
角，而芳悱之情傳焉。舉萬殊之一殊，以見一貫之無不貫，
所謂理趣者，此也。如心故無相；心而五蘊都空，一塵不
起，尤名相俱斷矣」（錢鍾書，1987：228）等，這是說詩理
禪理、詩趣禪趣都同條共貫。在這個前提下，詩禪合論或詩
禪並舉也就理所當然了（參見周慶華，1997c：180~181）。

在學者相關的著作中，禪趣和哲思經常被看成詩詞礦源
裏的無盡寶藏（參見巴壺天，1988；杜松柏，1982）。而它
（特指禪趣）也的確提供了詩人紬情杼意的一個新指標，細
細裁成一種可以讓人「讀之身世兩忘，萬念皆寂」的詩體新
類型（胡應麟《詩藪·內篇·近體下》說：「太白五言絕，自
是天仙口語，右丞卻入禪宗。如『人閒桂花落，夜靜春山空。月
出驚山鳥，時鳴春澗中』、『木末芙蓉花，山中發紅萼。澗戶寂
無人，紛紛開且落』，讀之身世兩忘，萬念皆寂。不謂聲律之
中，有此妙詮。」指的就是這種情況）。這從唐宋以來，已經
在許多詩人中相沿成習，而「禪詩」一名也逐漸不脛而走

（參見周慶華，1997c：181～182）。關於這段緣起，個人所
能掌握的，大致是這樣的：

相傳「（釋迦牟尼）世尊昔在靈山會上，拈花示眾。是
時眾皆默然，惟迦葉尊者破顏微笑。世尊云：『吾有正法眼
藏，涅槃妙心，實相無相，微妙法門，不立文字，教外別
傳，付囑摩訶迦葉。』」（《無門關》，《大正藏》卷48：
293下）這一教外別傳到了二八祖達摩，轉往中土，從此開
啓禪宗在中國流傳的契機。由於這個宗派所標榜的是「以心
傳心，不立文字」，有別於教內的依持經論，而跟中國傳統
道家所主張的「道不可傳授」和儒家所偶而主張的「不言而
教」異曲同工，頗受此地學人的賞愛，終於在歷經南北朝、
隋、唐後，形成一宗獨盛的局面（參見周慶華，1997b：
159～160。按：一般認為唐武宗會昌五年毀佛，給予禪宗宣揚
「直指人心，見性成佛」宗義的大好機會，而逐漸獨霸了佛教
界；或由於佛教內部精神上和戒律上的鬆弛，而禪宗獨能開創人
文的新境界，以至成了唯一不衰的教派。詳見范壽康，1982：
355；吳汝鈞，1989：473～474；柳田聖山，1992：167～176。
但這些理由即使能成立──所以這樣說，是因為大家很少注意到
來自道教的挑戰一環──也只能說是禪宗一枝獨秀的助緣，重點
還在它跟中國傳統某些思想的「神似」處，容易激起人心的共
鳴）。依照小乘禪和大乘如來禪的講法，禪是成佛或悟道的
方法（禪是梵語 jhāna 的音譯，義為暝想或靜慮），所以小乘
禪和大乘如來禪也叫做修習禪。而禪宗的講法剛好相反，它
以為禪就是佛教本身或佛本身。因此，其他宗派所說的禪，

是指經、戒、禪三者（也就是戒、定、慧三學）相互對立的那種禪；而禪宗所說的禪，則是指包括三學（超絕三學）的那種禪。因爲禪宗這種禪無法從經論中求得，必須以心傳心（由祖師的正法眼傳遞而來），所以也叫做祖師禪。不過，由於學人能直接領悟禪道的少，歷代祖師難免都要學人「藉教悟宗」，而自己也常以言教傳心（參見印順，1989：54～55；蔣義斌，1991），以至有所謂語錄、燈史等禪籍的流傳。

禪宗原屬如來藏系，認爲有一個不生不滅的清靜心。這個清靜心，或稱自性，或稱佛性，或稱菩提，或稱涅槃（此外或稱法身，或稱真如，或稱如來藏，或稱主人翁，異名甚多），本來是人天生所具有，只因爲盲目的意欲將它掩蔽了。禪宗爲了重新彰顯它，就提出一個根本的主張：見性成佛。所謂「禪家流，欲知佛性義，當觀時節因緣，謂之教外別傳，單傳心印，直指人心，見性成佛」（《碧巖錄》卷2，《大正藏》卷48：154下）、「汝之本性，猶如虛空，了無一物可見，是名正見；無一物可知，是名真知。無有青黃長短，但見本源清靜，覺體圓明，即名見性成佛，亦名如來知見」（《六祖法寶壇經：機緣第7》，《大正藏》卷48：356下），正點出這一要義。在禪宗的講法，見性是見自性，成佛是見性後所達到的寂靜自在境界，兩者有相互包攝的關係。換句話說，見性和成佛是一體呈現的。而這當中的關鍵，就在主體的能悟或覺（相對的就是迷）：「若開悟頓教，不執外修，但於自心常起正見，煩惱塵勞，常不能染，

即是見性」（《六祖法寶壇經・般若第 2》，《大正藏》卷
48：350 下～351 上），於是「自性迷，即是眾生；自性覺，
即是佛」（《六祖法寶壇經・疑問第 3》，《大正藏》卷 48：
352 中），人人都有可能在一念悟間擁有絕對（無待）的自
由（參見周慶華，1997b：162～163）。

　　從禪宗提出有這個寂靜自在的境界以來，不知引起多少
人的欣羨和嚮往，而經常習禪成風：「自唐以來，禪學日
盛，才智之士，往往出乎其間。跡夫捨父母之養，割妻子之
愛，無名利爵祿之念，日夜求其所謂常空寂滅之樂於山顛水
涯，人跡罕至之處，斯亦難矣。宜夫聰明識道理，胸中無滯
礙，而士大夫樂從之遊也」（周必大〈寒巖什禪師塔銘〉，
《文忠集》卷 40）。每遇生活不如意或厭倦現實紛擾的禪
客、詩人們，無形中禪道就成了他們的遁逃藪，所謂「榮枯
事過都成夢，憂喜心忘便是禪」（白居易〈寄李相公崔侍郎
錢舍人〉，《全唐詩》卷 439）、「凡為其道者，不愛官，不
爭能，樂山水而嗜閒安者為多，吾病世之逐逐然唯印組為務
以相軋也，則捨是其焉從」（柳宗元〈送僧浩初序〉，《柳河
東集》卷 25）。更特別的是，這些禪客、詩人們在體禪修禪
後，甚至有所得要為別人開示（暗示）時，往往不約而同的
採用詩這種體裁（尤其是從唐代興起的近體詩）來寄寓和傳
意，形成亙古以來所罕見的禪理詩（簡稱為禪詩），為詩領
域開拓了一種新的題材和新的意境（參見周慶華，1997c：
184）。

　　綜觀歷代的禪詩，大略有三種形態：第一是襲用禪語，

如唐李白的〈同族侄評事黯游昌禪師山池二首〉之一「遠公愛康樂，爲我開禪關。蕭然松石下，何異清涼山。花將色不染，水與心俱閒。一坐度小劫，觀空天地間」（《全唐詩》卷179）、唐王維的〈過香積寺〉「不知香積寺，數里入雲峰。古木無人徑，深山何處鐘。泉聲咽危石，日色冷青松。薄暮空潭曲，安禪制毒龍」（《全唐詩》卷126）、宋蘇軾的〈百步洪二首〉之一「我生乘化日夜逝，坐覺一念逾新羅。紛紛爭奪醉夢裏，豈信荊棘埋銅駝。覺來俯仰失千劫，回視此水殊委蛇。君看岸邊蒼石上，古來篙眼如蜂窠。但應此心無所住，造物雖馳如余何」（《宋詩鈔・東坡詩鈔》）、宋黃庭堅的〈牧童〉「騎牛遠遠過前村，吹笛風斜隔隴聞。多少長安名利客，機關用盡不如君」（厲鶚《宋詩紀事》卷33）、元了菴〈次韻江心無言方外乾坤〉「方外乾坤豈易窮？同中還異異中同。萬機不墮境根識，一念頓超空假中。頑石有時能點首，太虛無跡可形容。豁開戶牖歸來也，相見依然在別峰」（杜松柏選注，1981：348～349引）、清顧春的〈靜坐偶成〉「一番磨煉一重關，悟到無生心自閒。探得真源何所論，繁枝亂葉盡須刪」（王廣西，1995：243引）等。禪宗講不染不著，這幾首詩都用上了（當中王維詩說毒龍／欲念該克制、黃庭堅詩說機關／心機可厭，都是不染不著的同類用法）。

第二是寄寓禪理，如唐元稹的〈幽棲〉「野人自愛幽棲所，近對長松遠是山。盡日望雲心不繫，有時看月夜方閒。壺中天地乾坤外，夢裏身名旦暮間。遼海若思千歲鶴，且留

城市會飛還」（《全唐詩》卷 410）、唐貫休的〈馬上作〉
「柳岸花堤夕照紅，風清襟袖轡瓏瓏。行人莫訝頻回首，家
在凝嵐一點中」（《全唐詩》卷 835）、宋戴昺的〈幽棲〉
「幽棲頗喜隔囂喧，無客柴門盡日關。吸水灌花私雨露，臨
池疊石幻溪山。四時有景常能好，一世無人放得閒。清坐小
亭觀眾妙，數聲黃鳥綠蔭間」（《宋詩鈔‧農歌集鈔》）、
明憨山的〈夜發凌江〉「虛舟隨所適，一水絕間關。月色看
逾好，江聲聽轉閒。浮雲身外事，白髮鏡中顏。莫謂漂零
久，前途即故山」（杜松柏選注，1981：208 引）、清張問陶
的〈野雲作畫贈陳耐庵夢桂，先攜以見示，因為題句〉「繞
屋清溪漲雨痕，荒苔高樹古鄉村。閒時帶月撐船去，自有白
雲來閉門」（王廣西，1995：69 引）、清徹凡的〈掃地〉
「一庭新綠漲平蕪，絕勝花茵匝徑鋪。眼淨塵空無可掃，卻
忘苕帚是工夫」（同上，354 引）等。所謂「盡日望雲心不
繫，有時看月夜方閒」、「行人莫訝頻回看，家在凝嵐一點
中」、「清坐小亭觀眾妙，數聲黃鳥綠蔭間」、「莫謂漂零
久，前途即故山」、「閒時帶月撐船去，自有白雲來閉
門」、「眼淨塵空無可掃，卻忘苕帚是工夫」，正蘊涵有無
念無住、自性本有、道不遠人、當下證悟、萬境如如、迷悟
在心等禪理。前面所說的襲用禪語，也等於在表達禪理，只
是那種表達是顯露或直接的。現在這種表達禪理的方式是寄
寓或間接的，它就不再襲用禪語，而逕自藉由意象來傳達。
這一作法，被認為遠比直出禪語（說破禪理）要有餘味：
「詩有禪理，不可道破，箇中消息，學者當自領悟，一經筆

舌，不觸則背，詩可注而不可解者，以此也」（黃子雲《野鴻詩的》）、「杜詩『江山如有待，花柳自無私』、『水深魚極樂，林茂鳥知歸』、『水流心不競，雲在意俱遲』，俱入理趣。邵子則云『一陽初動處，萬物未生時』，以理語成詩矣。王右丞詩，不用禪語，時得禪理。東坡則云『兩手欲遮瓶裏雀，四條深怕井中蛇』，言外有餘味耶」，（沈德潛《說詩晬語》卷下）。而它的極致，無非是渾然天成，寓理無跡。如前已提及唐王維的〈鳥鳴澗〉「人閒桂花落，夜靜春山空。月出驚山鳥，時鳴春澗中」（《全唐詩》卷 128）及〈辛夷塢〉「木末芙蓉花，山中發紅萼。澗戶寂無人，紛紛開且落」（同上），這已將禪道動靜一如、不滯空有這一最高境界，毫不留痕跡的透將出來。

　　第三是經營禪趣。這必須特別說明：一般所說的禪趣，約略像底下這般「所謂『禪趣』，指進入禪定時那種輕安娛悅、閒淡自然的意味。它又叫『禪悅』、『禪味』。王維的自然山水詩，經常表現出解脫塵囂的怡悅安恬心境。它們往往不用說理的語言，而是在生動的意境中自然地流露。例如〈送別〉詩：『下馬飲君酒，問君何所之？君言不得意，歸臥南山陲。但去莫復問，白雲無盡時』詩中對令人『不得意』的現實流露出不滿，表現出對那種超離世事的隱逸生活的嚮往。最後結句中舒捲自由的白雲，正是隨遇而安、自由自在的生活的象徵，也是『禪心』的流露。〈歸輞川作〉也寫到白雲：『谷口疏鐘動，漁樵稍欲稀。悠然遠山暮，獨向白雲歸。菱蔓弱難定，楊花輕易飛。東皋春草色，惆悵掩柴

扉。』……整個意境是渾樸的。其中寫白雲、遠山、楊花、春草，都自由自在，各得其所，似乎在這裏就體現了宇宙的至理」（孫昌武，1995：105～106）。但這在所有寄寓禪理的詩中幾乎都能感受得到〔除了前面所引，還有「盡日尋春不見春，芒鞋踏遍隴頭雲。歸來笑撚梅花嗅，春在枝頭已十分」（某尼〈悟道詩〉，羅大經《鶴林玉露》卷6引）、「山僧野性好林泉，每向嚴阿倚石眼。不解栽松陪玉勒，惟能引水種金蓮。白雲乍可來青嶂，明月難教下碧天。城市不能飛錫去，恐妨鶯囀翠樓前」（韜光〈謝白樂天招〉，《全唐詩》卷823）這類蘊涵自性不假外求、禪道中人不可屈致的詩作，也一樣意味深長〕，顯不出它還有什麼特別處。因此，這裏要另外賦予它一層意義，就是這種禪趣是一種奇趣。吳喬《圍爐詩話》卷1說：「子瞻曰：『詩以奇趣為宗，反常合道為趣。』此語最善。無奇趣何以為詩？反常而不合道，是謂亂談；不反常而合道，則文章也。山谷云『雙鬢女娣如桃李，早年歸我第二雛』，亂談也；〈堯夫〉、〈三皇〉等吟，文章也。」所謂「反常合道」，今人有這樣的解釋：「（反常合道）即是一反日常的陳舊句式與陳舊想像，寫出與常理彷彿相反的詩句，從『俗腸俗口』的立場看，像是不合世情常理，從詩人的靈思看卻是合情愜意的。也即是乍看『出人意外』，細看又『入人意中』的新闢境域」（黃永武，1987a：250），這大致可以接受。而就禪詩來說，這類例子比較明顯的如下列幾首詩（偈頌）作：「菩提本無樹，明鏡亦非臺。本來無一物，何處惹塵埃」（《六祖法寶壇經・行由第1》，《大正

藏》卷 48：349 上）、「鑱裏寒冰結，楊花九月飛。泥牛吼水面，木馬逐馬嘶」（《曹山本寂禪師語錄》卷上，《大正藏》卷 47：537 上）、「空手把鋤頭，步行騎水牛。人在橋上過，橋流水不流」（《指月錄》卷 2，《卍續藏》卷 143：22 左下）。菩提有樹卻說無樹，明鏡有臺卻說非臺，可見是反常；但「自性本自清靜」、「說似一物即不中」（二句分見《六祖法寶壇經·行由第 1》、《景德傳燈錄》卷 5，《大正藏》卷 48：349 上、卷 51：240 下），又知道是合道。而火鑱裏結寒冰、九月中飛楊花、泥牛浮出水面吼叫、木馬追逐風在嘶鳴、空著手卻又把著鋤頭、人在步行又在水牛背上騎、本來是水在流卻變成橋在流，都是反常（或矛盾）的事；但在徹悟自性後，誰說這些奇怪的事不會發生？這種反常合道的奇趣，在禪宗公案中也很常見，如「（丹霞）後於慧林寺遇天大寒，取木佛燒火向。院主訶曰：『何得燒我木佛？』師以杖子撥灰曰：『吾燒取舍利。』主曰：『木佛何有舍利？』師曰：『既無舍利，更取兩尊燒。』主自後眉鬚墮落」（《五燈會元》卷 5，《卍續藏》卷 138：83 左下～84 右上）、「昔有道流在佛殿前背佛而坐，僧曰：『道士莫背佛。』道流曰：『大德！本教中道，佛身充滿於法界，向什麼處坐得？』僧無對」（《五燈會元》卷 6，《卍續藏》卷 138：13 右下）、「有一行者，隨法師入佛殿，行者向佛而唾。師曰：『行者少去就，何以唾佛？』行者曰：『將無佛處來與某甲唾。』師無對」（《五燈會元》卷 6，《卍續藏》卷 138：113 左上）等。所謂木佛非佛（更取二尊燒）、無處

不背向佛坐（所以背向佛坐）、不唾佛則無處可唾（所以向佛而唾），都是（先）反常（後）合道，充滿奇趣（參見周慶華，1997c：185～188）。這正好可以跟反常合道的禪詩對看，而有深一點的印象。

禪詩的形態當然不是只有這裏所說的三種而已，如有一位學者區分為「直入法」、「暗喻法」、「繞路說禪法」、「機鋒法」、「禪悅表達法」等五種形態（見蔣述卓，1992：88～94），而另一位學者區分為「闡述眾生皆有佛性的禪詩」、「闡述萬法皆佛性之顯露的禪詩」、「闡述包容兩邊（善惡、矛盾事等）的禪詩」、「闡述遣蕩兩邊的禪詩」等四種形態（另外還有一種無法歸類的以表現「平常心是道」的禪詩）（見楊惠南，1995：382～403）等等，都是可以據為了解禪詩的概念架構。不過，這仍是一個可否方便論述的問題。依上述兩位學者的分法，照理是可以「無限」分下去的（只要找出一種新的表達法或一種新的內涵，就可以再增加一種形態。以此類推，豈不是將無窮無盡）。而學者「獨斷」的說它有幾種幾種形態，就看不出道理在那裏。因此，不如以個人所理出的三種形態為依據要簡便省事。此外，禪宗作為佛教的一個流派，而詩的佛教化正以符應或表現禪理為大宗，這固然是個不爭的（可以量化的）「事實」，但也不可否認佛教傳入後，可能也在中國的玄言詩、山水詩、宮體詩中留下一些影子，甚至對於唐五代興起的詩格著作和宋興起的詩話著作等等也有相當程度的影響力（參見張伯偉，1995；孫昌武，1994；葛兆光，1986）。這些一樣有加以探

討的價值（比照「韻律的新發現」那一節），只是權衡輕重緩急，覺得還是把禪詩提出討論，比較容易串成文學佛教化的各個重要環節。

有關詩和禪結合的原因（動機），元好問曾作過推測：「詩爲禪客添花錦，禪是詩家切玉刀」（元好問〈贈嵩山雋侍者學詩〉，《遺山集》卷 37）。這是說詩可以使禪客增價，而禪能給詩家高明；於是從禪客來說要將禪理藉詩來表現，而從詩家來說也要用詩將禪理表現出來。這個推測，應當有一定的道理。底下有兩段話，可以略作印證：「詩固有不得不如禪者也。今夫山川草木，風雲煙月，皆有耳目所共知識。其入於吾語也，使人爽然而得其味於意外焉，悠然而悟其境於言外焉，矯然而其趣其感他有所發者焉。夫豈獨如禪而已，禪之捷解，殆不能及也。然禪者借洸瀁以使人不可測；詩者則眼前景，望中興，古今之情性，使覺者詠歌之，嗟嘆之，至於手舞足蹈而不能已。登高望遠，興懷觸目，百世之上，千載之下，不啻如自其口出。詩之禪至此極矣……抑詩但患不能如禪耳，儻其徹悟，真所謂投之所向，無不如意」（劉似孫〈如禪集序〉，《養吾齋集》）、「禪曷爲而有詩也？自行人單刀直入，一念相應，吐詞拈韻，往往爲士大夫所誚，世以文字難僧，僧亦遂以文字應世；或馳騁世典，殫心雜學，將無上妙法視爲具文，正法眼藏淪乎聲色，甚而尋章摘句，四六精詳，處處驢脣馬舌。噫，法門一至此耶？一變而語錄，再變而辭賦，三變而爲詩文，佛法何可言哉？雖然，亦不可概論也，當觀其人爲何如耳。其人見諦真，則

言至理，語語明宗，假山水以寓其懷，借時物以舒其臆，如
遠公之招陶劉，佛印之契蘇黃，大慧之於子韻，詩亦何妨於
禪哉！但不以見長，若以此見長，詩精則亦詩僧而已」（姚
儀敏，1991：111 引虛雲說）。這裏提到詩人作詩一旦能像
禪，就可以「投之所向，無不如意」；而僧侶怕被士大夫
（文人）譏笑，「遂以文字應世」而大作起詩來。前者顯然
是應了元好問所說的「禪是詩家切玉刀」；後者僧侶的自卑
情結正反映出詩是有高象徵價值的，而這也跟元好問所說的
「詩爲禪客添花錦」相合轍。不論情況如何，禪詩的出現也
一樣牽動了無數心靈爲它著迷，直接間接的豐富了一部傳統
詩史。

第五節　其他文體的發明教義

　　就相對於佛教經典而後出的文體來說，它們所顯現的佛
教化現象，除了上述的小說、戲曲、詩（包括前章所提及仿
作的贊頌），還有一些賦、碑、銘、文（駢文）、變文等，
也常被列入討論的對象（尤其是變文），而且佔有相當的比
例。在本論述中，自然也不能略過。只是得說明一點：所以
把這些賦、碑、銘、文、變文等歸在同一節討論，主要不是
它們跟上述那些文體有形式上的差異，而是它們通篇都在表
達佛理或闡述佛理（在這一點上，這些文體顯得相當一致），
明顯跟上述那些文體各多少還有其他東西（非佛教類）存在
是不一樣的。一般在討論時，未必都會強調上述那些文體
（作品）跟佛教的相關面，但本節所要談的這些文體（作

品），卻無論如何也難以不跟佛教扯上關係。這些文體的文學性或藝術技巧也許不夠強或不夠高明，它們的佛教化痕跡卻最爲清晰。還有一點要說的是，變文（特指佛教變文這一部分）幾乎可以判定是佛教中人所創作的，採用的是仿佛教經典的韻散合體形式，普遍被認爲也對傳統的小說、戲曲有過影響，爲何不在前章中一併討論？這並沒有太多理由可以說明，唯一考慮的是它的「後出」創作性，以及它在今人所撰相關文學史中所賦予的「文學」地位。因此，不論作者的僧俗身份，但將它等同於文學作品，而一探它的佛教化情況。

現在（限於篇幅，只舉賦、碑、銘、文、變文這幾類）就依次舉例來看看。首先是賦部分。賦作爲一種文體（按：歷來賦還涉及修辭或寫作的方式，以及美學特徵或詮釋方式。參見中國古典文學研究會主編，1990：1～55），被認爲有「鋪采摛文，體物寫志」（劉勰《文心雕龍‧詮賦》）的特性。「鋪采摛文」（鋪陳事物並講究辭藻）是一切賦體所共有，但「體物寫志」（藉鋪陳事物來寄寓情志）在其他賦體中往往只具個別色彩，而在佛教化的賦體中卻都是帶著集體性的佛教意識，二者略有差別。佛教化的賦體，現在看得到的大多收在《廣弘明集》裏，如梁武帝的〈淨業賦〉、梁宣帝的〈遊七山寺賦〉、魏高允的〈鹿苑賦〉、魏李顒的〈大乘賦〉、梁釋慧命的〈詳玄賦〉、梁蕭子雲的〈玄圃苑講賦〉等等。就以梁武帝的〈淨業賦〉爲例。這篇賦有開頭有序，序的結尾有「乃作淨業賦云爾」文字，內文稍作節略如下：

觀人生之天性，抱妙氣而清靜。感外物以動欲，心
攀緣而成眚。過恆發於外塵，累必由於前境。若空谷之
應聲，似遊形之有影。懷貪心而不厭，縱內意而自騁。
目隨色而變易，眼逐貌而轉移。觀五色之玄黃，玩七寶
之陸離。著華麗之窈窕，耽冶容之逶迤……隨逐無明，
莫非煩惱。輪迴火宅，沈溺苦海……外清眼境，內淨心
塵。不染不取，不愛不嗔。如玉有潤，如竹有筠。如芙
蓉之在池，若芬蘭之生春。淤泥不能染其體，重昏不能
覆其真。霧露集而珠流，光風動而生芬。爲善多而歲
積，明行動而日新。常與德而相隨，恆與道而爲鄰……
修聖行其不已，信善積而無窮。永劫揚其美名，萬代流
於清風。豈伏強而稱勇，乃道勝而爲雄（《廣弘明集》
卷 29，《大正藏》卷 52：336 中、下）。

全賦旨在闡述修淨業、行善事以脫離生死輪迴苦海，這樣就
可以名揚千古、萬代流芳。「名揚千古、萬代流芳」，自然
是作者的「俗念」；「修淨業、行善事以脫離生死輪迴苦
海」，才是所要轉譯的教示。

其次是碑部分。碑是一種刻在石頭上的紀念性文體，劉
勰《文心雕龍・誄碑》說：「碑者，埤也。上古帝皇，紀號
封禪，樹石埤岳，故曰碑也。」劉熙《釋名・釋典藝》也
說：「碑，被也。此本王莽時所設也。施其轆轤，以繩被其
上，以引棺也。臣子追述君父之功美以書其上，後人因爲，
故兼建於道陌之頭顯見之處，名其文，就謂之碑也。」佛教

化的碑體比較少見，《昭明文選》收有一篇齊王巾（王簡栖）的〈頭陀寺碑文〉，相當有名，現在就以它爲例。這篇碑文有駢儷長序，這裏省略不錄，只看韻行碑辭部分：

> 質判玄黃，氛分清濁。涉器千名，含靈萬族。淳源上派，淺風下黷。愛流成海，情塵爲岳。皇矣能仁，撫期命世。乃睠中土，肇來迎衛。奄有大千，遂荒三界。殷鑑四門，幽求六歲。亦既成德，妙盡無爲。帝獻方石，天開滌池。祥河輟水，寶樹低枝。通莊九折，安步三尾。川靜波澄，龍翔雲起。耆山廣運，給園多士。金粟來儀，文殊戾止。應乾動寂，順民終始。法本不然，今則無滅。象正雖闌，希夷未缺。於昭有齊，戒揚洪烈。釋網更維，玄津重柵。惟此名區，禪慧攸托。倚據崇巖，臨睨通壑。溝池湘漢，堆阜衡霍。膴膴亭皋，幽幽林薄。媚茲邦后，法流是挹。氣茂三明，情超六入。眷言靈宇，載懷興葺。丹刻聳飛，輪奐離立。象設既闢，睟容已安。桂深冬燠，松疏夏寒。神足游息，靈心往還。勝幡西振，貞石南刊」（《增補六臣注文選》卷59）。

這篇碑文，從佛教的源起說到頭陀寺四周的環境和氣氛，極力烘托頭陀寺爲「禪慧」所托的名區特色。看罷全文，不禁也有幾分同作者一樣的「神足游息，靈心往還」的感受，猶如臨場了佛教部分外貌（佛教的棲息地）的莊嚴寧靜。

　　再次是銘部分。吳訥《文章辨體序說》說：「按銘者，

名也，名其器物以自警也。漢〈藝文志〉稱道家有〈黃帝銘〉六篇，然亡其辭。獨〈大學〉所載成湯〈盤銘〉九字，發明日新之義甚切。迨周武王，則凡几席觴豆之屬，無不勒銘以致戒警。厥後又有稱述先人之德善勞烈為銘者，如春秋時孔悝〈鼎銘〉是也。又有以山川、宮室、門關為銘者，若漢班孟堅之〈燕然山〉，則旌征伐之功；晉張孟陽之〈劍閣〉，則戒殊俗之僭叛，其取義又各不同也。」照這個説法，銘就有自警、贊美、旌功、戒叛等多重意涵。佛教化的銘體，主要是取贊美義。如「《廣弘明集》所載慧遠〈佛影銘〉、謝靈運〈佛影銘〉等，《沈隱侯集》中的〈彌陀佛像銘〉、〈釋迦文佛像銘〉等，《梁簡文帝集》中的〈釋迦文佛像銘〉、〈彌陀佛像銘〉、〈維衛佛像銘〉、〈迦葉佛像銘〉等，這些銘都是贊嘆佛德之銘，與贊頌幾乎相同（差別僅在於銘是刊刻而已）」（加地哲定，1993：52）。現在就以謝靈運的〈佛影銘〉為例。這篇銘文有序，銘辭比序文稍長，這裏只引開頭一段銘辭：

> 　群生因染，六趣牽纏。七識迭用，九居屢遷。劇哉
> 五陰，倦矣四緣。遍使轉輪，苦根迭遷。迭遷未已，轉
> 輪在已。四緣雲薄，五陰火起。亹亹正覺，是極是理。
> 動不傷寂，行不乘止。曉爾長夢，貞爾沈詖。以我神
> 明，成爾靈智。我無自我，實承其義。爾無自爾，必袪
> 其偽。偽既殊塗，義故多端。因聲成韻，既色開顏。望
> 影知易，尋響非難。形聲之外，復有可觀。觀遠表相，

就近曖景。匪質匪空，莫測莫領。倚岩輝林，傍潭鑑井。借空傳翠，激光發問。金好冥漠，白毫幽曖。日月居諸，胡寧斯慨（《廣弘明集》卷 15，《大正藏》卷 52：199 中、下）。

這段銘辭，直把佛教的基本義理表述了一遍，又藉佛像發揮了一番靈智誠心以化物的道理，可說對佛法贊美有加。

再次是文部分。劉勰《文心雕龍‧總術》說：「今之常言，有文有筆，以爲無韻者筆也，有韻者文也。」可知文有一說是指韻文（包括詩、賦、碑、誄、銘、箴、頌、贊等）。但這裏所說的文，是跟通常所謂詩賦等韻文相對的文；而它又可「分爲駢文、散文兩種。後漢以後，文風發生變化，對偶體漸興。至六朝時期，四六駢儷文體開始流行。到了唐代，散文體的所謂古文復興，以抵制駢文的流行。《廣弘明集》所載，基本是駢文。其中有蕭綱〈梁唱導文〉、〈六根懺文〉、〈悔高慢文〉，沈約〈懺悔文〉，懿法師〈伐魔詔並書檄文〉；其他如盧思道〈北齊遼陽山寺願文〉，沈約〈千僧會願文〉，魏收、王褒、隋煬帝等〈一切經願文〉等等。此外，梁僧佑《弘明集》中有釋智靜〈檄魔文〉、釋寶林〈破魔露布文〉……等等」（加地哲定，1993：54～55）。雖然如此，如果特指跟佛教直接相關的作品，就只有懺文和願文兩種。「懺是懺悔，願是祈願，都是向崇高的宗教客體所傾訴的語言。尤其是願文，和中國歷來的祭文較爲相近。但祭文多在祭祀死者魂靈時使用……與佛教願文性質

不同」（同上，58～59）。懺文部分，《廣弘明集》中收有
梁武帝的〈摩訶般若懺文〉、〈金剛般若懺文〉、梁簡文帝
的〈六根懺文〉、〈悔高慢文〉，沈約的〈悔懺文〉，陳宣
帝的〈勝天王般若懺文〉，陳文帝的〈妙法蓮華經懺文〉、
〈金光明懺文〉、〈大通方廣懺文〉、〈虛空藏菩薩懺
文〉、〈方等陀羅尼齋懺文〉、〈藥師齋懺文〉、〈娑羅齋
懺文〉、〈無礙會捨身懺文〉等等。現在就以梁簡文帝的
〈六根懺文〉為例。該文共有六根懺，這裏只引前二根懺：

　　　今日此眾，誠心懺悔六根障業。眼識無明，易傾朱
　紫，一隨浮染，則千紀莫歸。雖復天肉異根，法慧殊
　美，故因見前境隨事起惡。今願捨此肉眸，俱瞬佛眼，
　如抉目王，見淨名方丈之室、多寶踴塔之瑞、牟尼鷲嶽
　之光、彌勒龍華之始，常遊淨土，永步天宮。耳根闇
　鈍，多種眾惡。悅染絲歌，聞勝法善音，昏然欲睡；聽
　鄭衛淫靡，聳身側耳。知勝善之事，樂之者希；淫靡之
　聲，欣之者眾。願捨此穢耳，得彼天聰。聞開塔闢鑰之
　聲、彈指謦欬之響，諸佛所說，悉皆總持。香風淨土之
　聲，寶樹鏗鏘之響，於一念中怳然入悟（《廣弘明集》
　卷 28，《大正藏》卷 52：330 下）。

這對於懺悔（自己）眼耳根的穢惡，有詳盡的敘述，無非想
臻於清淨法身的境地。至於願文部分，《廣弘明集》中也收
有沈約的〈千僧會願文〉，梁簡文帝的〈四月八日度人出家
願文〉，北齊盧思道的〈遼陽山寺願文〉等等。現在就以梁

簡文帝的〈四月八日度人出家願文〉爲例。全文略作删節如下：

> 弟子蕭綱，從今日建齋設會功德因緣，歸依十方盡虛空界一切諸佛，歸依十方盡虛空界一切尊法，歸依十方盡虛空界一切聖僧……今日度人出家，願一切六道四生，常離愛欲，永拔無明根，削遣闇惑……今日誓願使弟子蕭綱得如所願滿菩提願，一切衆生皆悉隨從得如所願，願皆禮一拜（《廣弘明集》卷 28，《大正藏》卷 52：324 中、下）。

整篇願文，除了徵引部分經典相關的説法，其餘都在反覆向諸佛、尊法、聖僧等等表達誠心，以求得所願，可見願文和懺文並列爲積極和消極兩面作法。

以上這些賦、碑、銘、文，都是傳統常見的文體（類），用它們來表達佛理或闡述佛理，可能引起不同的反應。這裏有一個現成的例子：「王巾〈頭陀寺碑文〉。按余所見六朝及初唐人爲釋氏所撰文字，驅遣佛典禪藻，無如此碑之妥適瑩潔者。敘述教義，亦中肯不膚；竊謂欲知彼法要指，觀此碑與魏收《魏書・釋老志》便中，千經萬論，待有餘力可耳。刻劃風物，如『崖谷共清，風泉相渙』，『桂深冬燠，松疏夏寒』，均絕妙好詞；『愛流成海，情塵爲岳』，運使釋氏習語，卻不落套，亦勝於《全陳文》卷 4 後主〈釋法朗墓銘〉之『航斯苦海，涸此愛河』。『亘邱被陵，因高就遠；層軒延袤，上出雲霓，飛閣逶迤，下臨無

地』；元初白珽《湛淵靜語》卷2論王勃〈秋日登洪府滕王閣餞別序〉：『層巒聳翠，上出重霄，飛閣流丹，下臨無地』，即謂脫胎於斯，陳鴻墀《全唐文紀事》卷47祇引明季徐𤊹〈筆精〉亦言之，實遠落白氏後矣。陸游《劍南詩稿》卷10〈頭陀寺觀王簡栖碑有感〉：『世遠空驚閎陵谷，文浮未可敵江山』；《渭南文集》卷4〈入蜀記〉4：『頭陀寺……藏殿後有南齊王簡栖碑……駢儷卑弱，初無過人，世徒以載於《文選》，故貴之耳。自漢、魏之際，駸駸為此體，極於齊、梁，而唐尤貴之，天下一律。至韓吏部、柳柳州大變文格……及歐陽公起，然後掃蕩無餘。後進之士，雖有工拙，要皆近古；如此篇者，今人讀不能終篇，已坐睡矣，而況效之乎？』陸氏『古文』僅亞於詩，亦南宋一高手，足與葉適、陳傅良驂靳；然其論詩、文好為大言，正如其論政事焉。其鄙夷齊、梁、初唐文若此，亦猶其論詩所謂『元白纔倚門，溫李真自鄶』，『陵遲至元白，固已可憤疾。及觀晚唐作，令人欲焚筆』；皆不特快口揚已，亦似違心阿世。『不終篇而坐睡』，渠儂殆『渴睡漢』耳」（錢鍾書，1979：1442～1443）。有人說〈頭陀寺碑文〉「驅遣佛典禪藻，無如此碑之妥適瑩潔者」、「敘述教義，亦中肯不膚」；有人說〈頭陀寺碑文〉「文浮」、「駢儷卑弱」（不知是否兼及文中所敘佛教內涵——姑且當它為有），豈不是顯示讀者嗜好各異而難以相互牽就？第三者如果強為仲裁，恐怕也是徒勞無功（上文中論者對對手的批評，未必會令人信服）。依此類推，其他文體的存在當也會有類似的遭遇，窮

爲追究品評者的誰是誰非，並沒有多大作用，不如從佛教介入這些文體的寫作而擴大了這些文體的內涵一點著眼要來得有益。換句話說，這些文體被用來發明（發露闡明）佛教教義，無形中也形成了一些範例，讓人曉得文體本身所具有的「多重功能」。

至於變文部分，這幾乎是在佛教界誕生的一種文體，約略起於初唐（參見蘇瑩輝，1992；鄭金德，1993；張錫厚，1993）。清末在敦煌莫高窟藏經洞，被人發現了一些唐、五代的作品（跟變文同類或相關的，還有「話本」、「緣起」、「講經文」、「押座文」、「因緣」等等，暫且不論），它包括講述佛教故事的變文和講述非佛教故事的變文兩類。根據學者的研究，變文的「變」，有變更、變相的意思（參見鄭振鐸，1986：180～269；周紹良，1992：40～49）。跟佛教有關的變文，就是從佛教經典中摘出故事，加以演繹而連續說唱，韻散合體一如原典。由於變文篇幅甚長，不便盡引，這裏只節錄兩篇作爲例證。一篇是〈降魔變文〉：

> 六師雖五度輸失，尚不歸降。「更試一回看看，後功將補前過。忽然差使更失，甘心啓首歸他。」思惟既了，忽於眾中化出大樹，坡（婆）娑枝葉，敝（蔽）日干雲，聳幹芳條，高盈萬仞。祥擒瑞鳥，遍枝葉而和鳴；翠葉芳花，周數里而斗（陡）闇。於時見著，莫不驚嗟。舍利弗忽於眾裏化出風神，叉手向前，啓言和尚：「三千大千世界，須臾吹卻不難；況此小樹纖毫，

敢能當我風道！」出言已訖，解袋即吹。於時地卷如綿，石同塵碎，枝條迸散他方，莖幹莫知所在。外道無地容身，四眾一時唱快處，若為：

六師頻□輸五度，更向王前化出樹。

高下可有數由旬，枝條蓊蔚而滋茂。

舍利弗道力不思議，神通變現甚希奇。

辭佛故來降外道，次第總遣大風吹。

神王叫聲如電吼，長蛇搪樹不殘枝。

瞬息中間消散盡，外道飄飆無所依。

六師被吹腳距地，香爐寶子逐風飛。

寶座頃（傾）危而欲倒，外道怕急總扶之。

兩兩平章六師弱，芥子可（何）得類須彌（王重民等編，1989：387～388引）！

當今所見〈降魔變文〉的寫卷共有五個，其中 P4524 為畫卷（卷背寫唱詞）。全文是演繹《賢愚經》卷 10〈須達起精舍品第 41〉而成，旨在宣揚佛法的廣大和佛威力的無窮。這由本段舍利弗（佛陀所派為舍衛國賢相須達多加護）破解「外道」六師的法術，可見一斑。

另一篇是〈大目乾連冥間救母變文〉：

目連丞（承）佛威力，騰身向下，急如風箭。須臾之間，即至阿鼻地獄。空中見五十個牛頭馬腦、羅剎夜叉，牙如劍樹，口似血盆，聲如雷鳴，眼如掣電，向天曹當直。逢著目連，遙報言：「和尚莫來，此間不是好

道，此是地獄之路。西邊黑煙之中，總是獄中毒炁
（氣）著，和尚化為灰塵處」：

　　和尚不聞道阿鼻地獄，鐵石過之皆得殃。
　　地獄為言何處在，西邊怒那黑煙中。
　　目連念佛若恆沙，地獄元（原）來是我家。
　　拭淚空中遙（搖）錫杖，鬼神當即倒如麻。
　　白汗交流如雨濕，昏迷不覺自噓嗟。
　　手中放卻三慢棒，臂上遙拋六舌叉。
　　如來遣我看慈母，阿鼻地獄救波吒。
　　目連不往騰身過，獄卒相看不敢遮。

目連行前，至一地獄，相去一百餘步，被火氣吸著，而
欲仰倒。其阿鼻地獄，且鐵城高峻，莽蕩連雲，劍戟森
林，刀槍重疊。劍樹千尋，以（似）芳撥針刺相楷，刀
山萬仞，橫連讒（巉）嵒亂倒。猛大（火）掣浚，似雲
吼咷跟滿天。劍輪簇簇，似星明灰塵模（驀）地。鐵蛇
吐火，四面張鱗。銅狗吸煙，三邊振吠。蒺藜空中亂
下，穿其男子之胸。錐鑽天上旁飛，剟剌女人之背。鐵
杷踔眼，赤血西流。銅叉剡腰，白膏東引。於是刀山入
爐灰，髑髏碎，骨肉爛，筋皮折，手膽斷。碎肉迸濺於
四門之外，凝血滂沛於獄爐之畔。聲號叫天，炭炭汗
汗。雷地隱隱岸岸向上，雲煙散散漫漫向下。鐵鏘撩撩
亂亂，箭毛鬼嘍嘍竄竄，銅嘴鳥咤咤叫叫喚喚。獄卒數萬
餘人，總是牛頭馬面。饒君鐵石為心，亦得亡魂膽戰處
（王重民等編，1989：730～731）。

當今所見〈大目乾連冥間救母變文〉，又稱作〈大目犍連變文〉，相同或類似的寫卷共有九個。全文在演述佛弟子目連救母出地獄的故事（目連母親，生前罪孽多），最後終止於對佛法的頌揚和歌贊聲中。上引一段是目連初入地獄所見景象，頗爲嚇人。這個故事，成了爾後許多戲曲的題材（見本章第二節），也是民間盛傳的宗教故事 e。

　　變文固然如學者所説對於後世小説、戲曲的創作有相當的（啓發性的）影響（詳見周紹良等編，1985），而在整體的價值上也容許像底下這樣的評斷：「變文是聯結古代與近世文學的『連鎖』，能在口頭演唱中充分發揮其藝術特長。它的結構宏大，鋪張繁複，想像豐富，刻畫細緻，時有圖畫與之相配，韻散間隔，邊説邊唱，語言文白兼具，好用駢對，同時也汲取了豐富的俗語和佛典語彙，具有極大的感染力量」（陳允吉等主編，1997：281），但從本論述的立場來説，它的特殊意義毋寧在於爲新創佛教化的文體的可能性作了最好的注腳（也就是佛教化不必盡依傳統文體才能進行）。因此，如果嫌既有文體在表達佛理時「形式」過於常熟，只有走新創文體（包括雜採眾文體而成一新文體）一途；而這正好可以從變文得著些許啓發。

第五章　文學佛教化的現代進程

第一節　概說

　　文學佛教化較爲明顯而普遍的特徵，無疑是在題材蘊意方面，而從前章所述來看，相關文章所蘊涵的大多是佛教基本的義理，只有禪詩新加入了自性、禪悟等等內涵，算是略有「開創性」。尤其禪悟部分，可遍及生活周遭大大小小事物（包括悟自性在內），頗有別於早期佛教所講究的只爲克制欲念而設的禪定工夫（禪悟和禪定的差別，有人曾作過生動的比喻：「如果有一個人能夠端著一個碟子，裏面放滿油從城裏的南門走到北門，而不讓油溢出來，當地的印度王子就會任命他爲宰相，可是如果他讓油溢出來了，他就要判處死刑。有一個心志勃發的人接受了這項危險的挑戰。在從南門走到北門的途中，一路上他看見了他的父母、妻子，看見他的小孩在哭，看見美麗的女人，碰到一頭瘋狂的大象嚇得行人紛紛走避，看見一座宮殿失火，裏面飛出許多黃蜂來攻擊他，他又遭遇暴風和雷電。但是所有這一切全部打擾不了他。他成功了，所以當了宰相」，這是印度的禪定，著重的是一種不受外在環境影響的能力；「有一個小偷連續作案作了好幾年都沒有出差錯。有一次他的兒子問他是怎麼賺錢回家的。這個小偷就帶著他的孩子走到一個有錢人的家裏，打破牆，弄開一個衣櫃，叫他的孩子進去。接著他便把衣櫃

鎖起來，大聲喊叫，就跑回家了。宅子裏面的人跑出來找小偷，但是後來認爲小偷已經從牆上的破洞跑了。那孩子在衣櫃裏又惱又氣。突然他靈機一動，就學著老鼠的叫聲，宅子裏的人聽到了，便吩咐僕人打起燈火打開衣櫃檢查。衣櫃一打開，那孩子一下子跳出來把燈火吹熄，敏捷的跑到外面去了。他丟了一顆石頭到井裏，使追他的人誤以爲老鼠已經跳進井裏。回家之後，他的小偷老子正在等他，他向他父親抗議，而他老子說：『孩子，從現在開始你不怕沒飯吃了。』」這是中國的禪悟──例子未必恰當──著重的是一種處理困局時的敏銳。見陳榮捷，1987：92～93 引胡適說），使得禪詩「風貌」繁多，可說是文壇上的一朵奇葩。

　　至於在形式技巧（包含韻律）方面，佛教只在一些特定文體産生影響力。不過，歷經多時以後，大家已逐漸淡忘它跟佛教的淵源，甚至無意再去追溯這類形式技巧所存在的意義（至於當今學者所嘗試建構的小說美學，基本上是就小說論小說，而不管它跟佛教聯繫後所具有的意義；其他文體的論說也相似）。這些種種，以基於關懷文學佛教化遠景的理由，實在有必要進一步加以探討，看看文學佛教化究竟走到了那個地步。

　　大致說來，傳統文體大多已經式微了，連帶對韻律的講求也鬆懈了。從民初以來，仿效西方敘事模式的語體小說和西方劇藝形式的話劇（包括後來的電視、電影），日漸取代傳統的小說和戲曲；而移植自西方的語體詩（不再講究傳統詩的格律），也一躍而成爲時代的新寵。此外，還出現一種

叫做「散文」的新文體。過去凡是韻文、駢文以外的文體都叫做散文（參見陳柱，1987；方孝岳，1975；陳必祥，1994），而現在是特指介於詩和小說之間的文體（參見何寄澎主編，1993；俞元桂主編，1984；鄭明娳，1992）。

　　然而，一種新文體的出現，也引發了不少問題。如現代「散文」的概念，基本上來自西方，但它究竟是否屬於文學的範疇，也還有爭議：「亞里士多德和賀瑞斯，從類型的歷史看來是理論的典範。從他們開始，我們才認爲悲劇和史詩是特殊的（同時也是兩種主要的）種類。不過，亞里士多德至少還注意到其他更爲基本的區別——戲劇、史詩和抒情詩的區別。近代的文學理論多半捨棄散文與詩兩者的區別，而把想像的文學區分爲小說（長篇小說、短篇小說、史詩）、戲劇（無論是散文的或韻文的）、詩（指那些相當於古代『抒情詩』的）」（韋勒克等，1979：380）。這幾乎要把散文排除在文學範疇以外（因爲散文用來抒情時可入詩，用來敘事時可入小說，用來議論時可入哲學，幾乎沒有獨特性存在）。又如散文的稱名，也有點模糊：「某些常識性的分類，流於簡化，且會造成污染……最流行的便是散文、韻文之分。嚴格說來，以押韻與否區分韻、散（或文、筆）是一個相當健全的標準，但這種語言媒體之分，不幸地會因爲歧義而膨脹爲文類之別，如詩與散文兩種文類。在這種情形之下，詩固然可自立門戶爲文類，散文卻又同時兼指媒體與文類，作爲媒體的散文復又分爲（文類的）散文與（以散文媒體寫的）小說」（張漢良，1986：112）。這樣散文不免也成了一個難

以沿用的概念。又如散文即使可以自成一類，它的文學價值仍有待評估：「雖然詩和散文都是一種語言創作，但是自古以來卻只有詩被視為一種藝術形式」（戴維斯等編，1992：282）、「他們（詩歌理論家）傾向於認為散文遠比詩歌平庸、散漫，而且難以補救地平鋪直敘、缺乏精緻；他們還斷定詩歌具有不同凡響、高度凝鍊和義蘊含蓄而豐富等長處」（福勒，1987：213～214）。以至刻意標榜散文，也就可能變成一種無謂的舉動。此外，諸如散文所指涉的對象如何可靠、一些跨文類的作品如何歸屬等等問題，至今還是不容易得到解決（參見周慶華，1997c：136～165）。因此，只好把散文當作一個「模糊概念」來處理，不嚴格限定它跟詩和小說之間的界線，就讓它籠統的「游走」於詩和小說兩個領域。

　　要掌握文學佛教化的現代進程，大概就是透過這些現代才出現的文體了。因為「新瓶」固然未必會被人注入新酒，但新酒無論如何也難以用「舊瓶」來裝盛（不然就很奇怪了）。姑且以禪詩為例。清末民初以來，作者還是時有所見，如虛雲的〈雲遊獨歸〉「獨去獨歸得自由，了無塵念掛心頭。從今真妄都拋卻，敢謂寒山第一流」（焦金堂選輯，1981：201）、蘇曼殊的〈自題畫〉「海天空闊九皋深，獨坐松陰聽鼓琴。明日飄然又何處，白雲與汝共無心」（同上，213～214）、弘一的〈昨晚〉「昨夜星辰人倚樓，中原咫尺山河浮。沈沈萬綠寂不語，梨花一枝紅小秋」（同上，215～216）、八指頭陀的〈過洞庭湖〉「溪聲畢竟無今古，

山色何曾有是非。澗草自迷遊客屐，巖花時落坐禪衣。問師
何代天臺住，手種青松已十圍」（同上，223～224）、張默
君的〈密印寺月夜〉「炯炯心燈靜夜懸，哀湍四壁瀉飛泉。
聲隨月落空浮碧，幾杵寒鐘山水圓」（同上，229～230）、
方東美的〈六十三年元宵詠梅〉「浩渺晶瀅造化新，無雲無
靉亦無塵。一心璀璨花千樹，六合飄香天地香」（同上，
230～231）、南懷瑾的〈無題〉「爲聖爲凡兩不宜，最難忍
耐是愚癡。更多人我山頭立，自誤聰明總不知」（同上，
237）、巴壺天的〈爲諸生紀念冊題辭五則〉之一「朦朧月
院一繩斜，多少魂驚出蟄蛇。拈向晴曦窗下看，青青元是故
園麻」（巴壺天，1987：250）等。所表現的無非是無念真
妄、無住（無心）物事、自性清靜、自性無生滅、自性不動
搖、真空妙有、不住聖凡、不惑幻象等禪理，而所採用的大
多爲近體詩形式，可説是「舊酒舊瓶」，沒有什麼可以討論
的空間。其餘大體上也是這樣。因此，勢必要轉向現代出現
的文體來作考察，瞧瞧這些「新瓶」裏是否都裝著新酒。

　　爲了方便底下的論述，還得説明三點：第一，所謂「現
代」，純粹爲時間概念（並不涉及文化意涵，也就是由西方啓
蒙運動和工業革命所帶動的民主、科學等浪潮。這一部分，參見
陳秉璋等，1988；金耀基等，1990；李亦園等，1985），指我
們所現存的時代，往上追溯約略到清末民初（或更晚）。由
於只是舉例論證，不需要詳爲繫年，所以也就不必嚴格標定
現代的起點。

　　第二，討論的對象的選擇，比照前例，仍以容易看出佛

教化跡象的文體爲主，並且採取「代表制」作爲折衝（如同帶有敘事性的現代小說和現代戲劇，就只取現代小說；而對於如有表現佛教主題的一些現代戲劇作品，就可以等同看待而不必別爲討論——至於現代戲劇的形式，已經跟佛教無關，更不需要旁生枝節的納進來自我干擾）。在這個前提下，個人暫且以現代的語體小說、語體禪詩和語體散文爲討論的對象。

第三，本章所定的題目爲〈文學佛教化的現代進程〉，多少有把現代佛教化的文學作品「獨立」出來考察的意思，這就不免要涉及一點價值判斷。以至本章各節次標題的訂定，就不像前幾章一樣的「中性化」，它總要直接顯示個人在詮釋後所作的評價（前幾章的評價是透過內文間接呈現）。於是所謂「落俗套的佛理小說」、「旨趣不定的禪詩」、「流於說教的佛理散文」，正是個人對現代文學佛教化所作評價的「條陳」；它容許被增補，也容許被推翻，但都無妨於它作爲一個評估現代文學佛教化的案例。而照這樣說來，在文學佛教化方面，現代小說、禪詩和散文這些「新瓶」所裝的新酒，就相當有限了。

第二節　落俗套的佛理小說

現代的語體小說（按：現代小說不盡是語體，如二、三〇年代流行於上海十里洋場的鴛鴦蝴蝶派小說，就是用文言寫的。但這不關本論題，姑且不論），所顯現跟傳統小說的最大差別處，就是敘事模式（其中有關語言運用的差異或題材蘊意的不同還沒有算在內，因爲這一部分經常隨新變的時代環境而有

歧異的表現，難以進行「階段性」的比較）。它包括著敘事觀點、敘事方式、敘事結構的多樣化或奇特化，已經到了傳統小說難可比擬的地步。而這種情況，主要是受到西方小說的刺激而有意仿效所造成的。

以現有的文獻來看，西方小說從晚清大量傳入後，國人就開始警覺傳統的敘事模式終將受到強力的衝擊。如觚菴的〈觚菴漫筆〉說：「偵探小說，東洋人所謂舶來品也，已出版者不下數十種，而群推《福爾摩斯探案》爲最佳。余謂其佳處全在『華生筆記』四字。一案之破，動經時日，雖著名偵探家，必有疑所不當疑，爲所不當爲，令人閱之索然寡歡者。作者乃從華生一邊寫來，祇須福終日外出，已足了之，是謂善於趨避。且探案全恃理想規畫，如何發縱，如何指示，一一明寫於前，則雖犯人弋獲，亦覺索然意盡。福案每於獲犯後，詳述其理想規畫，則前此無益之理想，無益之規畫，均可不敘，遂覺福爾摩斯若先知，若神聖矣。是謂善於鋪敘。因華生本局外人，一切福之祕密，可不早宣示，絕非勉強，而華生既茫然不知，忽然罪人斯得，驚奇自出意外。截樹尋根，前事必需說明，是皆由其布局之巧，有以致之，遂令讀者亦爲驚奇不置。余故曰：其佳處全在『華生筆記』四字也」（阿英編，1989：430）。西方小說家懂得採取這類限制觀點來安排小說節，自然不是見慣自家傳統小說（幾乎都是採取全知觀點來安排小說情節）的國人所能想像，論者的嘆服聲中隱約的預告了這將是大家所要習取的對象。

又如知新室主人〈毒蛇圈・譯者語〉說：「我國小說體

裁，往往先將書中主人翁之姓氏來歷敘述一番，然後詳其事
於後；或亦有楔子、引子、詞章、言論之屬，以爲之冠者，
蓋非如是則無下手處矣。陳陳相因，幾於千篇一律，當然讀
者所共知。此篇爲法國小說鉅子鮑福所著，乃其起筆處即就
父女問答之詞，憑空落墨，恍如奇峰突兀，從天外飛來；又
如燃放花炮，火星亂起。然細察之，皆有條理，自非能手，
不能出此。雖然，此亦歐西小説家之常態耳」（陳平原，
1990：42引）及林紓〈歇洛克奇案開場序〉說：「此（奇案
開場）歇洛克試手探奇者也。文先言殺人者之敗露，下卷始
敘其由，令讀者駭其前而必繹其後，而書中故爲停頓蓄積，
待結穴處，始一一點清其發覺之故，令讀者恍然，此顧虎頭
所謂傳神阿堵也。寥寥僅三萬餘字，借之破睡亦佳」（阿英
編，1989：243）。論者對西方小説有這種倒敘手法甚表驚
訝，而回頭看中國小説幾乎千篇一律採用順敘手法，不免要
覺得索然乏味，這彷彿也預示了它將在國內風行開來。

　　又如瑟齋〈小說叢話〉說：「英國大文豪佐治賓哈威
云：『小説之程度愈高，則寫內面之事情愈多，寫外面之生
活愈少，故觀其書中兩者份量之比例，而書之價值可得而定
矣。』可謂知言。持此以料揀中國小説，則惟《紅樓夢》得
其一二耳，餘皆不足語於是也」（同上，430）及林紓〈塊
肉餘生述序〉說：「施耐庵著《水滸》，從史進入手，點染
數十人，咸歷落有致。至於後來，則一丘之貉，不復分疏其
人，意索才盡，亦精神不能持久而周遍之故……若是書
（《塊肉餘生記》）持敘家常至瑣屑無奇之事蹟，自不善操

筆者爲之，且憫憫生人睡魔，而迭更司乃能化腐爲奇，撮散作整，收五蟲萬怪，融匯之以精神，眞特筆也」（同上，254）。中國小說向來以情節爲結構中心，比較缺乏人物性格的刻劃和背景氛圍的描寫，而西方小說卻能兼顧或別爲凸出，以至論者不禁要另眼相看，這無異也在預期國人不妨多爲仿效。

　　相對來說，從西方傳來的多樣化或奇特化的敘事模式，雖然在晚清並沒有廣爲實踐，但它儼然已是中國此後發展敘事性文體所不可缺少的資源了（參見周慶華，1996b：59～62）。而傳統小說中所見的敘事形式或佛教經典中所有的敘事技巧，再也不足以用來衡量或對勘現代小說，只剩下題材蘊意方面還有可供考察的餘地。

　　首先，在題材蘊意方面，跟佛教有關的現代小說，數量並不少。此地佛光出版社，從六〇年代以來，就出版了《悟》、《不同的愛》、《弱水三千》、《蓮花水色》、《命命鳥》、《天寶寺傳奇》（原名《受戒》）、《地獄之門》、《黃花無語》等八集佛教小說選，收錄了海峽兩岸相關的小說作品一百多篇（其中《悟》、《不同的愛》、《弱水三千》、《蓮花水色》等所收的爲此地作家的作品；而《命命鳥》、《天寶寺傳奇》、《地獄之門》、《黃花無語》等所收的爲海峽對岸作家的作品──包括民國以來在大陸發表出版的作品）；還有康白的《蟠龍山》《緣起緣滅》、陳慧劍的《心靈的畫師》等佛教小說（另外有劉欣如的《佛教說話文學全集》十二冊及劉枋的《六祖惠能大師傳》劇本一冊。這不是「創

作」且跟現代小說不類，可以不論）。此外，此地商鼎文化出版社也曾出版海峽對岸郭青的《袈裟塵緣》及躍昇文化公司也曾出版此地葉文可的《火蓮》等自傳式長篇佛教小說。這些作品，可以看出現代小說家「嗜佛」的一斑，也可以看出佛教在現代人心中仍佔有一定的地位。

　　其次，這些作品大多被刻意的選編出版，選編出版者或引介者已經有過「初步」的評估，如「像姜天民先生的〈佛子〉、程乃珊女士的〈黃花無語〉、雨時、如月先生的〈風如大地〉……等作品，都寫得感人至深，是對佛教大慈大悲、持戒修善宗旨的一曲曲讚頌。這說明，中國的優秀傳統文化在這十年中又開始復甦和發展，『十年浩劫』後的社會心理又轉向崇尚安詳和善行，或者說，人們更加認識到淨化自己、利益人群的佛教精神之可貴」（許地山等，1991：序言3）、「中國佛教先後歷經五次大教難及無數次摧殘，都在劫火餘燼中再生。試看這套選集中的作品，或是因緣昭彰，流露甚深微妙法；或是佛理交融，抒解如來真實義。七十年風風雪雪中，佛門香火綿延不斷。這些文章的字裏行間處處有捨恚、忍辱、戒貪瞋癡、生死涅槃的影子，佛與法俱在」（姜天民等，1991：前言1～2）等都是。不過，這只是對於小說中有的佛教成分給予「肯定」或對於佛教的慧命得以延續而深感「慰藉」，並沒有進一步評估小說佛理化是否有一些凸出（有別於傳統小說）的表現。

　　實際上，這些作品固然運用了有別於傳統小說的技巧（偶而有像《袈裟塵緣》那樣在內文中羼入一些詩詞，但比起整

部作品所刻意經營的倒敘手法及對人物性格的刻劃等等，那一丁點的韻散夾雜形式又顯得「微不足道」），但在表達佛理上卻依然遵循著傳統那一套「符應」（既有佛理）的模式，看不出有什麼創新處。如志琨的〈喜帖〉，寫女尼妙悟（俗名靜媛）收到她過去所鍾愛的表哥和妹妹靜嫻的結婚喜帖時思潮翻湧，當中有這樣的表白：「『自識本心，自見本性；不知其故，何緣有此？』她無言地心語：『憶往事引證前非，何嘗不是覺？覺即是佛。』隨著，她平心靜氣地整理了一下思潮，刹那間，那椿悲歡離合的往事，彷彿就在她的眼前。『妙悟啊！』她的慧心又在提醒她：『你體如空，塵緣已離，這往事應該屬於靜媛的，在你淨戒時，你已與靜媛脫殼，現在你只能站在第三者的立場，來提引靜媛的往事。』於是，她謐恬地本著心意，慧而不迷的靜思⋯⋯現在，夜已深了，皎皎的明月，倍增了夜的柔美，颯颯的晚風，平添了幾分涼意。妙悟很恬謐地從筆筒裏取出一支羊毫，沾飽了墨汁，在那張紅色的喜帖上，寫下兩行端秀的字句：『塵緣已絕悟空相，禪心不亂見真佛。』」（孟瑤等，1991：181～191）這無疑是在爲佛教的受淨戒、離塵緣（悟空）下一注腳，而且是佛理直陳，毫無「蘊藉」（含蓄）可說。

又如鍾玲的〈蓮花水色〉，寫朝鮮國寶級無相寺的流雲和尚，他「在廟裏已經三十多年了。現在他任廟裏的監學師，遠近都傳說他得老住持真傳。一雙清澈的眼睛，令人見而忘俗。最奇特的是他容貌豐潤，活像畫裏的唐三藏，俊美如二十許人，其實他已年逾四十了。眾僧都認爲這是流雲童

身修鍊所致，對他更佩服得五體投地……他可真是心無點
塵。後院僧舍前立著兩座浮屠石塔，不時有金髮碧眼，露肩
露背，著極短熱褲的觀光女客，闖進來拍照。年輕的和尚，
個個正打著坐，都忍不住張大眼睛，好奇地瞪著這些眩目的
形體，但是她們對流雲起不了一絲作用，他依然寶相莊嚴地
入他的定……流雲走進松林之中，每天早上他都到這兒來盥
洗……流雲用手抹去臉上的水珠，忽然瞥見水槽中竟長出朵
白蓮，亭亭立在藍天之中，那裏有這種怪事？他趕快抹去眼
角的水珠，原來不是蓮花，是一張臉的倒影，一張美麗的
臉。她立在水槽對面，瞪著一雙明亮的、斜飛的眼睛望著他
……流雲把水瓢遞了給她……她又舀一瓢水，低下頭去喝。
黑髮由她背後，瀑布地瀉到胸前，髮梢在水面上引起陣陣漣
漪。她喝完水，抬頭對流雲一笑，然後把瓢遞回來，有意無
意間，她的指尖拂到流雲的手。他感到一陣舒暢……那天晚
上，他打坐的時候，腦海中出現一朵朵白色的蓮花……天微
明時，那口宋朝由中國運來的古鐘敲響之際，流雲斜著身
子，橫在蒲團上，窗外的曙色照著他的臉，臉上出現縱橫如
阡陌的紋路，一夜之間，他衰老了二十年」（鍾玲等，
1989：221～225）。這把一個動凡念而前功盡棄的勤修和尚
寫得極為傳神，全文凝鍊蘊藉也不同流俗；但它仍在「色不
迷人人自迷」的框框中討活計，沒有對既有的佛理進行深一
層次的「反省」或「突破」。

　　又如陳望塵的〈地獄之門〉，寫一個老頭暗中要救一隻
上等的「玫瑰紫」蟋蟀而沒有「成功」，文中前後敘及他的

一些心理變化：「這起頭是遠近聞名的蟋蟀先生，玩蟲客全都知道老西門城牆腳下住著眼力極兇的玩蟲高手……人一旦出名，世人都極樂意費時間津津樂道，何況這位蟋蟀先生的歷史又那麼地富有傳奇色彩。原來這老頭早年竟在上海灘有名的聞人杜月笙手下專門養過蟋蟀，玩蟲手段高明之至，隨便何等蟋蟀，他只要過一眼便能看出是什麼種類，有何等鬥品，能戰幾員大將。甚至有傳說云：即使不看蟋蟀，聽聽鳴聲，他就能分出優劣來……解放後，他怕提那段不光采歷史，連『蟋蟀』二字都不再提，願自安安份份度日，誠惶誠恐地度過了歷次『運動』關，這幾十年，他覺得好多人簡直也如蟋蟀一般好鬥成性。尤其是『文化大革命』那些人一夜間全都像被逗起了性的蟋蟀，雄赳赳到處轉著尋敵人……獨生兒子舉著古巴刀攻占醫專大樓時被亂槍打死，老太婆從此鬱鬱的，一年之後也伸伸腿跟著去了……打那以後，這老頭便不大要看鬥蟋蟀，一見到鬥蟋蟀他就會想到兒子；一看見人相毆他每每便想到了鬥盆中的蟋蟀。去年去省城當裁判，他很是矛盾過一陣……沒想到回來後他家便門庭若市，不時有慕名者攜蟲登門求教，他雖不大情願，但又怕得罪人……所以基本上是有求必應……突然，一個念頭固執地攫住了他——讓這玫瑰紫到城牆上去過安寧日子吧！他決計要設法使那蟲販子大失所望，使他像那些上門求救者那樣喪氣地把玫瑰紫從這扇大門裏扔出去……語未落音，那小白臉嘿地冷笑一聲……只見他右手大拇指翹得起起的，往盆中就那麼狠命一攃……可憐一頭年輕的蟋蟀便這樣慘不忍睹地進了地獄！

老頭先是一驚，繼而大怒……其後好幾天，這老頭總是鬱鬱的，總覺得是自己害死了那頭玫瑰紫，不過後來他便想開了：這樣也好，免得往後打鬥身亡；自己那獨生兒子即使是生病夭亡也比那樣受人愚弄武鬥打死強得多呵！再後來，就有玩蟲客傳說，那目力極兇的蟋蟀先生已不再肯給別人評論蟋蟀」（陳望塵等，1991：3～17）。這以相鬥或有相鬥欲念者將墮入地獄之門（文中以鬥盆象徵人間鬥場且一語雙關），印證佛教勸人不可造惡業的道理。雖然「譬喻」鮮活，但終究屬於平常規格，不見什麼「新意」。

　　又如程乃珊的〈黃花無語〉，寫一個年輕女子映荷應聘到一家診所當保姆，人能幹卻篤信宿命，文中有幾處關鍵性的描寫：「映荷當真能幹，菜也燒得可口，且會為東家精打細算……奇怪的是，她自己卻一點不沾葷腥，連炒菜的鍋子，也是另外的。『贖罪呀，』她私下跟醫生太太說：『聽講我一養出世，我娘給我去排了八字，算命先生就叫我娘不用把我養大了，讓我做尼姑去。因為我命太凶了，否則，我越大越苦惱。我爹娘結婚四十幾年，才得我一個女兒，他們怎捨得送我去做尼姑？當下另外買了個丫頭頂我的命去做了尼姑，可不就是作下孽了？這筆債還到現在還未還清呢……』說著，不禁一片眼淚汪汪。除了吃素外，她還好買錫箔長錠這種物事。那陣，這種迷信物事在市面上已買不到，唯有鄉下人暗暗做了，暗暗拿出來賣，映荷總也有法子能覓到，價錢自然是很貴的。後來連鄉下人那裏都買不到長錠錫箔了，只有那種黃草紙上蓋只紅戳子的黃票子，她照樣用人

民幣調來幾張每年年夜裏，還有鬼節或什麼莫名其妙的日子，都要燒上好幾次紙，燒得煙氣嗆人。醫生家是最忌講迷信的，在他家裏燒紙，自然吃不消，醫生太太婉轉地勸她……她則微微一笑，眼角卻分明濕漉漉的：『我也過一天算一天，活得到活不到老，也不知呢。』才告三十的人講出這樣寒心的話，醫生太太只覺得冷氣串心……人說天有不測風雲，那年何醫生下農村搞四清，天冷地凍的，去井臺拎水時，一跤滑在井臺上，後腦勺磕在井沿上，就一直沒醒過來……醫生太太居然懇求映荷，設法弄點黃票子來燒燒，她明知這無知得可笑，但她寧可這樣覺得心裏好受點，這有點像丈夫不過是出遠門，她得不時給他匯點款去，寄只包裹去……不料，映荷自己提出要走了……一週後，聽說映荷因為是逃亡地主，再加上搞迷信，常與人占卜算命，給文攻武衛關進去了。從此，再沒映荷的消息……這時，何太太才得知，映荷在被文攻武衛抓去後沒幾天，因著一些人對她拉拉扯扯，連打帶辱的，趁他們一個疏忽，她一頭撞在牆角上撞死了。那陣，她不過才四十罷了……何太太有好一陣無法平靜……每年年夜前，總要給映荷燒點去」（程乃珊等，1991：237～249）。這也等於在歷演一個佛教所說的苦業輪迴的例子；而以標題「黃花無語」（黃花指的是黃草紙蓋上紅戳子）來貫串全文，不免也增添幾許神祕的氣氛。但它還是在為佛作「見證」，並沒有開闢新的思路。

　　目前看得到的現代佛理小說，幾乎都像上述那樣一逕的在符應佛教義理。當中即使處理到一些「驚心動魄」的愛情

故事，往往也是以看淡去執終結（見葉文可，1997）或保留
一個渲洩口（讓苦戀者終有美滿婚姻。見郭青，1993。按：郭
青書還涉及援唯物論批判佛教思想，這另當別論）從反面顯示
壓抑感情的困難。後者無非是在透露愛情和從佛的矛盾（這
點清末蘇曼殊已相當擅長於揭發，他的《斷鴻零雁記》、《絳紗
記》、《非夢記》等小說，幾乎都以它爲主調。不過，最後蘇氏
都讓佛法戰勝愛情，稍爲有別於《袈裟塵緣》這類著作。蘇曼殊
的作品，見柳無忌編，1949），表面上似乎有點「不同凡
響」，其實跟前者一樣作用，也就是未嘗給佛教增減了什
麼。因爲現代佛理小說是這種情況，無異於層層相因，不脫
離傳統慣習，所以個人才說它「落俗套」，以顯示新瓶裏裝
的還是舊酒。

第三節　旨趣不定的禪詩

　　現代的語體詩，相對於傳統詩來說，最明顯的不同是形
式的自由化。它仿自西方的自由詩體（西方的一些格律詩，
如史詩體、亞歷山大體、、十四行體等，也被國人仿效過，但
「成績」有限。參見葛賢寧等，1976）而由民初一些文人刻意
實踐提倡的（如胡適、周作人、康白情、沈尹默、傅斯年、周
無、俞平伯、劉半農、陳獨秀、郁達夫、左舜生等等，都有過語
體詩，也極力參與「鼓吹」的行列。參見朱自清編選，1990；
鄭振鐸編選，1990）。雖然有部分人後來否定自己所作的語
體詩而再度寫起傳統詩（如周作人、沈尹默、俞平伯、劉半
農、陳獨秀、郁達夫、左舜生等就是。參見徐訏，1991：

45），但都無妨於它已經形成一股風潮，逐漸地「取代」了傳統詩的地位。至今仍然是語體詩的天下，傳統詩幾乎是走到臨界點了（偶而有人「抗俗」的倡導傳統詩的寫作，但顯見起不了什麼作用）。

當初提倡語體詩（俗稱新詩或白話詩）的人，有他們特定的見解，如「新詩所以別於舊詩而言。舊詩大體遵格律，拘音韻，講雕琢，尚典雅。新詩反之，自由成章而沒有一定的格律，切自然的音節而不必拘音韻，貴質樸而不講雕琢，以白話入行而不尚典雅。新詩破除一切桎梏人性的陳套，只求其無悖詩的精神罷了」（胡適編選，1990：324）、「形式上的束縛，使精神不能自由發展，使良好的內容不能充分表現。若想有一種新內容和新精神，不能不先打破那些束縛精神的枷鎖鐐銬。因此，中國近年的新詩運動可算得是一種『詩體的大解放』。因為有了這一層詩體的解放，所以豐富的材料，精密的觀察，高深的理想，複雜的感情，方才能跑到詩裏去。五七言八句的律詩絕不能容豐富的材料，二十八字的絕句絕不能寫精密的觀察，長短一定的七言五言絕不能委婉達出高深的理想與複雜的感情」（同上，295）等。這都認為語體詩形式自由、明白曉暢，比傳統詩更能表達人的思想情感。大體上，早期「實驗性」的作品泰半都符合這種觀念，但越往後就越不盡然了。不僅「現代派」中有超現實主義一體專寫人的內心世界而使得詩作極為晦澀難解，還有「後現代派」中眾多後設體、諧擬體、博議體、符號遊戲體、新圖像體等等試圖挑戰從古典派、寫實派、浪漫派到現

代派的詩作而造成人和文學（詩）徹底的疏離（參見孟樊主編，1993；文訊雜誌社主編，1996；孟樊，1995；劉納，1996），這些從西方傳入後一渲染開來，風靡人心的程度並不下於早期所見的那些寫實詩或浪漫詩，而它已經不是過去的文人們所能想像於萬一。因此，語體詩就現在來看，可說複雜到千言萬語也解釋不清；而一些帶有抉發詩作奧祕或教人如何作詩的著作（見徐訏，1975；覃子豪，1977；黃維樑，1989；趙天儀，1990；李瑞騰，1997；李漢偉，1997），也僅止於寫實詩或浪漫詩或局部的現代派詩，其餘根本「使不上力」（尤其是後現代派詩部分）。

　　以上是爲現代禪詩相關的「背景」略作說明，因爲現代禪詩也是在這一波詩體革新的浪潮中出現的（寫語體禪詩的人，也兼寫其他的語體詩），同時有些現代禪詩晦澀的程度也不輸於超現實那一類的詩作。還有得特別一提的是，現代禪詩出現的年代比較晚，而且散見於一些詩集或詩刊（像敻虹所出版標名爲「佛教現代詩」的《觀音菩薩摩訶薩》詩集，是絕無僅有的──況且集中所收的作品大多非禪詩）。洛夫和李元洛於八〇年代末合編的《大陸當代詩選》，所選二十家作品「竟然」沒有一篇禪詩；而整體上洛夫本人有這樣的評估：「今天大陸詩人雖都已揚棄了『政治標準第一』的框框，但有不少詩人潛意識中仍被『現實主義與浪漫主義結合』這一創作原則所套牢……大陸新詩的『露』與『白』，與臺灣早期現代詩的『深』與『澀』，同樣都是問題……本選集中某部分作品，讀來有的如同舊詩詞，有的跡近打油

詩，更多的是成語的堆砌」（洛夫等編，1989：序7～9），
聽來頗有「選無可選」的感慨，這樣要期待大陸詩人有從意
境上更推進一層的禪詩作品，雖然是不大可能。目前個人所
能看到的海峽對岸的禪詩，是此地《雙子星人文詩刊》1997
年6月號「現代禪詩專輯」刊載的劉大興、雷默、陳與、許
青安、孫謙等人所作的。據友人楊平（該期詩刊編輯）口頭
告知，那是他請雷默代爲蒐羅或邀稿的。這在此地稍爲「好
一點」，近二、三十年來都陸續有禪詩作品，也有詩人（如
楊平）在公開的推動，還能形成一小股風勢。

　　雖然如此，比起傳統禪詩，現代禪詩卻多了一分隱晦或
暈氣（不像傳統禪詩那樣「朗闊清澄」），並不好捉摸。如曾
蕭良的〈無題〉：

　　　在一片泡沫的夢裏
　　　我乃一顆圓靈的梵音輕況
　　　聲音乍歇
　　　一只蒼老的男聲清嘯
　　　一波無痕

　　　宇宙觀我
　　　我觀宇宙
　　　我乃一顆圓靈的梵音輕況
　　　於一片泡沫的夢裏（曾蕭良，1994：21）

楊平的〈電話菩提〉：

　　　　身似光纖物
　　　　心如絕緣物
　　　　千千萬萬的紛擾
　　　　一旦觸電──
　　　　窒窒
　　　　纖維本非光
　　　　絕緣如何悟
　　　　千千萬萬的紛擾
　　　　即令短路──
　　　　窒窒（楊平，1995a：57）

敻虹的〈詩的幻象〉：

　　　　最初，我的心
　　　　依傍著種種的美麗
　　　　海潮、胡琴、洞簫
　　　　從童年的臺東海岸
　　　　夜晚的空荒中
　　　　縈迴婉轉
　　　　……
　　　　半生在固守
　　　　那種種的美麗
　　　　不意，一夕之間
　　　　我的心，從自己的手裏釋放
　　　　釋放的手，又釋放了他自己

......

我的心

如果連美麗都不再依傍

那麼

詩也只是幻象（夐虹，1997：87～90）

賴賢宗的〈浪子與落葉〉：

落葉抬頭問浪子：

「你能不能把你的心事告訴我？」

浪子答以四處飄蕩的足跡

浪子手撫著落葉：

「你能不能拿你的哀傷給我看？」

落葉示以流散四地的枯萎

天地卻沒有心事

枯萎又何曾哀傷

而白雲仍蒼狗

而白雲仍蒼狗（賴賢宗，1994：95～96）

這幾首詩，明顯有禪語禪理的直陳賁湧，分別敘述著對於身
處泡沫般的夢幻裏（曾肅良詩）、萬般紛擾都不動心（楊平
詩）、無住於美麗或心愛的事物（夐虹詩）、天下無事庸人
何必自擾（賴賢宗詩）的體會，無一不是禪家語，也無一不
是禪家理。只是所配合的當前情境，有著一分「私祕性」，

詩人不多交代，旁人也無從揣測。

　　又如劉大興的〈一帖禪・鳥〉：

> 世界上最輕的東西
>
> 鳥　不小心被一陣風
>
> 吹走
>
> 會叫的鳥　一點一點地
>
> 掏出聲音的重量
>
> 鳥越飛越遠
>
> 越來越輕（劉大興，1997）

雷默的〈聽夜〉：

> 整夜的蛙鳴
>
> 濕氣低沈
>
> 頭更雨來急
>
> 新葉飛跑
>
> 未折斷的枝條
>
> 還掛著
>
> 久未聽夜了
>
> 倒頭便睡一呼嚕
>
> 自己也不曉得（雷默，1997）

沈志方的〈禪的對話〉：

……

來，讓我們一起體會陽光

如何在身體流轉

春夏與秋冬，快樂與悲傷

如何恬靜自如的在我們體內流轉

而不驚動時間與塵埃

不驚動慾望

不驚動心（沈志方，1994：25～26）

管管的〈荷〉：

「那裏曾經是一湖一湖的泥土」

「你是指這一地一地的荷花」

「現在又是一間一間的沼澤了」

「你是指這一池一池的樓房」

「是一池一池的樓房嗎」

「非也，卻是一屋一屋的荷花了」（張默等編，1995：

422）

這幾首詩，或示人棄捨塵絆以求自在（劉大興詩），或示人
無事牽掛而終獲身安（雷默詩），或示人不動忘念以得快適
（沈志方詩），或示人滄海桑田而不必我執（管管詩），禪
意瀟然悅人，也比前面幾首少一點「隱匿式背景」。不過，
它多少還有些許費解處（如鳥「越來越輕」後如何自我承受、
「久未聽夜」當倍覺新鮮又如何能「倒頭便睡」、「快樂與悲

傷」在體內流轉如何「不驚動心」、泥土／荷花／沼澤／樓房的
「變遷」既是人心使然又如何能「去執」？顯然得不到詩人的解
釋），不便逕以「尋常」眼光看待。

　　又如周夢蝶的〈菩提樹下〉：

　　誰是心裏藏著鏡子的人呢？
　　誰肯赤著腳踏過他的一生呢？
　　所有的眼都給眼矇住了
　　誰能於雪中取火，且鑄火爲雪？
　　在菩提樹下。一個只有半個面孔的人
　　抬眼向天，以嘆息回答
　　那欲自高處沈沈俯向他的蔚藍

　　……

　　坐斷幾個春天？
　　又坐熟多少夏日？
　　當你來時，雪是雪，你是你
　　一宿之後，雪既非雪，你亦非你
　　直到零下十年的今夜
　　當第一顆流星騞然重明

　　你乃驚見：
　　雪還是雪，你還是你
　　雖然結趺者的跫音已遠逝
　　唯草色凝碧（周夢蝶，1987：58～59）

又〈孤峰頂上〉：

　　……

　　烈風雷雨魑魅魍魎之夜

　　合歡花與含羞草喁喁私語之夜

　　是誰以狰獰而溫柔的矛盾磨折你？

　　雖然你的坐姿比徹悟還冷

　　比覆載你的虛空還厚而大且高……

　　沒有驚怖，也沒有顛倒

　　一番花謝又是一番花開。

　　想六十年後你自孤峰頂上坐起

　　看峰之下，之上之前之左右。

　　簇擁著一片燈海──每盞燈裏有你（同上，132～

133）

楊平的〈沒有一個生命真正死過〉：

　　二十年前的你是一朵雲。

　　一株樹。

　　無數平凡人子中的一個。

　　證道以後

　　仍是芸芸眾生的一部分：

　　觀照著天地、悲歡、你我

　　以及過往

以及，恆河岸邊的每一粒沙

沒有一個生命真正死過。
萎謝的花，絕跡的獸。
消失在地平線上的花
從蛹到蝶
有形的是軀體，剝落的是往事
輪轉的是一首永恆的慈悲之歌！
我見山、進山、出山
留下的足跡每一步都更接近空明！
無論地球以怎樣的方式風化──
毀滅──
沒有末日。

工作。
信仰。
生息。
直到停止呼吸──
我輕輕放下背包
合十一禮
開始面對另一段歷程（楊平，1995b）

這幾首詩，雖然有古代禪師所謂「老僧三十年前未參禪時，
見山是山，見水是水。及至後來親見知識，有個入處，見山
不是山，見水不是水。而今得個休歇處，依前見山只是山，

見水只是水」（《指月錄》卷 28，《卍續藏》卷 143：303 上）三階段修鍊精進以達於悟境的意味——頓現現象（物境）本體（禪境）融合不分的境界——但當代詩人卻又彷彿有意藉它來說一個或纏綿或悱惻或悲苦的故事，以至不免要留予人像追蹤小說家的筆觸，一步深陷一步，終於棄詩離禪而去。因此，比起上述一些讀後立刻會興起一分禪悅的作品，這類作品顯然有點叫人沈重。

此外，現代禪詩普遍較無意於經營傳統禪詩所有的那種奇趣（詳見前章第四節），但有的寫來又別有一番「風味」。如蕭蕭仿普明禪師〈牧牛圖頌〉和廓庵則禪師〈十牛圖頌〉所寫的〈我心中那頭牛啊！〉一系列作品就是。不論〈牧牛圖頌〉或〈十牛圖頌〉，都以牛喻心，以牧童牧牛象徵求道過程（參見杜松柏，1994：195～223），而蕭蕭卻逸出另作別想。且以甲乙篇三則為例：

> 未牧第一
> 猙獰頭角恣咆哮，奔走溪山路轉遙。
> 一片黑雲橫谷口，誰知步步犯佳苗。（普明禪師）
>
> 山崖隱在山嵐深處
> （牛隱在那裏？）
> 山嵐浪其跡在山路盡頭
> （我的心浪其跡在那條路的盡頭？）
> 山路環繞山崖
> （我心中的牛啊奔闖在什麼樣的一片黑？）（蕭蕭，

1996：123～124）

　　獨照第九

　　牛兒無處牧童閒，一片孤雲碧嶂間。

　　拍手高歌明月下，歸來猶有一重關。（普明禪師）

　　月是洗過的月

　　風是瘦了身的風

　　　　鞭也不提

　　　　策也不用

　　　　牛也不牧

　　　　心也不忙

　　　　兩手空空

　　　　兩山空空

　　　　回聲也空空

　　風是瘦了身的風

　　夜是洗過的夜（同上，137～138）

　　騎牛歸家第六

　　騎牛迤邐欲還家，羌笛聲聲送晚霞。

　　一拍一歌無限意，知音何必鼓脣牙。（廓庵則和尚）

　　黃昏的時候適合回家

　　牽不牽手

　　有沒有一個院落可以張望

其實已經無所謂了

只要眼神輕輕一碰觸
我還沒有說出口的
你早將她染織成西天晚霞
我請和風細細翻譯的
不就是你想聽賞的
花開消息？
只要眼神——
柴門透露紫色的光
甕牖是一個個會唱歌的缸
——眼神輕輕
一碰觸
什麼過往不是煙雲，過往的不是
雲煙？

其實，連眼神也無所謂啊（同上，155～156）！

前二則原頌是指心性尚未調馴和已經調馴後（因為還有
「我」在，仍未攝歸大全，所以說最後一關還沒有突破）的情
況，蕭蕭詩卻好像在說「迷途羔羊（牛）」而後得返，頗有
大感慰藉的意思。後一則原頌是說已經徹悟而無言說的餘地
（言語道斷，心行處滅），蕭蕭詩卻彷彿要喚侶寬解或暗示
知音道理。古今對照，實在無法以同趣看待。也因為有不是
（傳統）禪所能衡量的成分，所以這類作品基本上也是「意

旨」不明的。

　　感覺上，古人都很「認真」在談禪，而禪似乎就在他們周遭或身上；反觀今人對禪似乎有點「隔閡」，只是有意無意在觸及禪。這樣一來，禪在歷史進程中不免有了「斷裂」。這種斷裂，大概不是禪造成的，也不是今人造成的，而是歲月使人遺忘，是社會的急遽變動使禪機難得再現。詩人們所要接續的禪風背後，是無奈的擔負和萬般的悲情在支撐著，不再有真正的捨離，也不再有全然的解脫（參見周慶華，1997c：188～197）。在這種情況下，現代禪詩也就不容易評估，只得權以「旨趣不定」作結。

第四節　流於說教的佛理散文

　　現代的語體散文，已經不像傳統散文是相對於韻文（或駢文）而說的，它所對比的是現代的語體小說、現代的語體詩等等。因此，類似「散文既可稱得上韻文的對立面，也可稱為它的同宗兄弟，然而它卻缺乏韻文所具有的精確定義」（福勒，1987：213）這樣的考慮，已經有點不合時宜了。不過，說到它「缺乏精確定義」卻是「事實」。且以底下兩段略有代表性的散文定義為例：「散文可以說是以現實生活感思為基礎，以切身體驗或閱歷所得為素材，重新組織而成的『創作』，並且可以揉融詩、小說、戲劇等寫作技巧的一種獨特文類，其中既可以出自生活復回歸生活，也可以自生活出發，抵達幻想與虛構的時空，更能純粹進行理念上的論辯，單就觀念本身迴旋收放。因此，以獨特的藝術觀念或美

學原則匯入散文的創作內涵，發掘日常生活所隱藏的各種隱喻及內在的物象，應該是促使散文內容深化的重要途徑」（鄭明娳主編，1995：134）、「散文是一種歷史悠久的文學體裁。較之詩歌對韻律、想像力、句法變異等的要求來，散文來得更加隨便、自然；較之小說技巧性要求頗高的想像世界的複雜營造，散文的文體運作更爲簡潔精當。從文學文體學的角度來說，更爲重要的一點是，散文的語言運用不必像詩歌那樣十分凝鍊並在凝鍊中求得句式的新穎與變異，而是自由活絡，在特定情感或思想意旨的導引下，既可對場景進行洋洋灑灑的渲染性描寫，又可對某些事物一筆帶過。因而，從總體角度上說，散文是一種抒情達意的語言藝術，也是一種文體的語言運作自由的藝術」（張毅，1993：238）。先不要說這兩段對散文的定義彼此是否有衝突（如被前者肯認的「可以揉融詩、小說、戲劇等寫作技巧」的散文，可能被後者排除在散文範圍外——將它歸入詩或小說或戲劇），也不要說這兩段對散文的定義跟古人對散文的定義是否有差距（如古人分韻／散或文／筆，大略是就有韻／無韻或曲寫／直敘來說的，沒有今人談得那麼複雜），就說它們將散文當作「可左可右」或「既可以怎樣，又可以怎樣」，便知道散文得不到精確定義的窘況。

　　爲了方便論述，這裏只得暫時把散文看作介於詩（抒情性）和小說（敘事性）之間的「中間型文類」，而把它在相當程度上嘗試「涉足」或「入侵」詩和小說領域的情況，當成是一種特例。換句話說，如果把語言高度凝鍊和大量使用

比喻、象徵手法的作品歸爲詩,而把含有明顯的故事情節和
配合該故事情節而採取必要的敘事觀點及敘事方式的作品歸
爲小說,那麼剩下來(還可以算作文學作品)的,就是一些
語言並不高度凝鍊,也不大量使用比喻、象徵手法,也沒有
明顯的故事情節及其相關的敘事觀點和敘事方式的作品,這
些就姑且稱它爲散文;而如果在這一「軌範」外有涉及詩或
小說成分的額外添加或凸出表現,就不妨視爲散文的變體。
雖然如此,實際要去找這樣的作品可能不容易,這時也許得
將它當作一種「隱在」的形態,而以坊間所出版被大多數人
「公認」或「不證自明」的散文集中的作品爲檢驗對象。

　　同樣的,在跟佛教有關的語體散文中,所顯現的特色也
是僅止於題材蘊意方面。因此,可以比照第二節稱它爲佛理
散文。這類作品,佛光出版社從九〇年代以來,曾出版五册
包括海峽兩岸作家(及民初到四〇年代相關作家)的合集,分
別爲《僧伽》、《情緣》、《半是青山半白雲》(原名《緣
起》)、《宗月大師》、《大佛的沈思》。此外,比較容易
看得到的,是此地作家的別集,數量也不少,如林清玄的菩
提系列(包括《紫色菩提》、《鳳眼菩提》、《星月菩
提》、《如意菩提》、《拈花菩提》、《清涼菩提》、《寶
瓶菩提》、《紅塵菩提》、《隨喜菩提》、《有情菩提》等
等);墨人的《紅塵心語》;康原的《歡笑中的菩提》;奚
淞的《三十三堂札記》、《給川川的札記》;蕭蕭的《禪與
心的對話》;方杞的《人生禪》;簡媜的《只緣身在此山
中》;王靜蓉的《童心禪:有小星星已經很久了》、《尋常

飲水》；梁寒衣的《迦陵之音》等等。然而，仔細檢查這些
作品，卻感受不到有什麼精彩的表現（不能拿數量多來「充
數」），有的只是流於尋常的說教。這可以把它們摘錄而一
字排開來看個「究竟」，如老舍的〈宗月大師〉：

> 沒有他（宗月大師），我也許一輩子也不會入學讀
> 書。沒有他，我也許永遠想不起幫助別人有什麼樂趣與
> 意義。他是不是真的成了佛？我不知道。但是，我的確
> 相信他的居心與言行是與佛相近似的。我在精神上物質
> 上都受過他的好處，現在我的確願意他真的成了佛，並
> 且盼望他以佛心引領我向善，正像在三十五年前，他拉
> 著我去入私塾那樣（老舍等，1991：8～9）。

許地山的〈七寶池上的相思〉

> 彌陀說：「極樂世界的池上，何來淒切的泣聲？迦
> 陵頻迦，你下去看看，是誰這樣猖狂。」……彌陀說：
> 「善哉，迦陵！你乃能爲她說這大因緣！縱然碎世界爲
> 微塵，這微塵中也住著無量有情。所以世界不盡，有情
> 不盡；有情不盡，輪迴不盡；輪迴不盡，濟度不盡；濟
> 度不盡，樂土乃能顯現不盡。」話說完，蓮瓣漸把少婦
> 裹起來，再合成一朵菡萏低垂著。微風一吹，它荏弱得
> 支持不住，便墮入池裏（同上，19～25）。

林清玄的〈鏡裏的陽光〉：

> 回向，是「回轉」自己的善根功德「趣向」予眾

生，也就是趣向於佛果，就如同鏡子一面承受佛的光明，一面投影照亮黑暗……回向，是黑暗裏點一盞燈。回向，是雪地中生一盆火。回向，是風雨夜搭一個棚。回向呀！是怒濤駭浪中能平靜航行的法船。回向有非常非常之美，回向也有不可思議使自己與世界一起光明的力量（林清玄，1994：27）。

奚淞的〈天人五衰〉：

　　……佛陀的聲音跟隨著他的飛行：「天帝釋啊：世間一切，忽起忽滅，方生方死……唯有最深湛的寂滅，才駐留著真正的快樂啊……」川川。這就是出自《法句譬喻經》無常品第 1 的佛經故事。一個很動人的故事，不是嗎？此外，我也相信這個故事是真的……人的靈魂浩闊無際，包羅萬象，瞬息起滅，常墜輪迴。川川。最奧祕的一點，是人的精神居然那麼執著的追求著幸福和光明……這一點，要求我佛多加垂憫，請讓眾生從畜牲道裏脫離泥濘的盤旋吧（奚淞，1994：40～45）。

蕭蕭的〈應無所住而生其心〉：

　　或許，我們不一定能了解「自性」是什麼，不過，了解「應無所住而生其心」倒真有令人動容的地方，住是「居」、「停」、「留」之意，不要在任何一件事物上停留、固執，《金剛經》的原文是說：「應如是生清

淨心,不應住色生心,不應住聲音味觸法生心,應無所
住而生其心。」那裏才是我們的心該駐足停留的地方?
無所住,不在任何一處停留!而且,還要在不停留的任
何一處能生清淨心……最近一次,我在學校的週會演講
是以這樣的一句話結束的:「喜怒哀樂,不妨形於色,
但要能不住於心。」不是嗎?該是喜樂的事,何不放懷
大笑,原是悲愁的結,當然要放聲大哭,只是,事過
了、境遷了,又何必讓那樣的心事心結永遠停留在胸口
呢?而且,還要在任何笑過哭過的地方生清淨心(蕭
蕭,1995:13~14)!

簡媜的〈紅塵親切〉:

空法師學的是禪,尋常飲水、平日起居之間,常可
以從他身上體悟到一些禪機妙意。但他不曾刻意著力於
語言文字,一言一字皆平常心而已……若要說:「心上
有人,不苦!」那又騙得了誰?若要說:「心上有人,
著實苦!」又是誰把苦予你吃?若還要說:「身心俱
放,即不苦!」明明是自解又自纏!「情」之一字重若
泰山,誰提得起?「情」之一字又輕如鴻毛,飄掠心影
之時,誰忍放下?正是兩頭截斷、深淵薄冰進退不得之
際,我滿腹委屈偷覷一眼,只見他平平安安走在臺北的
街道上,瀏覽四周的高樓大廈,自顧自說:「其實我們
出家人蠻好的,處處無家處處家!」一切意,盡在不言
中了(簡媜,1996:106~108)。

王靜蓉的〈雲在青天水在瓶〉：

> 這天，帶 C 君去見師父……他說：「對於佛，與佛所說，我已經沒有問題，真心同意。以前對前世來生總總神通之說曾感猶疑……現在種種束縛也已離開。」師父點點頭說：「前世、今生、來生，就像我們的過去、現在和未來。誰沒有昨天今天和明天？誰不是自過去世來到現在世，誰不憂懼明天墮入塗苦？若不這般告訴你們，你們怎能虔心播善根，種福德，寄望將來。佛，是善喻的，甚至你想看過去世，看未來極樂世界，他都能讓你看見。」……善哉，善哉，聽師父說話，不僅 C 君，我也點頭起來，因為了了見性吧。師父的精舍雜在公寓叢中，尋常時空下的談話卻如摩尼珠現色，見者不同而珠未變（王靜蓉，1989：38～40）。

傳統佛教的善惡果報、輪迴、濟度思想，以及禪宗的無住觀念和平常心是道說法等等，盡在這些段落中直接說給人聽（按：含有禪理的散文，不比照第二節稱它為禪理散文，主要是沒有人這樣稱呼以及它不像禪理詩多用寄寓方式。因此，仍將它歸為佛理支脈而不別為討論），一如佛教中人說教，缺少文學作品所應有的蘊藉含蓄之美。由於現代佛理散文罕見「新裁」且訓誨意味濃，以至這裏不得不判斷它「流於說教」。而藉此也可見，現代散文作為一種新近才出現的文體，在表現佛理上還沒有什麼可稱道的「成果」。

第六章　面向未來可能的思考模式

第一節　文學佛教化取代佛教文學化

佛教和文學的系譜，根據前面所述，可以從兩方面考察得知：第一，佛教在傳播義理的過程中，經常運用到一般的文學手法，諸如敘事技巧、譬喻手段、偈語的格律化、表義的寓言式等等，而造成佛教中有文學成分的事實。第二，文學在遭遇佛教的衝擊後，難免也要採及變化佛教的題材和汲引櫽栝佛教的義理，而造成文學中也有佛教成分的事實。兩者姑且分別稱為佛教文學化和文學佛教化，而可以仿照本論述對它們進行深入的探討。

然而，又以實情相衡量，佛教文學化對佛教來說，並沒有多大助益於義理的傳達（詳見第三章）；而對時下的文學來說，也無法在「文學性」方面再作出什麼貢獻（它除了在歷史上產生過「光芒」，到現在幾乎已呈相當「落伍」的狀態）。因此，今後佛教界如能再造典籍的話，仍一味走文學化路線或強調文學化作為，顯見那將是沒有太大意義的。反觀文學佛教化就不一樣了，它不但可以保存局部的佛教義理，而且對文學本身來說還開闊了「境界」或「規模」，是可以期待它繼續發展下去的。以至從相對立場上設想，以文學佛教化取代佛教文學化，也就成了順理成章的事。

　　這一點，不只是有理論基礎，還可以在經驗上獲得印證。我們知道文學經常以仿擬或構設事件來蘊涵佛教義理，容易讓人「身歷其境」或「感同身受」而發揮應有的效果（遠比直接對人說理要有「經驗」基礎）。話是這樣說，但不敢保證所有佛教化的文學作品都以將佛教義理「蘊涵」在內為能事（而不會流於直接說教）。畢竟不是人人都有不凡的文學修養可以把它處理得「精彩動人」（這從第四、五章中的引例可以推測得知）。因此，有志於傳揚佛教義理的作家，還得一併努力把文學技巧磨鍊得高明一點才行。而換個角度來看，已經存在或將會存在的一些含有直接說教成分的文學作品，跟佛教經典幾乎沒有兩樣，適時要稱它為文學作品，又嫌少一分可以玩味的好處；如果要改稱它為佛教典籍，卻又因缺乏「莊嚴寶相」而顯得不倫不類。於是文學佛教化本身，也得在文學技巧上多費工夫，才能守住「文學」（或優秀文學）的本根。不然，一味直陳佛教義理，不免會淪於「主副」易位的弔詭局面。

第二節　新實相世界的貞定與開發

　　確定文學佛教化是勢必要走的一條路後，我們可以接著考慮的是新方案的問題。這個新方案，自然有別於歷史上的文學佛教化或現代的文學佛教化所有的種種作法，而可以徵候未來的文學佛教化的努力方向或乾脆就是未來的文學佛教化的特有標記。整個思路，大略是這樣的：

　　首先，在各種可能的文學佛教化的方案中，貞定或開發

新實相世界，應是較爲迫切也是較有意義的；而貞定或開發
新實相世界，也就是未來的文學佛教化的新方案所在。

　　其次，所謂新實相世界，不只有別於舊實相世界，還隱
含著該「新」將是多次性或無限性的新（而不是一次性
的）。舊實相世界，相傳是佛陀所領悟和證入的，但佛教自
己向來就說不清楚那是怎麼一回事，又常常以「不可說」
（或不可思議）的話頭阻斷別人對它的質疑〔所謂「若如來於
一切法不可言說，無名無相，無色無聲，無行無作，無文字，無
戲論，無表示，離心意識，一切言語道斷寂靜照明，而以文字語
言分別顯示，一切世間所不能解」（《大寶積經》卷86，《大
正藏》卷11：493上）、「如佛所說，四種境界不可思議：一
者業境界不可思議，二者龍境界不可思議，三者禪境界不可思
議，四者佛境界不可思議」（《大寶積經》卷86，《大正藏》
卷11：493下）、「何謂法不可言說？所謂第一義。其第一義
中亦無文字及義」（《大方等大集經》卷18，《大正藏》卷
13：123中）等等就是〕。殊不知裏頭隱藏了一個雙面性的
詭論：一面是實際已知該實相世界是怎麼一回事而卻說它不
可說；一面是實際不知該實相世界是怎麼一回事卻再三盛稱
它而最後又說它不可說（盛稱該實相世界時，儼然已知它是怎
麼一回事，卻又聲明它不可說，顯然是個詭論）（參見周慶華，
1997b：109～122），這是很難令人信服的。其實，這個問
題可以這樣理解：第一個人所說的實相世界，跟第二個人、
第三個人……所說的實相世界，依理是不會一致的。因此，
佛教所提出（預設）的這個絕對義上的實相世界，最多只能

存在於個別的經驗中（第一個人可以把他所經驗到的某一心境或意態，權宜的稱爲實相世界），其他人要完全理解它或掌握它，基本上是有困難的（每個人都會受制於生理、心理、社會、歷史文化等因素，很難出現視域融合或經驗重疊的情況）。因此，只要正視這個「事實」，而賦予該實相世界可憑人領會的彈性，根本就不需用不可説一類話頭來「故作神祕」。

再次，所以説該實相世界可憑人領會，還有一個更基本的原因，就是佛教所講的實相世界（寂靜自在境界），跟西方從柏拉圖以來所講的抽象理念世界，二者在思考模式上有點類似。西方人所認定的宇宙中有個不變的事物（理念世界），其實只是一種戲設（假設）。因爲事物不斷在變動，變動前不知爲何（不知起源），變動後也不知爲何（不知終極），主體我的推知，僅僅是一種片面之詞。由於主體我先預設了目的（理念世界），所以會把相關性的事物選出、串連，依循一些主觀的情見，作序次性的由此端推向彼端或由下層（直觀現象）推向上層（理念本體）的辯證活動。殊不知物物之間、人人之間、人物之間不僅互涉重重，而且當中並置未涉的同時仍然互爲指證，這又不是序次性秩序所能表詮的（參見葉維廉，1988：118～123）。佛教所認定的實相世界，也是相近這種情況。因此，嚴格一點的説，該實相世界只是可「信仰」的對象，而不是可「認知」的對象（誰能設立一個標準來衡量它呢）。而由信仰轉來，每一個人都可以聲稱他體驗到了實相世界，只是在不同時刻（情境）所體

驗到的實相世界不盡相同罷了。也因為這樣,這裏才肯定各人每一次所體驗到的都可以稱為新實相世界;而這種新實相世界也將永遠向著未來「開放」。

最後,實相世界固然完全是學人(佛教信徒)自己的想像契會,而學人的每一次想像契會經驗也都是個別的、獨特的(無法取代),一如輪扁的斲輪那樣「得之於手而應於心,口不能言,有數存焉」(《莊子・天道》),但這並不代表相關的經驗的陳述(如佛陀一生所作的那樣)都沒有意義。那些陳述仍是悟道者經驗部分的條理化(有語言相對應而可說的那部分),對初學者來説,也不失為便捷的指南。因此,繼起的作家,如何利用所仿擬或構設的事件來歷演新實相世界的領悟和證入流程而留下「標月之指」供人揣摩領會,也就成了所要面對的最大的考驗,而它也是文學佛教化能展現新氣象的契機所在。

我們知道傳統佛教(論師)和禪宗曾提出一些「不生亦不滅,不常亦不斷,不一亦不異,不來亦不出」(《中論》卷1,《大正藏》卷 30:1 中)、「先立無念為宗,無相為體,無住為本」(《六祖法寶壇經・定慧第4》,《大正藏》卷 48:353 上)等頗有啓發性的「法門」〔泯除「生滅」、「常斷」、「一異」、「來出(去)」的差別及奉行「無念」、「無相」、「無住」等三無〕,只是在具體情境中究竟要如何落實,還沒有「鋪展」開來,而有待後人勉為籌畫對策,才有助於實際的個別或集體的痛苦煩惱的解除。一向以善於捕捉時代脈動「自居」的作家們,正可以期待他們來「大顯

身手」。

附錄：

臺灣新禪詩話語的變異性

一、話語世界

嚴格的說，我們所生存的由語言所建構起來的世界，應當稱爲「話語世界」，而不僅僅是「語言世界」而已。語言最小的單位是語詞，而語詞要具有傳達信息的功能，卻得在整體話語的脈絡裏才有可能。因此，我們實際所體驗到的是話語，而不是語言。

話語，相對應的英語是 text 或 discourse，另有言說（言談）、論述（論說）、篇章（語篇）等稱呼。它指的是任何書面的或口頭的在內容和結構上組合成爲一個整體的文字材料或言說。換句話說，話語是大於句子且可以分解的言語單位（參見王福祥，1994：46～68）。稍早，它曾被藉來區分文類的依據；後來，則被引進思想和政治的分析中，特別是後結構主義學家傅柯（M.Foucault）所從事的一系列知識考掘的工作。

大體上，話語的基本單位是陳述；陳述方式的構成影響著話語的整體表現，「其中的關鍵環節是：（一）誰在說話，他憑什麼權力說話？（二）說話者所憑藉的制度地點，也就是使其話語獲得合法性和應用對象的來源。（三）說話

者與各種對象領域的關係。在這些環節中,話語並非是我們
所能看到的純淨狀態的思想或經驗,在其背後,是一個緊密
的多重關係的網路」(張文軍,1998:71)。用傅柯的話來
說,話語是一個社會團體根據某些成規,將其意義傳播確立
於社會中並爲其他團體所認識交會的過程。因此,我們所接
觸的各種政教文化、醫農理工的制度和機構以及思維行動的
準則,都可以說是形形色色的「話語運作」的表徵(詳見傅
柯,1993:93~131)。而它的實質性結構,就是權力:

> 「話語」是現代和後現代社會將人作爲「主體」來
> 進行組構和規定的一條最具特權的途徑。用當今流行的
> 話來說,「權力」透過它分散的制度化中介使我們「主
> 體化」:此即,它使我們成爲「主體」,並使我們服從
> 於控制性法則的統治。此法則爲我們社會所授權,並給
> 人類自由劃定了可能的、允許的範疇──這就是說,它
> 「擺布」著我們。實際上,我們甚可以假定,權力影響
> 著我們反抗它所採取的形式〔蘭特利奇(F. Lentricchi-
> a)等編,1994:77〕。

根據這個觀念,權力之外並不存在本質的自我;同樣
的,對權力任何特定形式的反抗(也就是對任何散布的
「眞理」的反抗),也是依賴於權力,而不是某些有關
自由或自我的抽象範疇。換句話說,我們所生存的世
界,就是一個話語運作的場域,而權力則爲該場域終極
的主體。

二、新禪詩話語的選定

從這一點來看，「詩」也只是一種話語形態而已，它終究不得不被權力所「擁抱」。過去，大家普遍把詩視爲「語言的藝術」（參見王夢鷗，1976b：9～13），甚至還有形式主義學家將它從實用的層次抽離而賦予藝術的自主性意涵（參見古添洪，1984：208～213；高辛勇，1987：17～18）；但現在我們知道這是過度「樂觀」的結果。詩相關的種種技巧的運用，無不是爲了讓它更能「吸引」人，因此而成就詩人「泰斗」或「祭酒」一類的榮名。除非詩人隨寫隨毀或永遠封藏不發表，不然他都不免要投入權力場域跟人競逐某些頭銜。

由詩的古典形式過渡到現代形式，是否也是這樣？答案是肯定的。（這裏全以中國詩爲例）向來有關詩的創作，就沒有脫離過要使它成爲教化人心的話語範圍。所謂「正得失，動天地，感鬼神，莫近於詩。先王以是經夫婦，成孝敬，厚人倫，美教化，移風俗」（《毛詩・序》）、「感人心者，莫先乎情，莫始乎言，莫切乎聲，莫深乎義。詩者：根情，苗言，華聲，實義。上自聖賢，下至愚騃，微及豚魚，幽及鬼神，群分而氣同，形異而情一，未有聲入而不應，情交而不感者」（白居易〈與元九書〉，《白氏長慶集》卷45）、「詩有三義焉：一曰興，二曰比，三曰賦……宏斯三義，酌而用之，幹之以風力，潤之以丹彩，使味之者無極，聞之者動心，是詩之至也」（鍾嶸《詩品・序》）、

「詩者述事以寄情，事貴詳，情貴隱，及乎感會於心，則情
見於詞，此所以入人深也。如將盛氣直述，更無餘味，則感
人也淺，烏能使其不知手舞足蹈；又況厚人倫，美教化，動
天地，感鬼神乎」（魏泰《臨漢隱居詩話》）等，說的都是
同一件事（後二則所提及詩述事寄情的技巧，正是爲達教化人
心的目的而考慮採用的）。而它所選取的比喻、象徵等表達
手法，除了略爲區別於其他文類，主要還是「中意」該表達
手法可以「入人深」（不易忘卻），以便爲整體話語能遂行
教化目的而作出「自我完善」的必要保證。

　　這種情況，即使發展到現代的「新詩」，也沒有太大的
改變。新詩講究的是「詩體的解放」，表面上在爭取「享樂
欲望的滿足」和「深遠思想的傳達」（胡適編選，1990：
294～238），實際上則是擔心「擺脫不了前人的籠罩」和
「爭取不到讀者的喝采」這類（雙重的）影響焦慮，直到現
代派的超現實主義詩和後現代派的各種解構詩出來，依然沒
有退卻的趨勢。前者（指超現實主義詩），企圖經由美學上
的斷裂和革新來發掘新的觀察、表現和行爲的模式（參見林
燿德主編，1993：277～296；文訊雜誌社主編，1996：247～
262），所希望影響的還是新一代「嗜新」的讀者；而後
者，以各種諧擬的技巧、博議的拼貼、意符的遊戲、事件的
即興演出、更新的圖像呈現和字體的形式實驗等可能的解構
手法向現代詩和前現代詩挑戰（參見孟樊，1995：261～
279；奚密，1998：203～223），也無法免除要在讀者群中留
下「口碑」的強烈欲求。因此，像詩人張默所考察到的「如

果總結（臺灣現代詩）過往發展的脈絡與成績，大致約有以下諸端：（一）對五四以降白話詩的反動，企圖建立嶄新的語系。（二）研習歐美各種詩的流派，嘗試運用各種詩的技法。（三）擴大詩人的視野，開拓詩人的素材。（四）知性與感性並列，陽剛與陰柔同行。（五）電腦資訊日新月異，尋求文字以外多媒體的呈現與組合。（六）繼續向浩瀚未知的詩世界，作永無休止的探險」（張默主編，1989：詩卷序17～18）一類現象，就是爲「能在詩中建造一個新的世界，給予讀者一些新的感受和啓發」（洛夫等編，1989：洛夫序10）的渴望下所凝結而成的；當中各階段詩風的改變，正是多元（詩）話語策略競勝的結果。

根據上述，我們可以把焦點轉移到新禪詩上。新禪詩相對的是舊禪詩；舊禪詩以古體形式或近體形式來表現禪理（參見杜松柏，1980；孫昌武；1994），而新禪詩則改以語體形式而重新出發。它在外觀上跟其他新詩沒有兩樣，但在內涵上卻比其他新詩多了一點限制，也就是它是專事於「寫禪」的詩。寫禪的詩所以會形成一個獨特的領域，主要是禪悟或禪修的籲求逐漸要變成空谷足音，詩人們把禪帶入詩作中，即使攀不上「力挽狂瀾」的壯舉，也多少能引起旁人的側目（參見周慶華，1997c：180～188）。在這種情況下，新禪詩的「話語性」就更強了；它不僅要改變大家對於「只能」以古體或近體表現禪理的刻板印象，而且還要大家「正

視」它所傳達禪理可藉以調馴心性的作用。因此，選擇新禪詩這種話語來探究，就有「滿足好奇心理」或「窺視詩風動向」一類冠冕堂皇的理由可說了。

三、臺灣新禪詩話語的考掘

為了容易討論，也為了避免陷入「浮泛論述」的窘境，這裏只針對臺灣一地所見的新禪詩予以描繪論辯；其他地區如果也有同類型作品，不妨比照這裏的論述摸式去鑒裁，此刻無論如何也不願分心多贊一語。

所以這樣確認，除了論題的限定，還有一個不成理由的理由，就是現在有人（特指大陸的學者）把大陸新時期以來所出現的「朦朧詩」跟禪聯在一起談論，而認為禪在朦朧詩中又獲得了「生機」：「中國古代詩語傳統與詩思方式同禪的關係是十分密切的，因而當他們在自我內心進行爆裂與調整來反叛當下詩壇的虛假、空間、單調時，傳統詩歌中的禪思方式就很有可能成為一種自覺或不自覺的藝術力量」（譚桂林，1999）。問題是朦朧詩只跟舊禪詩在表達手法上相似〔都有遠取譬、復合象徵和多向聯想等現象；好比錢鍾書所說的「唯禪宗公案偈語，句不停意，用不停機，口角靈活，遠邁道士之金丹詩訣。詞章家儁句，每本禪人話頭……死灰槁木人語，可成絕妙好詞」（錢鍾書，1987：226），朦朧詩最多只在這類藝術手法上可以跟舊禪詩並看〕，根本難以跂及對方所經營的禪境。因為朦朧詩在臺灣一地稱作超現實主義詩，而超現

實主義詩強調的是下意識書寫（自動寫作），以人的夢境或潛意識爲題材，在實質上跟禪境差距很遠（一個要保留內在世界的紛亂，一個要獲得心靈的澄明無垢）。如果把這類作品也視爲禪詩，那就世界各地無所不見禪詩的蹤影了（因爲很多地區都有超現實主義詩）；這時要凸顯臺灣一地所見，也就沒有什麼特別的意義。然而，實際上臺灣確有別處所罕見的新禪詩，很可以成爲大家考察討論的對象。

　　相對的，臺灣新禪詩如何認定，也勢必是一個要嚴肅面對的問題。底下有段議論頗值得注意：「詩人應物抒感，物色之動，心亦搖焉，禪宗卻要人不在色、聲、香、味、觸、法上生心；詩人含毫吐臆，與境孚會，禪宗卻要人心無所住，在幻境上不生念，存在實踐地自悟本心本性。因此，依禪宗義理來講，絕對開展不出『詩』來，不僅因爲他們不立文字而已。後代之所謂禪詩，都是單拈一端，賦詩斷章，以供譬說。例如嚴羽說：『大抵禪道在妙悟，詩道亦惟在妙悟』，妙悟是詩禪都講求的一套方法，但其目的指向不同，方法的根據亦不同，甚至方法本身也不同，絕不能併爲一談。曾茶山曾說學詩如參禪，然其所謂禪，其實仍是儒者之養氣，便是個最值得深思的例子」（龔鵬程，1986：142）。倘若這種說法可以成立，那就沒有禪詩的存在，而本論題也是多餘的。但又不然，它要先假定沒有語言（文字）可以表達禪境，才能推出詩這種文體也是不足以說禪的；而實際上卻不是這樣，語言的「筌蹄」功能始終是被肯定的（參見周慶華，1997b：159～176），詩人驅遣語言（以構成詩話語）

來表現禪理（或營造禪境）也是順理成章的事。因此，這就
不至於構成本論述的妨礙。不過，它所隱含指責的有種貌似
或偽裝禪詩的詩（僅在「方法」層次略同於禪道而已），卻能
提醒我們要多磨鍊一種簡別的工夫。

　　現在有個例子，可以藉來印證這一點。有人討論禪對新
詩的影響時，僅從禪的思維層面入手，而有「靈動超詣的無
我之境」、「孤寂而自在的生命覺」和「遠近俱泯的時空
觀」等論點舖陳（見潘麗珠，1997：27～46）。這究竟如何
跟禪發生聯繫，還有得爭議（如禪宗所講的「無我」是「無自
性」而不是「物我同忘」那回事；而「自在的生命」是「活潑潑
的」並不「孤寂」；而「時空」是由「心生」也不關超越「俱
泯」一類工夫論）；而所舉的一些詩作如余光中的〈松濤〉
「夏長晝永，山深如古鐘／要多少寂靜才注得滿呢／這樣渾
圓的一大口空洞？／這一帶山間有一位隱士／他來時長袖翩
翩地飄擺／把廊外一排排高蕭的古松／不經意輕輕地撫弄／
弄響了千弦的翡翠琴……」、羅門的〈觀海〉「總是發光的
明天／總是弦音琴聲迴響的遠方／千里江河是你的手／握山
頂的雪林野的花而來／帶來一路的風景／其中最美最耐看
的／到後來都不是風景／而是開在你額上／那朵永不凋的空
寂」、蓉子的〈非詩的禮讚〉「當我們走過煙雲／才知道山
水無垠／當我們踏響山河之美／自己也成為其中美麗的一
點」等，也跟禪宗所講的「無念」、「無相」、「無住」的
道理相去甚遠（上述三首詩所顯現的都頗有執著於外在的事
物），更無法想像它們又體現了什麼樣的禪境（得道後的意

態或心境）。這豈不是暗示了我們要再細心甄辨，才能聯上本課題？

這樣說來，臺灣新禪詩就是要在這多種「排除法」中被發掘出來。它所代表的是（我所認為）可以跟歷史上的禪相互印證的話語（而不僅僅是禪的「鄰夥」或「近似」的話語），以及還有可能向未來開放的基進特徵。至於本文這些說法，也不免於是一種話語，有試圖搶佔相關言論市場的嫌疑。我的自剖是：容許對諍，也容許被取代，但無法改變我要這樣構設的意志力。

四、臺灣新禪詩話語的多重變異

能滿足新禪詩條件的，已經限定在一些表現禪理（或營造禪境）的作品，接著就比較方便進行檢視的工作。首先，在臺灣曾經刻意經營過這類話語的詩人，大概有周夢蝶、羅門、管管、張健、敻虹、蕭蕭、楊平、沈志方、曾肅良、賴賢宗等，他們都有詩集問世，而所謂新禪詩作品就屬雜在那裏面。其次，這些新禪詩作品相對於舊禪詩作品來說，很明顯有四點改變：

第一，詩體形式由規律化的古近體（尤其是近體）變成非規律化的自由體，而且篇幅有的有偏長的現象。如周夢蝶的〈孤峰頂上〉就長達五〇行（周夢蝶，1987：130~133）；敻虹的〈詩的幻象〉也長達四〇行（敻虹，1997：87~90）。這顯示過去的詩人寫禪「要言不繁」，而現在的

詩人寫禪「不厭繁言」。

　　第二，舊禪詩中凡是要借象喻意的，多半以自然界所見的景物爲依據（參見杜松柏選注，1981；焦金堂選輯，1981；陳香選注，1989）；而新禪詩卻大肆從商業文明裏取材，頗有要改到都會區「生禪心」的意味。所標示的是詩中「事體」的變化，以及舖陳該事體的語言的必然要加長（商業文明中的事物「多方牽扯」，不多說則語意不足）。

　　第三，由於新禪詩的「繁言」「多采」，使得詩中所隱含的情感，也有了古今的區別。似乎古人較能在「寧靜中悟靜」，而今人只能在「喧鬧中悟靜」。在喧鬧中悟靜，很可能「靜後復鬧」，以至必須「悟而再悟」，永無止期。這不啻暗示著今人在寫禪時「情切」或「躁急」於古人。

　　第四，最重要的是，新禪詩所要表現的禪理（或所要營造的禪境），就在繁言多采中失去了「焦點」。過去詩人寫禪多有明確的著力點，如張說的〈灉湖山寺〉「空山寂歷道心生，虛谷迢遙野鳥聲。禪室從來塵外賞，香臺豈是世中情。雲間東嶺千尋出，樹裏南湖一片明。若使巢由知此意，不將蘿薜易簪纓」（《全唐詩》卷88）、李石的〈雪〉「大地纖毫色色空，寥天望極一鴻濛。夜凝冷浸梅魂月，朝拂朝回縞帶風。身世密移塵境外，乾坤收入玉壺中。虛堂瑞草瓊林合，壓盡蓬萊第一峰」（《方舟集》卷4）等，這不論是在表達「色空一如」「塵世即道場」的禪理（指張說詩），還是在營造「自性無所不在」「自性無所不包」的禪境（指李石詩），都會明白點出相應的契悟處（如方外禪室／俗世香

臺或簪纓仕宦／蘿薜隱居並無分別；而一旦證入真際則無處不道場）。反觀新禪詩，在這個環節上特別難以捉摸，如張健的〈悟〉「我在電梯上／坐了五千（十？）年／這才了悟：人／是一粒微塵」（張健，1985：160）、洛夫的〈泡沫之外〉「……戰爭是一回事／不朽是另一回事／臼砲彈與頭額在高空互撞／必然掀起一陣大大的崩潰之風／於是乎／這邊一座銅像／那邊一座銅像／而我們的確只是一堆／不爲什麼而閃爍的／泡沫」（洛夫，1991：45～46）、羅門的〈傘〉「……他愕然站住／把自己緊緊握成傘把／而只有天空是傘／雨在傘裏落／傘外無雨」（羅門，1996：327～328）等，這都有表現禪理（指張健、洛夫詩）或營造禪境（指羅門詩）的「企圖」，但把坐電梯和了悟己身的渺小聯在一起卻很勉強（何況禪宗講的是「吾心即宇宙」，如何反過來說「自己是一粒微塵」呢），而領悟生命如泡沫般容易幻滅也不必相對於另一些死於戰爭的「功將」的勳績長存（由被立銅像可見一斑）卻要強爲互比，以及傘裏傘外不再分別的禪境卻讓一個把自己緊握成傘把（有所執著）的人兒不識趣的在擔綱演出，顯然很難想像它契悟的著力點是如何可能的。類似這種寫禪不知禪「從何而來」的情況，在一些篇幅較長的作品裏更容易感受得到，如周夢蝶的〈菩提樹下〉：

> 誰是心裏藏著鏡子的人呢？
> 誰肯赤著腳踏過他底一生呢？
> 所有的眼都給眼蒙住了

誰能於雪中取火，且鑄火爲雪？
在菩提樹下。一個只有半個面孔的人

撞眼向天，以嘆息回答
那欲自高處沈沈俯向他的蔚藍

是的，這兒已經有人坐過！
草色凝碧。縱使在冬季
縱使結趺者底跫音已遠逝
你依然有枕著萬籟
與風月底背面相對密談的欣喜。

坐斷幾個春天？
又坐熟多少夏日？
當你來時，雪是雪，你是你
一宿之後，雪既非雪，你亦非你
直到零下十年（度？）的今夜
當第一顆流星驀然重明

你乃驚見：
雪還是雪，你還是你
雖然結趺者底跫者已遠逝
唯草色凝碧
（周夢蝶，1987：58～59）

這試圖要經營展現的現象（物境）本體（禪境）融合不分的

境界，讀者是不難理解的；只是藍天的諸多疑問、主角嘆息的回答及獨自枕萬籟、跟風月的背面欣喜的密談等情節，究竟如何導出那個境界的頓現或朗現？詩人越「含糊其詞」，讀者也就越「困惑莫名」！這是否表示「今禪」已經有別於「古禪」了？由於個人還不敢十分確定，所以暫且予以「存疑」。

當然，臺灣新禪詩也不盡然都是這麼費解，像蕭蕭的〈我卸下了鞍鞘劍鋩〉「爬過人心中多少曲折／曲折的萬水千山／姹紫嫣紅／來到這座小小的小（山？）丘／一眼就可以望盡／山裏有溪林中有壑／我卸下了鞍鞘劍鋩／馴服下來」（蕭蕭，1996：75）、楊平的〈電話遺事〉「……電話／或者瓶子／永恒／或者　虛幻」（楊平，1995：66～68）、賴賢宗的〈俱寂〉「……讓心弦繼續在大化流行中　鳴和／不憂不懼的清流／琴音無限　澹清古遠／典雅的音符在雪蕉澡雪其精神的裊裊風姿中／頓現　永恒法相」（賴賢宗，1994：36～37）、曾肅良的〈無題〉「……宇宙觀我／我觀宇宙／我乃一顆圓靈的梵音輕汎／於一片泡沫的夢裏」（曾肅良，1994：21）等所要傳達的悟道過程（指蕭蕭詩）、永恒和虛幻為一體的兩面（指楊平詩）、聲而無聲為最高境界（指賴賢宗詩）、身處泡沫般的夢幻裏（指曾肅良詩）等信息，還是稍為可以用一般的禪理來衡量；但在整體臺灣新禪詩已經演變到上述的地步，這些「切合」舊禪詩表現方式的作品，反而顯不出它的「特殊」處，使得大家的關注力還是會朝向前面那些作品。

五、變異之後

　　禪在原印度佛教爲成佛的必備工夫（禪定），傳到中國
來逐漸演變成禪宗所專屬的法門（禪就是佛本身），爾後就
有各種禪理被「發明」出來。而所謂的禪詩，就是在表現或
符應各種禪理。它所展現的，表面上是在爲「繞路說禪」樹
立典範，實際上則是在爲建構一種可以「啓導」讀者的美學
式話語。

　　這種美學式話語，有詩的質性（藝術成分），又有禪的
奧妙（神秘成分），即使它不自我強力推銷，也會在讀者心
目中留下「另類」的印象。不過，讀者究竟會有什麼反應，
基本上是很難有明確的指標可以考察，只能權且的以話語動
機作爲切入點。而從當代的環境來看，商業文明已經養成人
們的多嗜好習慣，文學承受了過多低消費的壓力，以至不斷
被宣告「文學已死」，而其中詩這種類型就最早走進「墳
墓」。不願意眼睜睜看著文學淪落薄暮殘暉命運的作家們，
只好常以「移位」或「變形」的方式，讓文學再度展現生
機，希冀喚回讀者的雅爲賞愛。因此，類似底下這種評論就
只說「對」了一半：「回顧六〇年代臺灣的現代詩，當時詩
人無不以追求『意象繁富』爲尚，大家競相堆砌紛雜的字
句，這種現象與蕭蕭所崇尚的詩的純淨之美、素樸之美、空
靈之美，大相違離，因此作者苦思如何去對抗這種繽紛的花
雨，還給詩一張素雅的臉？於是七〇年代《龍族》創刊初

期，他寫下了不少一字一行的詩，就只希望一首詩提供一個自身俱足的意象。簡鍊、獨立，有如一柱擎天而八面威風，一字透悟而古今貫通，一色入水而滿地華彩，如此聚焦於一點，演繹爲萬象，也同時解決讀者徬徨於現代詩眾多眩惑之門而無法叩應的窘境，讀者可以憑此純淨的意象按圖以索驥，從而很快進入詩眼中心而意馳八荒」（蕭蕭，1996：張默序3~4）。其實，那些意象繁富的詩作，也無非是要爭取讀者群，形塑一種話語格局。而臺灣新禪詩自然也離不開這一波爲召喚讀者的「移位」或「變形」行列，它的淡雅、機趣、哲思等色調，都一併期盼植入現代人荒漠寂冷的心靈裏。

　　雖然如此，臺灣新禪詩還是少了一點足以維持長期動人的異質色彩。理由就在向來被稱許祈求的寂靜自在的禪境界，到底如何能有效的「趨入」，並且顯露在新時代中特有的得道後的意態或心境，臺灣新禪詩還沒有規模出一條新路；以至所見的語言形式、事體、情感、禪理失焦等表面有形的影響變異，終究無法掩蓋深層的尚未開出新禪境的遺憾。因此，在了解臺灣新禪詩相關的變異之後，我們還得再問：未來又如何？這個答案，個人目前還無從設想，但不妨抛給關心禪詩發展的人，一起來思索求取。

參考文獻

一・今著部分

丁敏，《佛教譬喻文學研究》，臺北：東初，1996。

丁福保編纂，《佛學大辭典》，臺北：新文豐，1992。

于凌波，《簡明佛學概論》，臺北：東大，1993。

王瑤，《中古文學史論》，臺北：長安，1986。

王世德主編，《美學辭典》，臺北：木鐸，1987。

王守元等主編，《文體學辭典》，濟南：山東教育，1996。

王忠林等，《中國文學史初稿》，臺北：石門，1978。

王金凌，《中國文學理論史》，臺北：華正，1987。

王重民等編，《敦煌變文集》，臺北：世界，1989。

王海林，《佛教美學》，合肥：安徽文藝，1992。

王國瓔，《中國山水詩研究》，臺北：聯經，1988。

王福祥，《話語語言學概論》，北京：外語教學與研究
　　1994。

王潤華編譯，《比較文學理論集》，臺北：國家，1983。

王夢鷗，《文藝美學》，臺北：遠行，1976a。

王夢鷗，《文學概論》，臺北：藝文，1976b。

王廣西，《佛學與中國近代詩壇》，開封：河南大學，
　　1995。

王靜蓉，《尋常飲水》，臺北：躍昇，1989。

孔繁，《魏晉玄學與文學》，北京：中國社會科學，1987。

方孝岳，《中國文學八論——散文論》，臺北：清流，
　　1975。

巴壺天，《藝海微瀾》，臺北：廣文，1987。

巴壺天，《禪骨詩心集》，臺北：東大，1988。

文訊雜誌社主編，《臺灣現代詩史論》，臺北：文訊雜誌
　　社，1996。

中國古典文學研究會主編，《古典文學》第11集，臺北：
　　學生，1990。

中國古典文學研究會主編，《文學與佛學關係》，臺北：學
　　生，1994。

印順，《中國禪宗史》，臺北：慧日講堂，1989。

古添洪，《記號詩學》，臺北：東大，1984。

布魯姆，《影響的焦慮——詩歌理論》（徐文博譯），臺
　　北：久大，1990。

加地哲地，《中國佛教文學》（劉衛星譯），臺北：佛光，
　　1993。

老舍等，《宗月大師》，臺北：佛光，1991。

朱光潛，《詩論》，臺北：德華，1981。

朱自清，《朱自清古典文學論文集》，臺北：源流，1982。

朱自清編選，《中國新文學大系・詩集》，臺北：業強，
　　1990。

牟宗三，《佛性與般若》，臺北：學生，1984。

牟宗三，《才性與玄理》，臺北：學生，1985。

牟宗三，《中國哲學的特質》，臺北：學生，1987a。

牟宗三，《心體與性體》，臺北：學生，1987b。

伊格頓，《當代文學理論導論》（聶振雄等譯），香港：旭日，1987。

竺家寧，《古音之旅》，臺北：國文天地雜誌社，1987。

江燦騰，《臺灣佛教與現代社會》，臺北：東大，1992。

吉川幸次郎，《中國詩史》（劉向仁譯），臺北：明文，1983。

佛思等，《當代語藝觀點》（林靜伶譯），臺北：五南，1996。

佛斯特，《小說面面觀》（李文彬譯），臺北：志文，1993。

吳焯，《佛教東傳與中國佛教藝術》，臺北：淑馨，1994。

吳汝鈞，《佛教的概念與方法》，臺北：商務，1988。

吳汝鈞，《佛學研究方法論》，臺北：學生，1989。

吳潛誠，《詩人不撒謊》，臺北：圓神，1988。

李喬，《小說入門》，臺北：時報，1986。

李維，《詩史》，北京：東方，1996。

李曰剛，《中國詩歌流變史》，臺北：文津，1987。

李世偉，《中共與民間文化》，臺北：知書房，1996。

李亦園等，《現代化與中國化論集》，臺北：桂冠，1985。

李達三，《比較文學研究之新方向》，臺北：聯經，1986。

李達三等主編，《中外比較文學研究（第一冊下）》，臺北：學生，1990。

李瑞騰，《新詩學》，臺北：駱駝，1997。

李漢偉，《臺灣新詩的三種關懷》，臺北：駱駝，1997。

李寶位，《中國文學史略》，臺北：大聖，1972。

余光中，《掌上雨》，臺北：時報，1986。

宋光宇編譯，《人類學導論》，臺北：桂冠，1990。

呂澂，《中國佛學源流略講》，臺北：里仁，1985。

沈志方，《書房夜戲》，臺北：爾雅，1994。

沈清松，《現代哲學論衡》，臺北：黎明，1986。

杜松柏，《禪學與唐宋詩學》，臺北：黎明，1976。

杜松柏，《禪與詩》，臺北：弘道，1980。

杜松柏選注，《禪詩三百首》，臺北：黎明，1981。

杜松柏，《禪詩牧牛圖頌彙編》，臺北：黎明，1983。

杜松柏，《知止齋禪學論文集》，臺北：文史哲，1994。

杜普瑞，《人的宗教向度》（傅佩榮譯），臺北：幼獅，
　　1996。

何秀煌，《記號學導論》，臺北：水牛，1988。

何寄澎主編，《當代臺灣文學評論大系・散文批評卷》，臺
　　北：正中，1993。

汪辟疆編，《唐人傳奇小說》（原名《唐人小說》），臺
　　北：文史哲，1981。

林尹，《中國聲韻學通論》，臺北：黎明，1982。

林文庚，《中國文學發展史》，臺北：清流，1976。

林清玄，《拈花菩提》，臺北：九歌，1994。

林燿德等編，《流行天下──當代臺灣通俗文學論》，臺

北：時報，1992。

林燿德主編，《當代臺灣文學評論大系・文學現象卷》，臺北：正中，1993。

阿英編，《晚清文學叢鈔・小說戲曲研究卷》，臺北：新文豐，1989。

阿特金斯等，《當代文學理論》（張雙英等譯），臺北：合森，1991。

孟瑤，《中國小說史》，臺北：傳記文學，1977。

孟瑤，《中國戲曲史》，臺北：傳記文學，1979。

孟瑤等，《悟》，臺北：佛光，1991。

孟樊主編，《當代臺灣文學評論大系・新詩批評卷》，臺北：正中，1993。

孟樊，《當代臺灣新詩理論》，臺北：揚智，1995。

周中明，《中國的小說藝術》，臺北：貫雅，1994。

周伯乃，《古典與現代》，臺北：遠景，1979。

周啓志等，《中國通俗小說理論綱要》，臺北：文津，1992。

周紹良等編，《敦煌變文論文錄》，臺北：明文，1985。

周紹良，《敦煌文學芻議及其他》，臺北：新文豐，1992。

周紹賢，《佛學概論》，臺北：商務，1990。

周裕鍇，《中國禪宗與詩歌》，上海：人民，1992。

周夢蝶，《還魂草》，臺北：領導，1987。

周慶華，〈比興修辭法的心理基礎〉，於《中央日報》第15版，1993、8、19。

周慶華,《秩序的探索——當代文學論述的省察》,臺北:
　　東大,1994。

周慶華,《臺灣當代文學理論》,臺北:揚智,1996a。

周慶華,《文學圖繪》,臺北:東大,1996b。

周慶華,《語言文化學》,臺北:生智,1997a。

周慶華,《佛學新視野》,臺北:東大,1997b。

周慶華,《臺灣文學與「臺灣文學」》,臺北:生智,
　　1997c。

宗白華,《美學的散步Ⅰ》,臺北:洪範,1987。

季羨林,《比較文學與民間文學》,北京:北京大學,
　　1991。

金榮華,《民間故事論集》,臺北:三民,1997。

金耀基等,《中國現代化的歷程》,臺北:時報,1990。

亞德烈,《藝術哲學》(周浩中譯),臺北:水牛,1987。

亞里士多德,《詩學》(姚一葦譯注),臺北:中華,
　　1986。

邱燮友,《中國歷代故事詩》,臺北:三民,1993a。

邱燮友等編著,《國學導讀㈤》,臺北:三民,1993b。

青木正兒,《中國近世戲曲史》(王古魯譯),臺北:商
　　務,1996。

洛夫等編,《大陸當代詩選》,臺北:爾雅,1989。

洛夫,《因爲風的緣故》,臺北:九歌,1991。

范岳,《宗教‧藝術與文化傳統》,瀋陽:遼寧人民,
　　1993。

范文瀾，《文心雕龍注》，臺北：開明，1981。

范煙橋，《中國小說史》，臺北：漢京，1983。

范壽康，《中國哲學史綱要》，臺北：開明，1982。

科恩等，《講故事——對敘事虛構作品的理論分析》，臺
　　北：駱駝，1997。

胡適，《白話文學史（上卷）》，臺北：遠流，1988。

胡適編選，《中國新文學大系・建設理論集》，臺北：業
　　強，1990。

胡士瑩，《話本小說概論》，臺北：丹青，1982。

胡雲翼，《中國文學史》，臺北：莊嚴，1982。

胡懷琛，《中國文學八論——小說論》，臺北：清流，
　　1975。

姚一葦，《美的範疇論》，臺北：開明，1985a。

姚一葦，《藝術的奧祕》，臺北：開明，1985b。

姚亞平，《當代中國修辭學》，廣州：廣東教育，1996。

姚儀敏，《盛唐詩與禪》，臺北：佛光，1991。

姜天民等，《天寶寺傳奇》，臺北：佛光，1991。

俞元桂主編，《中國現代散文理論》，桂林：廣西人民，
　　1984。

馬幼垣，《中國小說史集稿》，臺北：時報，1987。

馬定波，《印度佛教心意識說之研究》，臺北：正中，
　　1974。

韋勒克等，《文學論——文學研究方法論》（王夢鷗等
　　譯），臺北：志文，1979。

柳無忌編，《曼殊大師紀念集》，上海：正風，1949。

柳田聖山，《中國禪思想史》（吳汝鈞譯），臺北：商務，
　　　1992。

段寶林，《中國民間文學概要》，北京：北京大學，1981。

徐岱，《小說敘事學》，北京：中國社會科學，1992。

徐訏，《新詩作法》，臺北：泰華堂，1975。

徐訏，《現代中國文學過眼錄》，臺北：時報，1991。

徐崇溫，《結構主義與後結構主義》，臺北：谷風，1988。

徐復觀，《中國文學論集》，臺北：學生，1980。

徐復觀，《中國人性論史（先秦篇）》，臺北：商務，
　　　1987。

奚淞，《給川川的札記》，臺北：皇冠，1994。

奚密，《現當代詩文錄》，臺北：聯合文學，1998。

孫遜等編，《中國古典小說美學資料匯粹》，臺北：大安，
　　　1991。

孫昌武，《詩與禪》，臺北：東大，1994。

孫昌武，《佛教與中國文學》，上海：人民，1995。

淨慧主編，《佛教與中國文化》，北京：中國佛教協會，
　　　1995。

浦安迪，《中國敘事學》，北京：北京大學，1996。

袁行霈，《魏晉玄學中的言意之辨與中國古代文藝理論》，
　　　於《魏晉思想》甲編五種，臺北：里仁，1984。

袁行霈，《中國詩歌藝術研究》，臺北：五南，1989。

高辛勇，《形名學與敘事理論——結構主義的小說分析

　　法》，臺北：聯經，1987。

唐君毅，《中國哲學原論（原性篇）》，臺北：學生，
　　1984。

涂爾幹，《宗教生活的基本形式》（芮傳明等譯），臺北：
　　桂冠，1992。

埃斯卡皮，《文學社會學》（葉淑燕譯），臺北：遠流，
　　1990。

郭青，《袈裟塵緣》，臺北：商鼎，1993。

郭育新等，《文藝學導論》，臺北：中國文化大學，1991。

郭紹虞，《中國歷代文論選（上冊）》，臺北：木鐸，
　　1981。

郭紹虞，《中國文學批評史》，臺北：文史哲，1982a。

郭紹虞，《中國詩的神韻格調及性靈說》，臺北：莊嚴，
　　1982b。

郭紹虞，《照隅室古典文學論集》，臺北：丹青，1985。

陳柱，《中國散文史》，臺北：商務，1987。

陳香選注，《禪詩六百首》，臺北：國家，1989。

陳三峰編著，《佛教文學典故》，臺北：常青樹，1993。

陳允吉等主編，《佛教文學精編》，上海：上海文藝，
　　1997。

陳平原，《中國小說敘事模式的轉變》，臺北：久大，
　　1990。

陳必祥，《古代散文藝術論》，渭南：陝西人民，1994。

陳孝英，《喜劇美學初探》，烏魯木齊：新疆人民，1989。

陳沛然，《佛家哲理通析》，臺北：東大，1993。

陳秉璋等，《邁向現代化》，臺北：桂冠，1988。

陳望塵等，《地獄之門》，臺北：佛光，1991。

陳敬之，《中國文學的由舊到新》，臺北：成文，1980。

陳蒲清，《寓言文學理論‧歷史與應用》，臺北：駱駝，
　　1992。

陳榮捷，《現代中國的宗教趨勢》（廖世德譯），臺北：文
　　殊，1987。

陳鐘凡，《中國韻文通論》，臺北：中華，1984。

盛寧，《新歷史主義》，臺北：揚智，1995。

盛子潮，《小說形態學》，福州：海峽文藝，1993。

張健，《敲門的月光》，臺北：文史哲，1985。

張毅，《文學文體概說》，北京：中國人民大學，1993。

張默主編，《中華現代文學大系‧詩卷壹》，臺北：九歌，
　　1989。

張默等編，《新詩三百首》，臺北：九歌，1995。

張灝，《幽暗意識與民主傳統》，臺北：聯經，1989。

張文軍，《後現代教育》，臺北：揚智，1998。

張世祿，《中國音韻學史（上）》，臺北：商務，1978。

張汝倫，《意義的探究──當代西方釋義學》，臺北：谷
　　風，1988。

張伯偉，《禪與詩學》，臺北：揚智，1995。

張建業，《中國詩歌史》，臺北：文津，1995。

張敬文，《中國詩歌史》，臺北：幼獅，1970。

張漢良，《比較文學理論與實踐》，臺北：東大，1986。

張漢良，《文學的迷思》，臺北：正中，1992。

張夢機，《古典詩的形式結構》，臺北：駱駝，1997。

張錫厚，《敦煌文學》，臺北：萬卷樓，1993。

婁子匡等，《五十年來的中國俗文學》，臺北：正中，
　　1987。

馮友蘭，《中國哲學史》，香港：文蘭，1967。

馮沅君，《中國文學史》，臺北：莊嚴，1982。

曹仕邦，《中國佛教譯經史論集》，臺北：東初，1990。

曹道衡，《中古文學史論文集》，北京：中華，1986。

陶立璠，《民族民間文學理論基礎》，北京：中央民族學
　　院，1990。

許地山等，《命命鳥》，臺北：佛光，1991。

康來新，《晚清小說理論研究》，臺北：大安，1986。

莫洛亞，《傳記面面觀》（陳蒼多譯），臺北：商務，
　　1986。

梁啓超，《佛學研究十八篇》，臺北：中華，1985。

麥克奎恩，《談寓言》（董崇選譯），臺北：黎明，1986。

麥克唐納，《言說的理論》（陳璋津譯），臺北：遠流，
　　1990。

淡江大學中國文學研究所主編，《文學與美學》，臺北：文
　　史哲，1990。

淡江大學中國文學研究所主編，《文學與美學（第二
　　集）》，臺北：文史哲，1991。

黃侃，《文心雕龍札記》，臺北：文史哲，1973。

黃永武，《中國詩學——設計篇》，臺北：巨流，1987a。

黃永武，《詩與美》，臺北：洪範，1987b。

黃維樑，《中國詩學縱橫論》，臺北：洪範，1986。

黃維樑，《怎樣讀新詩》，臺北：五四，1989。

黃慶萱，《修辭學》，臺北：三民，1983。

彭歌，《小小說寫作》，臺北：遠景，1980。

彭吉象，《藝術學概論》，臺北：淑馨，1994。

傅柯，《知識的考掘》（王德威譯），臺北：麥田，1993。

傅庚生，《中國文學欣賞舉隅》，臺南：大夏，1983。

程乃珊等，《黃花無語》，臺北：佛光，1991。

覃子豪，《詩的解剖》，臺中：曾文，1977。

湯用彤，《魏晉玄學論稿》，於《魏晉思想》甲編五種，臺
　　　北：里仁，1984。

湯用彤，《漢魏兩晉南北朝佛教史》，臺北：駱駝，1987。

曾永義編注，《中國古典戲劇選注》，臺北：國家，1983。

曾永義，《說俗文學》，臺北：聯經，1984。

曾永義《中國古典戲劇論集》，臺北：聯經，1986。

曾仰如，《形上學》，臺北：商務，1987。

曾祖蔭，《中國古代美學範疇》，臺北：丹青，1987。

曾蕭良，《冥想手札》，臺北：詩之華，1994。

焦金堂選輯，《一日一禪詩》，臺北：考古，1981。

勞思光，《中國哲學史（第二卷）》，香港：友聯，1980。

黑格爾，《美學㈡》（朱光潛譯），臺北：里仁，1981。

楊平，《永遠的圖騰》，臺北：詩之華，1995a。

楊平，〈沒有一個生命真正死過〉，於《雙子星人文詩刊》創刊號(48)，1995b、6。

楊惠南，《龍樹與中觀哲學》，臺北：東大，1992。

楊惠南，《禪史與禪思》，臺北：東大，1995。

楊蔭深，《中國俗文學概論》，臺北：世界，1992。

慈怡主編，《佛光大辭典（上）》，臺北：佛光，1989。

葉朗，《中國小說美學》，臺北：里仁，1987。

葉文可，《火蓮》，臺北：躍昇，1997。

葉長海，《戲劇──發生與生態》，臺北：駱駝，1990。

葉維廉，《比較詩學》，臺北：東大，1983。

葉維廉，《歷史、傳釋與美學》，臺北：東大，1988。

葉嘉瑩，《迦陵談詩二集》，臺北：東大，1985。

福勒，《現代西方文學批評術語》（袁德成譯），成都：四川人民，1987。

雷默，〈聽夜〉，於《雙子星人文詩刊》第 5 期(78)，1997、6。

詹鍈，《文心雕龍的風格學》，臺北：木鐸，1984。

葛兆光，《禪宗與中國文化》，上海：人民，1986。

葛賢寧，《中國詩史》，臺北：中華文化出版事業委員會，1956。

葛賢寧等，《五十年來的中國詩歌》，臺北：正中，1976。

董同龢，《漢語音韻學》，臺北：文史哲，1981。

敻虹，《觀音菩薩摩訶薩》，臺北：大地，1997。

赫許，《文體與文體論》（何欣譯），臺北：成文，1979。

熊十力，《佛家名相通釋》，臺北：廣文，1987。

趙天儀，《現代美學及其他》，臺北：東大，1990。

管成南，《中國民間文學賞析》，臺北：國家，1993。

裴普賢，《中印文學研究》，臺北：商務，1968。

廖蔚卿，《六朝文論》，臺北：聯經，1985。

魯迅，《中國小說史略》，《魯迅全集》第9卷，北京：人
　　民，1981。

魯士門，《論巧喻》（張寶源譯），臺北：黎明，1980。

蔣風主編，《中國兒童文學大系·理論㈠》，太原：希望，
　　1988。

蔣伯潛，《文體論纂要》，臺北：正中，1959。

蔣述卓，《佛教與中國文藝美學》，廣州：廣東高等教育，
　　1992。

蔣祖怡，《小說纂要》，臺北：正中，1987。

蔣維喬，《佛學概論》，臺北：佛光，1993。

蔣義斌，〈大慧宗杲看話禪的疑與信〉，於《國際佛學研究
　　年刊》創刊號(50)，1991、12。

劉納，《詩：激情與策略——後現代主義與當代詩歌》，北
　　京：中國社會，1996。

劉輝，《小說戲曲論集》，臺北：貫雅，1992。

劉燦，《先秦寓言》，臺北：群玉堂，1991。

劉士林，《語言與它的夢》，烏魯木齊：新疆大學，1993。

劉大杰，《中國文學發展史》，臺北：華正，1979。

劉大興，〈一帖禪·鳥〉，於《雙子星人文詩刊》第 5 期（72），1997、6。

劉介民，《比較文學方法論》，臺北：時報，1990。

劉昌元，《西方美學導論》，臺北：聯經，1987。

劉崇稜，《日本文學概論》，臺北：水牛，1982。

劉麟生，《中國駢文史》，臺北：商務，1980。

蔡仁厚，《中國哲學史大綱》，臺北：學生，1988。

蔡英俊，《比興物色與情景交融》，臺北：大安，1986。

鄭明娳，《現代散文類型論》，臺北：大安，1992。

鄭明娳，《通俗文學》，臺北：揚智，1993。

鄭明娳主編，《當代臺灣都市文學論》，臺北：時報，1995。

鄭金德，《現代佛學原理》，臺北：東大，1991。

鄭金德，《敦煌學》，臺北：佛光，1993。

鄭振鐸，《中國俗文學史（上）》，臺北：商務，1986。

鄭振鐸編選，《中國新文學大系·文學論爭集》，臺北：業強，1990。

樂黛雲，《比較文學與中國現代文學》，北京：北京大學，1987。

潘麗珠，《現代詩學》，臺北：五南，1997。

龍協濤，《文學解讀與美的再創造》，臺北：時報，1993。

賴賢宗，《雪蕉集》，臺北：詩之華，1994。

盧冀野，《中國文學八論——戲劇論》，臺北：清流，1975。

錢鍾書，《管錐篇（第四冊）》，北京：中華，1979。

錢鍾書，《談藝錄》，臺北：藍燈，1987。

鍾玲等，《蓮花水色》，臺北：佛光，1989。

簡媜，《只緣身在此山中》，臺北：洪範，1996。

蕭蕭，《現代詩學》，臺北：東大，1987。

蕭蕭，《禪與心的對話》，臺北：九歌，1995。

蕭蕭，《緣無緣》，臺北：爾雅，1996。

蕭麗華，《唐代詩歌與禪學》，臺北：東大，1997。

糜文開編著，《印度文學欣賞》，臺北：三民，1975。

謝天振，《比較文學與翻譯研究》，臺北：業強，1994。

薛鳳昌，《文體論》，臺北：商務，1977。

戴維斯等編，《沒門》（馬曉光等譯），北京：中國社會科
　　　學，1992。

賽爾維爾，《意識形態》（吳永昌譯），臺北：遠流，
　　　1989。

顏元叔，《社會寫實文學及其他》，臺北：巨流，1978。

羅門，《羅門詩選》，臺北：洪範，1996。

羅鋼，《敘事學導論》，昆明：雲南人民，1994。

羅根澤，《中國文學批評史》，臺北：學海，1978。

羅常培，《漢語音韻學導論》，臺北：里仁，1982。

譚正璧，《中國文學史》，臺北：莊嚴，1982。

譚其驤等，《中國傳統文化再檢討（上篇）》，臺北：谷
　　　風，1987。

譚桂林，〈禪與當代大陸的「朦朧詩」〉，於南華管理學院

宗教文化研究中心主辦「海峽兩岸當代禪學學術研討
　　會」論文，1999、5。

譚達先，《中國民間寓言研究》，臺北：商務，1992a。

譚達先，《中國民間文學概論》，臺北：貫雅，1992b。

釋永祥，《佛教文學對中國小說的影響》，臺北：佛光，
　　1990。

蘇瑩輝，《敦煌學概要》，臺北：五南，1992。

蘭特利奇等編，《文學批評術語》（張京媛等譯），香港：
　　牛津大學，1994。

龔鵬程，《詩史本色與妙悟》，臺北：學生，1986。

二・典籍部分

子璿集，《楞嚴經》，《大正藏》卷39，臺北：新文豐，
　　1974。

干寶，《搜神記》，百部叢書本，臺北：藝文，1969。

王充，《論衡》，增訂漢魏叢書本，臺北：大化，1988。

王符，《潛夫論》，增訂漢魏叢書本，臺北：大化，1988。

王維，《王右丞集箋注》，四庫全書本，臺北：商務，
　　1986。

王世貞，《藝苑卮言》，續歷代詩話本，臺北：藝文，
　　1983。

王季思等校注，《桃花扇》，臺北：里仁，1996。

王若虛，《滹南遺老集》，百部叢書本，臺北：藝文，
　　1969。

王國維，《人間詞話》，臺北：漢京，1980。

王國維，《王國維戲曲論文集》，臺北：里仁，1993。

毛晉編，《六十種曲》，臺北：開明，1970。

支謙譯，《佛說九色鹿經》，《大正藏》卷 3，臺北：新文
　　豐，1974。

支謙譯，《法句經》，《大正藏》卷 4，臺北：新文豐，
　　1974。

支謙譯，《佛說義足經》，《大正藏》卷 4，臺北：新文
　　豐，1974。

支迦夜等譯，《雜寶藏經》，《大正藏》卷 3，臺北：新文
　　豐，1974。

孔穎達，《毛詩正義》，十三經注疏本，臺北：藝文，
　　1982。

孔穎達，《周易正義》，十三經注疏本，臺北：藝文，
　　1982。

玄奘譯，《大般若經》，《大正藏》卷 5，臺北：新文豐，
　　1974。

玄奘譯，《般若波羅蜜多心經》，《大正藏》卷 8，臺北：
　　新文豐，1974。

玄奘譯，《說無垢稱經》，《大正藏》卷 14，臺北：新文
　　豐，1974。

玄奘譯，《顯揚聖教論》，《大正藏》卷 31，臺北：新文
　　豐，1974。

玄奘譯，《瑜伽師地論》，《大正藏》卷 30，臺北：新文

豐，1974。

玄奘譯，《攝大乘論》，《大正藏》卷31，臺北：新文豐，1974。

玄奘譯，《成唯識論》，《大正藏》卷31，臺北：新文豐，1974。

玄奘譯，《大乘五蘊論》，《大正藏》卷31，臺北：新文豐，1974。

玄契編，《曹山本寂禪師語錄》，《大正藏》卷47，臺北：新文豐，1974。

玄覺，《禪宗永嘉集》，《大正藏》卷48，臺北：新文豐，1974。

玄覺，《永嘉證道歌》，《大正藏》卷48，臺北：新文豐，1974。

朱熹，《朱子語類》，臺北：華世，1987。

地婆訶羅譯，《大乘廣五蘊論》，《大正藏》卷31，臺北：新文豐，1974。

吳可，《藏海詩話》，續歷代詩話本，臺北：藝文，1983。

吳喬，《圍爐詩話》，清詩話續編本，臺北：木鐸，1983。

沈約，《宋書》，臺北：鼎文，1983。

沈德潛，《說詩晬語》，清詩話本，臺北：藝文，1977。

李善等注，《增補六臣注文選》，臺北：華正，1979。

李漁，《閒情偶寄》，臺北：長安，1990。

李贄，《李氏焚書》，臺北：漢京，1984。

李延壽，《南史》，臺北：鼎文，1983。

呂溫，《呂衡州集》，百部叢書本，臺北：藝文，1969。

呂本中，《童蒙詩訓》，宋詩話輯佚本，臺北：華正，
　　1981。

呂留良等編，《宋詩鈔》，臺北：世界，1969。

志磐，《佛祖統記》，《大正藏》卷49，臺北：新文豐，
　　1974。

求那毘地譯，《百喻經》，《大正藏》卷4，臺北：新文
　　豐，1974。

求那跋陀羅譯，《雜阿含經》，《大正藏》卷2，臺北：新
　　文豐，1974。

那連提耶舍譯，《蓮華面經》，《大正藏》卷12，臺北：
　　新文豐，1974。

法炬等譯，《法句譬喻經》，《大正藏》卷4，臺北：新文
　　豐，1974。

宗紹編，《無門關》，《大正藏》卷48，臺北：新文豐，
　　1974。

宗寶編，《六祖法寶壇經》，《大正藏》卷48，臺北：新
　　文豐，1974。

延壽集，《宗鏡錄》，《大正藏》卷48，臺北：新文豐，
　　1974。

竺大力等譯，《修行本起經》，《大正藏》卷3，臺北：新
　　文豐，1974。

竺法護譯，《佛五百弟子自說本起經》，《大正藏》卷4，
　　臺北：新文豐，1974。

竺法護譯，《普曜經》，《大正藏》卷 3，臺北：新文豐，1974。

竺佛念譯，《瓔珞本業經》，《大正藏》卷 24，臺北：新文豐，1974。

周必大，《文忠集》，百部叢書本，臺北：藝文，1969。

周亮工，《尺牘新鈔》，百部叢書本，臺北：藝文，1969。

佛陀耶舍等譯，《四分律》，《大正藏》卷 22，臺北：新文豐，1974。

佛陀跋陀羅等譯，《摩訶僧祇律》，《大正藏》卷 22，臺北：新文豐，1974。

胡仔，《苕溪漁隱叢話》，臺北：長安，1978。

胡震亨，《唐音葵籤》，臺北：木鐸，1982。

胡應麟，《詩藪》，臺北：廣文，1973。

范溫，《潛溪詩眼》，宋詩話輯佚本，臺北：華正，1981。

范晞文，《對床夜語》，續歷代詩話本，臺北：藝文，1983。

姚察等，《梁書》，臺北：鼎文，1983。

姚鼐，《古文辭類纂》，臺北：廣文，1961。

姜夔，《白石道人詩說》，歷代詩話本，臺北：藝文，1983。

重顯頌古等，《碧巖錄》，《大正藏》卷 48，臺北：新文豐，1974。

柳宗元，《柳河東集》，臺北：河洛，1974。

郎廷槐，《師友詩傳錄》，清詩話本，臺北：藝文，1977。

荀子，《荀子》，新編諸子集成本，臺北：世界，1978。

袁枚，《隨園詩話》，臺北：漢京，1984。

班固，《漢書》，臺北：鼎文，1983。

封演，《封氏聞見記》，百部叢書本，臺北：藝文，1969
　　。

孫奭疏，《孟子正義》，十三經注疏本，臺北：藝文，
　　1982。

真諦譯，《大乘起信論》，《大正藏》卷32，臺北：新文
　　豐，1974。

徐文助校訂，《警世通言》，臺北：三民，1983。

莊子，《莊子》，新編諸子集成本，臺北：世界，1978。

揚雄，《法言》，增訂漢魏叢書本，臺北：大化，1988。

惠達，《肇論疏》，《卍續藏》卷150，臺北：中國佛教
　　會，1967。

普濟集，《五燈會元》，《卍續藏》卷138，臺北：中國佛
　　教會，1967。

智顗說，《摩訶止觀》，《大正藏》卷46，臺北：新文
　　豐，1974。

黃子雲，《野鴻詩的》，清詩話本，臺北：藝文，1977。

黃宗羲，《南雷文案》，臺北：永吉，1969。

曾季貍，《艇齋詩話》，續歷代詩話本，臺北：藝文，
　　1983。

逯欽立輯校，《先秦漢魏晉南北朝詩》，臺北：學海，
　　1984。

湯顯祖，《湯顯祖集》，臺北：洪氏，1975。

菩提流支譯，《深密解脫經》，《大正藏》卷 16，臺北：新文豐，1974。

菩提流支譯，《大寶積經》，《大正藏》卷 11，臺北：新文豐，1974。

裴休集，《宛陵錄》，《大正藏》卷 48，臺北：新文豐，1974。

裴休集，《傳心法要》，《大正藏》卷 48，臺北：新文豐，1974。

道宣，《廣弘明集》，《大正藏》卷 52，臺北：新文豐，1974。

道原纂，《景德傳燈錄》，《大正藏》卷 51，臺北：新文豐，1974。

聖堅譯，《太子須大拏經》，《大正藏》卷 3，臺北：新文豐，1974。

圓暉，《俱舍論頌疏》，《大正藏》卷 41，臺北：新文豐，1974。

董誥等纂修，《全唐文》，臺北：文友，1974。

董仲舒，《春秋繁露》，增訂漢魏叢書本，臺北：大化，1988。

葉燮，《原詩》，清詩話本，臺北：藝文，1977。

葉夢得，《石林詩話》，歷代詩話本，臺北：藝文，1983。

謬天華校訂，《西遊記》，臺北：三民，1992。

楊萬里，《誠齋集》，四部叢刊本，臺北：商務，1965。

遍照金剛，《文鏡祕府論》，臺北：學海，1974。

鳩摩羅什譯，《大智度論》，《大正藏》卷 25，臺北：新
　　文豐，1974。

鳩摩羅什譯，《中論》，《大正藏》卷 30，臺北：新文
　　豐，1974。

鳩摩羅什譯，《大莊嚴論經》，《大正藏》卷 4，臺北：新
　　文豐，1974。

鳩摩羅什譯，《十二門論》，《大正藏》卷 30，臺北：新
　　文豐，1974。

鳩摩羅什譯，《坐禪三昧經》，《大正藏》卷 15，臺北：
　　新文豐，1974。

僧祐，《出三藏記集》，《大正藏》卷 55，臺北：新文
　　豐，1974。

僧肇，《肇論》，《大正藏》卷 45，臺北：新文豐，
　　1974。

僧伽婆羅譯，《大乘十法經》，《大正藏》卷 11，臺北：
　　新文豐，1974。

廖吉郎校訂，《醒世恒言》，臺北：三民，1989。

實叉難陀譯，《大方廣佛華嚴經》，《大正藏》卷 10，臺
　　北：新文豐，1974。

劉向，《說苑》，增訂漢魏叢書本，臺北：大化，1988。

劉歆，《西京雜記》，增訂漢魏叢書本，臺北：大化，
　　1988。

劉熙，《釋名》，增訂漢魏叢書本，臺北：大化，1988。

劉勰，《文心雕龍》，增訂漢魏叢書本，臺北：大化，1988。

劉本棟校訂，《金瓶梅》，臺北：三民，1996。

劉知幾，《史通》，臺北：世界，1980。

劉禹錫，《劉賓客文集》，百部叢書本，臺北：藝文，1969。

劉熙載，《藝概》，臺北：漢京，1985。

劉義慶，《世說新語》，新編諸子集成本，臺北：世界，1978。

慧皎，《高僧傳》，《大正藏》卷50，臺北：新文豐，1974。

慧遠，《大乘義章》，《大正藏》卷44，臺北：新文豐，1974。

厲鶚，《宋詩紀事》，臺北：鼎文，1971。

潘重規主編，《校定本紅樓夢》，臺北：中國文化大學中國文學研究所，1983。

黎烈文標點，《京本通俗小說》，臺北：商務，1986。

窺基，《唯識二十論述記》，《大正藏》卷43，臺北：新文豐，1974。

窺基注解，《百法明門論解》，《大正藏》卷44，臺北：新文豐，1974。

錢南洋校注，《琵琶記》，臺北：里仁，1987。

歐陽修，《六一詩話》，歷代詩話本，臺北：藝文，1983。

歐陽修等，《新唐書》，臺北：鼎文，1983。

曇無讖譯，《大涅槃經》，《大正藏》卷 12，臺北：新文
　　豐，1974。

曇無讖譯，《優婆塞戒經》，《大正藏》卷 24，臺北：新
　　文豐，1974。

曇無讖譯，《大方等大集經》，《大正藏》卷 13，臺北：
　　新文豐，1974。

曇無讖譯，《佛所行讚》，《大正藏》卷 4，臺北：新文
　　豐，1974。

鍾嶸，《詩品》，增訂漢魏叢書本，臺北：大化，1988。

蕭子顯，《南齊書》，臺北：鼎文，1983。

戴復古，《石屏詩集》，四庫全書本，臺北：商務，1986。

魏慶之，《詩人玉屑》，臺北：商務，1980。

瞿汝稷集，《指月錄》，《卍續藏》卷 143，臺北：中國佛
　　教會，1967。

嚴羽，《滄浪詩話》，歷代詩話本，臺北：藝文，1983。

嚴可均校輯，《全上古三代秦漢三國六朝文》，北京：中
　　華，1991。

饒彬校訂，《三國演義》，臺北：三民，1997。

羅大經，《鶴林玉露》，百部叢書本，臺北：藝文，1969。

顧龍振，《詩學指南》，臺北：廣文，1987。

呼蘭河傳　　蕭紅　著

一九四二年蕭紅在香港淺水灣結束她卅一歲曲折而痛苦的一生。

蕭紅生爲女人，受盡那個時代所加的不幸，但她飽受創傷的心靈，卻爲我們留下無數璀璨的作品，代表作即是我們今天所要呈現的《呼蘭河傳》。

《呼蘭河傳》不但是蕭紅情緒記憶的對象，也成了她生命家園的寄託。蕭紅用她抒情而散文式的筆調，描寫她故鄉子民，卑瑣平凡的實際生活，以及那種「幾乎無事的悲劇」。

《呼蘭河傳》消解了連貫的情節過程，從而使小說變成了各自可以獨立的散文。蕭紅在呼蘭河畔的身影，使她在現代中國文學的記憶中，鮮明而永存。

25開平裝，特價125元。

關漢卿戲曲集　　吳國欽　校注

關漢卿是中國古代戲曲創作最傑出的代表人物。他的作品如〈感天動地竇娥冤〉、〈關大王獨赴單刀會〉、〈包待制三勘蝴蝶夢〉、〈鄧夫人苦痛哭存孝〉等等，七百年來不斷的改編於各種形式的劇本，於全世界主要的劇場上演著。

本書收集所有關漢卿的雜劇、散曲，作詳細的校注，並附

有關關漢卿生平及評論資料，是已出關漢卿作品中最完備的版本。

校注者吳國欽，廣州中山大學中文系碩士研究生導師，戲曲學家王季思的嫡傳弟子。

25開平裝二冊，特價500元。

甲骨文研究　　朱歧祥　著

——中國古文字與文化論稿

朱歧祥教授爲甲骨學開山董作賓先生的第三代弟子，長期從事於科學整理國故的工作，是中國近代著名甲骨學家。

本書收錄著者近年在海內外發表有關甲骨學的論文凡二十三篇，爲著者二十年來研究甲骨的小結。本書以甲骨文爲論證基礎，旁徵古文獻及其他地下材料，集中討論中國文字和文化的起源、殷墟卜辭的性質、研究甲骨的方法，以至上古文明等專題，都有獨特的成果。朱教授的論點，爲後人了解古代文字，以至上古文化史，提供重要的參考依據。

18開平裝一大冊，特價500元。

歷代詩選注　　鄭文惠・歐麗娟・陳文華・吳彩娥　選注

中國詩歌的歷史源遠流長，許多我們耳熟能詳的作品，並非出自盛唐；但歷來選家卻多偏好，形成處處遺珠。

本書局有鑑於此，特邀請鄭文惠、歐麗娟、陳文華、吳彩娥四位詩學專攻的青壯年學者，選詩自漢迄清，凡古今選家所習選，其作足供傳誦者，悉在甄收之列。詩前有作者小傳，詩

後附注，並彙擇諸家評語。

選注者均爲國家文學博士，擔任大學詩學講座課程。

18開平裝二大冊，特價600元。

八大山人之謎　　魏子雲　著

八大山人是誰？雖有其自己攤出的證言，是弋陽王孫。然而，他的身世並不清楚，至今尙無人能肯定他的父親是誰？甚而他是不是弋陽王孫？也有異說。總之，八大山人是誰？還沒有人弄淸楚他叫什麼名字。

魏子雲先生乃研究《金瓶梅》的學人。在晚明史乘中已鑽研數十年，爲了研究八大山人是誰？遂從根脚作起。對寧王朱權徙爵南昌後之郡藩史事，曾加鑽研，解開八大山人很多謎語。

25開平裝，特價250元。

紅樓夢人物研究　　郭玉雯　著

本書以《紅樓夢》人物的身世背景、性格與特色、與其他角色關係、命運結局之分析與闡述爲主。盡量以《紅樓夢》本身的文字爲根據，尤其是庚辰本的七十八回；並參考脂硯齋等重要評家評語，尤其是少爲人注意的張愛玲《紅樓夢魘》；以評賞爲主，兼具考證性質。

著者郭玉雯，國立臺灣大學中國文學博士，現任國立臺灣大學中國文學系教授。除本書外，另著《聊齋誌異的幻夢世界》、《宋代詩話中的詩法研究》等。

25開平裝，特價350元。

郭象玄學　　莊耀郎　著

郭象玄學是魏晉玄學理論發展的高峰。《莊子注》一書的價值，有論者認為可與莊書並轡而馳，不獨注書之冠而已。本書即針對郭象的玄理體系作一較全面的觀照，以「自然」、「性分」為綱，繼之以「逍遙觀」、「有無論」、「聖人論」、「名教論」、「自生論」、「生死觀」貫通之，而以「獨化玄冥論」為其玄學體系的歸終。可以說將魏晉玄學的重要主題，都涵蓋其中。

通過本書的省察，不但可以對郭象玄學內部理論結構有較深入的理解，對於魏晉玄學的發展脈絡也有較清晰的認識，並且對郭象的玄學思維方式如何影響到佛教哲學，皆有所說明。

著者莊耀郎，國立臺灣師範大學國文研究所文學博士，現任教於國立臺灣師範大學國文系。

25開平裝，特價250元。

唐詩學探索　　蔡瑜　著

本書是寫給喜愛唐詩，又對「唐詩學」充滿探索興味的人。

「唐詩學」既是對唐詩形成的探討，也是唐詩評論演進的研究。本書深入唐代詩歌創作與理論的互動關係，揭示新／舊、古／律，文／質、雅／俗在詩歌王國建構過程中的拉鋸分立與互涵轉化，呈現創作與評鑑的審美體驗如何進行交滲推衍；為唐詩律化的理論進程提出精微的析辨，並對意境理論在唐代的推進展演敷陳歷史。

著者蔡瑜，國立臺灣大學文學博士，現任教於國立臺灣大學中文系，開設「歷代詩選及習作」課程，著有《高棅詩學研究》、《宋代唐詩學》等。

25開平裝，特價250元。

清代中期燕都梨園史料評藝三論研究 潘麗珠 著

本書旨在研究清代乾隆至咸豐時期十七本燕都梨園史料的評藝觀點，試圖探索清代中期文士的評藝手法及其與伶人之間的交往情形，剔抉出戲曲表演藝術「色藝、性情、風致」三論的內涵與影響，嘗試由此建立起戲曲表演藝術批評的美學體系。

著者學習京劇、崑曲近二十年，能戲二十餘齣。臺灣師範大學國文研究所博士，現任職臺灣師範大學國文學系，講授戲曲專題研究、曲選及習作、文學批評、美學概論等課程。著有《盛唐王孟詩派美學研究》、《元曲選百種雜劇情節結構分析》、《現代詩學》及單篇論文數十篇。

25開平裝，特價250元。

章學誠的史學理論與方法 張鳳蘭 著

章學誠是個不徇時代風氣的史家。他生在考據極盛的乾嘉時代，一生都在艱苦的情況下，孜孜矻矻的專門從事研究工作，在史學上，有偉大的貢獻。

他提出六經皆史之說，雖然各家有不同解釋，但終究是章氏的真知卓見。對於方志之學，章氏又率先主張州縣應立志科，這又是他的獨特見解。他的史學理論，有完整的體系，可以說

是集古人之大成。

　　作者以其求眞的精神，對章學誠的史學理論，做了一番整理，對章氏方法論的剖析，頗多獨到之處。欲窺章氏史學之堂奧者，本書無疑是入門鎖鑰。

　　25開平裝，特價160元。

唐代經學及日本近代京都學派中國學研究論集

　　張寶三　著

　　本書收錄著者近年有關唐代經學及日本近代京都學派中國學之研究論文三篇，附錄二篇。首篇就唐權德輿〈明經策問〉中之〈毛詩問〉，析其題意，求其解答，並論述此〈明經策問〉在唐代科舉制度及經學史研究上之意義，探賾索隱，頗見功力。

　　日本近代京都學派之中國學研究，成果卓著，著者嘗親赴京都大學訪問研究。本書中析論京都學派重要學者狩野直喜與《續修四庫全書提要》之關係及京都學派對注疏之研究情形，並附錄〈日本近代京都學派經學研究年表〉、〈訪本田濟教授談日本近代京都學派之經學研究〉二篇。

　　著者張寶三，國立臺灣大學中國文學博士，現任敎於國立臺灣大學中國文學系。

　　25開精裝，特價500元。

杜詩意象論　　歐麗娟　著

　　一千多年以來，杜甫做爲「詩聖」的地位可謂無人可堪比肩，其愛好者與研究者更是日夕揣摩而世代踵繼。

　　本書一方面吸收傳說中的灼然慧見，另外更採取西方文學

研究的理論方法和觀察分析的眼光，既以「意象」爲探討的焦點，同時還採用「主題學」的研究法門，由此而進一步從「意象塑造」的角度重新肯定杜甫集大成的歷史地位。

本書作者爲台大中文所博士，目前擔任靜宜大學、淡江大學中文系副教授。此書之外，作者另著《唐詩選注》、《唐詩中的樂園意識》等書。

25開平裝，特價200元。

吳娟瑜的婚姻管理學　　吳娟瑜　著

第一輯　當X碰到Y（做對選擇比努力更重要）
　　　　情感評估DIY
第二輯　相愛容易
第三輯　相處也不難
第四輯　做愛做的事（性愛EQ）
第五輯　當婚姻亮起紅燈時
　　　　外遇・心路歷程

103種婚姻美滿的好方法，讓婚姻變成生活的樂園，而不是愛情的墳墓。

不只理論的敍述，更提供實際的解決方法。

作者吳娟瑜，演說家，每年300場以上的演講。著有《情緒管理學》等十餘種書，本本暢銷。是情緒管理、壓力管理、兩性關係、親子溝通、生涯規劃的專家。美國印第安那坡里斯大學應用社會學碩士。

25開平裝，特價250元。

大兵EQ　　吳娟瑜　著

　　當兵的問題，實在層出不窮。很多人因爲適應不良而心情低落，而做出錯事，甚至造成無可彌補的傷害。

　　吳娟瑜老師以她的專攻，並在各部隊演講時與軍中弟兄面對面接觸的經驗，聽取他們的心聲，並爲他們解答一些和戀愛、交友、生涯規劃、人際關係、自我探索和情緒管理等有關的話題。

　　《大兵EQ》是所有在營弟兄和有子弟在軍中服役的家庭所應必備的書。

　　25開平裝，特價200元。

中國古史的傳說時代　　徐炳昶（旭生）　著

　　25開平裝，排校中。

中國民間文學　　鹿憶鹿　著

　　25開平裝，排校中。

台灣俗曲集

　　25開平裝，排校中。

生死場　　蕭紅　著

　　25開平裝，排校中。

里仁叢書總目

下列價格八十八年六月三十日以前有效，超過此時限，請來信或電話詢問。

※①表內價格全係優待價（含稅），書後括號為初版年度（民國紀年）。

※②郵購三〇〇元以內者，另加郵資六〇元；三〇〇元以上（含）郵資免費優待。

※③有△符號者五折優待。

一、中國哲學・思想

①莊子釋譯　歐陽景賢・歐陽超釋譯　25開平裝二大冊　特價600元(81)

②莊子通・莊子解　王夫之著　25開平裝　特價250元(73)

△③中國文化要義　梁漱溟著　25開平裝　特價250元(71)

△④東西文化及其哲學　梁漱溟著　25開平裝　特價200元(72)

⑤焦循年譜新編　賴貴三著　25開精裝　特價500元(83)

⑥焦循雕菰樓易學研究　賴貴三著　25開精裝　特價500元(83)

⑦周易陰陽八卦說解　徐志銳著　25開平裝　特價160元(83)

⑧周易大傳新注　徐志銳著　25開平裝二冊　特價350元(84)

⑨周易新譯　徐志銳著　25開平裝　特價230元(85)

⑩魏晉思想　容肇祖・湯用彤・劉大杰等著　25開平裝二
　　冊　特價320元(84)

⑪郭象玄學　莊耀郎著　25開平裝　特價250元(87)

⑫晚明思潮　龔鵬程著　25開平裝　特價250元(83)

⑬中國近三百年學術史（附：清代學術概論）　25開精裝
　　特價400元(84)

⑭十一家注孫子（附竹簡兵法・今譯）　25開平裝（重排
　　中）

二、經學

　①唐代經學及日本近代京都學派中國學研究論集　張寶三
　　著　25開精裝　特價500元(87)

三、中國歷史

　①秦漢方士與儒生　顧頡剛著　25開平裝　特價140元(74)

　②國史論衡㈠　鄺士元著　25開精裝　特價400元(81)

　③國史論衡㈡　鄺士元著　25開精裝　特價400元(81)

　④中國經世史稿　鄺士元著　25開精裝　特價400元(81)

　⑤中國學術思想史　鄺士元著　25開精裝　特價400元(81)

△⑥中國近代史研究　蔣廷黻著　25開平裝　特價250元(71)

　⑦中國上古史綱　張蔭麟著　25開平裝　特價170元(71)

　⑧中國歷史研究法（正補編及新史學合刊）　梁啓超著
　　25開平裝　特價180元(73)

　⑨蒙事論叢　李毓澍著　25開精裝　特價500元(79)

　⑩中國史學名著評介　倉修良主編　25開精裝三冊　特價
　　1200元(83)

　⑪隋唐制度淵源略論稿・唐代政治史述論稿　陳寅恪著

25開平裝　特價170元⑹

⑫明清史講義　孟森（心史）著　25開精裝　特價450元⑺

⑬清代政事軍功評述　唐昌晉著　25開精裝三冊　特價1500元⒂

△⑭朱元璋傳　吳晗著　25開平裝　特價250元⒃

⑮司馬遷之人格與風格　李長之著　25開平裝　特價200元⒃

⑯章學誠的史學理論與方法　張鳳蘭著　25開平裝　特價160元⒄

四、史籍新校（注）

①史記選注　韓兆琦選注　25開精裝　特價500元⒀

②文心雕龍注釋（附：今譯）　周振甫著　25開精裝　特價500元⑺

△③讀通鑑論（《宋論》合刊）　王夫之著　25開精裝二冊　特價1000元⑷

五、詩文集

㈠詩詞

①人間詞話新注　王國維著　滕咸惠注　25開平裝　特價130元⒃

②歷代詞選注（附「實用詞譜」、「簡明詞韻」）　閔宗述・劉紀華・耿湘沅選注　18開平裝　特價450元⒇

③唐宋詞格律　龍沐勛著　25開平裝　特價160元⒇

④倚聲學（詞學十講）　龍沐勛著　25開平裝　特價170元⒂

⑤歷代詩選注　鄭文惠・歐麗娟・陳文華・吳彩娥選注

18開平裝二冊　特價600元⒇

⑥唐詩選注　歐麗娟選注　25開精裝　特價500元⒇

⑦海綃翁夢窗詞說詮評　陳文華著　25開平裝　特價250元⒇

△⑧田園詩人陶潛　郭銀田著　25開平裝　特價200元⒇

⑨唐詩學探索　蔡瑜著　25開平裝　特價250元⒇

⑩杜詩意象論　歐麗娟著　25開平裝　特價200元⒇

⑪鬘華仙館詩鈔　曾廣珊著　25開平裝　特價160元⒇

⑫珍帚集（古典詩集）　陳文華著　25開平裝　特價160元⒇

⑬風木樓詩聯稿　李德超著　25開平裝　特價200元⒇

㈡中國近代學人文集

①聞一多全集㈠　神話與詩　25開精裝　特價400元⒇

②聞一多全集㈡　古典新義　25開精裝　特價400元⒇

六、文學研究

①中國文學家傳　王保珍著　25開平裝　特價150元⒇

②說詩晬語論歷代詩　朱自力著　25開平裝　特價200元⒇

③中國散文美學　吳小林著　25開平裝二冊　特價350元⒇

④韓柳古文新論　王基倫著　25開平裝　特價200元⒇

⑤漢魏六朝文學新論（擬代贈答篇）　梅家玲著　25開平裝　特價250元⒇

⑥六朝情境美學　鄭毓瑜著　25開平裝　特價200元⒇

⑦碩堂文存三編　何廣棪著　25開平裝　特價200元⒇

⑧陳振孫之經學及其《直齋書錄解題》經錄考證　何廣棪
著　25開精裝　特價1200元(86)

七、戲曲‧俗文學

①西廂記　王實甫著　王季思校注　25開平裝　特價170
元(84)

②牡丹亭　湯顯祖著　徐朔方等校注　25開平裝　特價
200元(84)

③《牡丹亭》錄影帶　張繼青主演　VHS二卷一套　特價
600元(86)

④長生殿　洪昇著　徐朔方校注　25開平裝　特價180元
(85)

⑤桃花扇　孔尚任著　王季思等校注　25開平裝　特價
180元(85)

⑥琵琶記　高明著　錢南揚校注　25開平裝　特價200元
(86)

⑦關漢卿戲曲集　吳國欽校注　25開平裝二冊　特價500
元(87)。

⑧舞臺生涯　梅蘭芳述　許姬傳記　25開平裝　特價250
元(68)

⑨王國維戲曲論文集（宋元戲曲考及其他）　25開平裝
特價250元(82)

⑩歷代曲選注　朱自力‧呂凱‧李崇遠選注　25開平裝
特價350元(83)

⑪元曲研究　賀昌群‧任二北‧青木正兒等著　25開平裝
二冊　特價320元(73)

⑫傳統戲曲的現代表現　王安祈著　25開平裝　特價200元(85)

⑬清代中期燕都梨園史料評藝三論研究　藩麗珠著　25開平裝　特價250元(87)

⑭民俗文化與民間文學　陳益源著　25開平裝　特價200元(86)

八、小說

①中國神話傳說　袁珂著　25開平裝三冊　特價500元(83)

②山海經校注　袁珂著　25開精裝　特價450元(83)

③革新版彩畫本紅樓夢校注　馮其庸等注　劉旦宅畫　25開精裝三冊　特價1000元(73)

④彩畫本水滸全傳校注　李泉・張永鑫校注　戴敦邦等插圖　25開精裝三大冊　特價1200元(83)

⑤三國演義校注　吳小林校注　附地圖　25開精裝二大冊　特價700元(83)

⑥西遊記校注　徐少知校　朱彤・周中明注　25開精裝三冊　特價1000元(85)

⑦紅樓夢藝術論　王國維・林語堂等著　25開精裝　特價400元(73)

△⑧紅樓夢研究　兪平伯著　25開平裝　特價250元(86)

△⑨紅樓夢的語言藝術　周中明著　25開平裝　特價300元(86)

⑩中國小說美學　葉朗著　25開平裝　特價200元(81)

⑪魯迅小說史論文集（中國小說史略及其他）　25開平裝　特價250元(82)

⑫魯迅小說合集（吶喊・彷徨・故事新編） 25開平裝 特價250元(86)

⑬駱駝祥子 老舍著 25開平裝 特價125元(87)

⑭呼蘭河傳 蕭紅著 25開平裝 特價125元(87)

⑮聊齋誌異研究 楊昌年著 25開平裝 特價200元(85)

△⑯金瓶梅藝術論 周中明著 排校中。

△⑰古今小說 馮夢龍《三言》之一 25開平裝二冊 特價400元(80)

△⑱警世通言 馮夢龍《三言》之二 25開平裝二冊 特價400元(80)

△⑲醒世恒言 馮夢龍《三言》之三 25開平裝二冊 特價500元(80)

△⑳金瓶梅詞話 蘭陵笑笑生著 25開平裝六冊 特價1500元(85)

△㉑水滸傳的演變 嚴敦易著 25開平裝 特價180元(85)

九、寫作學

①創意與非創意表達 淡江大學語文表達研究室編 25開平裝 特價250元(86)

十、語言文字

①漢語音韻學導論 羅常培著 25開平裝 特價130元(71)

②甲骨文研究（中國古文字與文化論稿） 朱歧祥著 18開平裝 特價500元(87)

十一、社會

①中國法律與中國社會 瞿同祖著 25開平裝 特價200元(73)

①敢於夢想的女人　吳娟瑜著　25開平裝　特價180元⒅

②吳娟瑜的情緒管理學　吳娟瑜著　25開平裝　特價250元⒃

③吳娟瑜的婚姻管理學　吳娟瑜著　25開平裝　特價250元⒄

④大兵EQ　吳娟瑜著　25開平裝　特價200元⒅

⑤親子溝通的藝術（有聲書）　吳娟瑜主講　盒裝三捲　特價350元⒃

⑥女性的成長與喜悅（經售）　吳娟瑜著　25開平裝　特價180元⒃

⑦栽培你自己（經售）　吳娟瑜著　25開平裝　特價170元⒆

⑧男人的真心話（經售）　吳娟瑜著　25開平裝　特價170元⒆

⑨走你自己的路（經售）　吳娟瑜著　25開平裝　特價170元⒅

⑩你能，因為你要（經售）　吳娟瑜著　25開平裝　特價170元⒅

⑪你一定做得到（經售）　吳娟瑜著　25開平裝　特價170元⒅

⑫身心靈整合的藝術（有聲書）（經售）　吳娟瑜主講　盒裝六卷　特價400元⒅

⑬Touch最真的心靈（經售）　吳娟瑜著　特價170元⒄

本書局全省經銷處

（有☆符號者，書較齊整）

台北市：

①重慶南路──☆三民書局、書鄉林、☆建宏書局、☆建弘書局、風雲圖書公司、誠品書局（站前店）。

②台大附近──聯經出版公司、☆唐山出版社、☆施雲山（曉園出版社前）、☆百全圖書公司、結構群出版社。

③師大附近──☆學生書局、☆政大書城師大店、師大書苑、☆藍燈文化公司、☆樂學書局（金山南路）。

④延平南路（東吳大學城區部附近）──漢興書局。

⑤復興北路（民權東路口）──☆三民書局。

⑥敦化南路──誠品書店

⑦木柵──☆政大書城。

⑧士林東吳大學──☆東吳大學圖書部（藝殿書局）。

⑨中正紀念堂──中國音樂書房。

⑩陽明山──☆瑞民書局、☆華岡書城。

淡水：☆驚聲書城（淡江大學內）、知書房（水源路二段）。

新莊：☆文興書坊。

中壢：☆中大書城（中央大學）、☆元智書坊。

新竹：古今集成文化公司、☆水木書苑(清大)、☆全民書局(竹師院)。

台中：☆五楠圖書公司、☆東海書苑（東海別墅）、☆寶山文化

公司、敦煌書局（逢甲大學、東海大學、靜宜大學）、興大書齋、☆潤書林書店（興大附近）。

南投：☆暨南大學圖書文具部

彰化：☆復文書局（彰師大）、白沙書苑（彰師大）。

嘉義：☆復文書局（中正大學內）、南華書園。

台南：☆成大書城、敦煌書局、超越書局。

高雄：☆復文書局（高雄師大）、開卷田書店、☆中山大學圖書文具部。

屏東：復文書局（林森路）、☆屏東師院圖書文具部。

花蓮：瓊林圖書事業有限公司、復文書局（花蓮師院）、☆東華大學東華書苑。

台東：☆台東師院圖書文具部。

〔全省各地金石文化廣場〕

里 仁 書 局

台北市仁愛路二段 98 號 5 樓之 2

電話：2391-3325, 2351-7610, 2321-8231

傳眞：2397-1694

郵政劃撥：01572938「里仁書局」帳戶

LE JIN BOOKS LTD.

5F-2, No. 98, Jen Ai Road, Sec. 2,

Taipei, Taiwan, R. O. C.

國家圖書館出版品預行編目資料

佛教與文學的系譜

／周慶華著. -- 初版. -- 臺北市：里仁, 民 88

面； 公分

ISBN 957-8352-42-5（平裝）

1.佛教文學

224.5

88012747

·本書經作者授權在全世界出版發行·

周 慶 華 著

佛教與文學的系譜

校對人：作者自校

發行人：徐 秀 榮

發行所：里 仁 書 局

局版台業字第二〇九六號

台北市仁愛路二段98號五樓之2

電話：2391-3325・2351-7610

FAX：2397-1694

印刷所：琦海印刷有限公司

郵政劃撥：01572938「里仁書局」帳戶

中華民國八十八年九月十五日初版

參考售價：平裝 240 元

ISBN 957-8352-42-5（平裝）